PAUL MICHAEL LÜTZELER

HERMANN BROCH
ETHIK UND POLITIK

Studien zum Frühwerk und zur
Romantrilogie »Die Schlafwandler«

WINKLER VERLAG MÜNCHEN

INHALT

MEINEN ELTERN
UND GESCHWISTERN

EINLEITUNG

Überblickt man die seit nunmehr dreißig Jahren in ständigem Wachsen begriffene Sekundärliteratur zum Werk Hermann Brochs[1], so ist man geneigt, der jüngst erhobenen Forderung nach einer Rezeptionsästhetik für Literaturkritiker[2] verstärkten Nachdruck zu verleihen. Denn eine Frage wie die, warum dem Autor Broch, der selbst seiner Produktion eine politisch-aufklärerische Funktion beigemessen hat[3], eine so unpolitische Rezeption widerfuhr, scheint nur beantwortbar, wenn man das »Motivationsgeflecht«, das dem jeweiligen »kritischen Standort« zugrunde lag, untersucht. Wenn auch die Motivationen, die der Broch-Forschung zugrunde lagen, hier nicht detailliert beschrieben werden können, so sei doch der Versuch gemacht, das Problem der unpolitischen Broch-Rezeption etwas z erhellen.

Diese unpolitische Rezeption setzte schon in den Jahren 19 und 1932 nach den Teilveröffentlichungen der *Schlafwandler* e In den allerwenigsten der etwa hundert Rezensionen kam n über formal-ästhetische Vergleiche mit Proust oder Joyce[4] b über ein etwas vages »Untergangs«- oder »Zusammenbruchs«- rede hinaus[5]. Die Besprechungen, in denen die gesellschaftsk schen[6] Aspekte des Romans diskutiert wurden, kann man an Hand abzählen.[7] Diese Tatsache ist wohl kaum durch den Rc selbst bedingt, denn seine zeitkritische Intention ist wede *Pasenow*, noch im *Esch* und am allerwenigsten im *Huguen* übersehen, sondern sie hängt vielmehr mit dem durchwegs apon. schen literaturkritischen Feuilletonismus der bürgerlichen Presse zu Beginn der dreißiger Jahre[8] zusammen. Immerhin könnte man für diese früheste zeitgenössische Rezeption entschuldigend gelten lassen, daß es einfach mangelnde historische Distanz zu dem im Roman geschilderten Geschehen war, die es noch nicht ermöglichte, seine gesellschaftskritischen Implikationen wahrzunehmen. Denn schließlich ragte die Handlung der Trilogie bis auf wenig mehr als ein Jahrzehnt in die Gegenwart hinein.[9]

Aber auch nach 1945, in den fünfziger und sechziger Jahren, hatte sich trotz historischer Distanz und nach der Erfahrung mit dem Faschismus der Blick für die politische Aussage in Brochs Werk nicht wesentlich geschärft. Weiterhin herrschte der Formalismus in der Kritik vor, und wenn von einer Krise in Brochs Romanen die Rede war, dann nur von ihrer Partizipation an der Krise des Romans als Gattung[10] überhaupt. In Hunderten von Einzelstudien ist da von »verbal symphonies«[11], von »Formen des gegenwärtigen Romans«[12], von »Broch und der Krise des Romans«[13], vom »Kunstmittel des

9

Leitmotivs«[14], vom »monologue intérieur« und der »erlebten Rede«[15], vom »Bewußtseinsstrom und seinen Spielarten«[16], von »Struktur und Gestaltungsform«[17], von »stilistischer Entwicklung«[18], von »Stil und Konstruktion«[19], von »Strukturmerkmalen«[20] und von der »Organisation eines Romans«[21] die Rede. In Deutschland war die Hinwendung zu formalen Betrachtungsweisen nach 1945 jedoch eine verständliche Reaktion[22] auf die vorangegangene politische Ideologisierung der Literaturwissenschaft zur Zeit des »Dritten Reiches«. Leider verstellte man sich aber durch den nun forcierten Formalismus sowohl in der Brochforschung wie anderswo den Blick für politisch-aufklärerische Aussagen in der Dichtung.

Mit ähnlich starker Vehemenz wie die Formalisten warfen sich auch die unpolitischen philosophischen Interpreten jeglicher Couleur ins Zeug. Da wurde in gleichfalls Hunderten von Beiträgen der »Metaphysiker«[23], der »Mystiker«[24], der »Erotiker«[25], der »Prophet«[26], der »Mythos-Verkünder«[27], der »Todesüberwinder«[28], der »einsame Existenzialist«[29] und der »Relativist«[30] Hermann Broch entdeckt. Als die formalistischen Struktur- und die philosophischen Interpretationskönige bauten, hatten auch die positivistischen Kärrner zu tun, und so wurde etwa ein halbes Dutzend recht solider »Entstehungsgeschichten«[31] verfaßt.

Der politische Theoretiker Hermann Broch wurde erst Ende der fünfziger Jahre mit einem einzigen Aufsatz vorgestellt[32]; der politische Romanschriftsteller jedoch blieb auch weiterhin unbekannt. In nur fünf kurzen Besprechungen[33] von Brochs Romanen wurde das Thema Politik und Roman gestreift, doch hatten diese Rezensionen keinerlei Einfluß auf die wissenschaftliche Diskussion. Erst nach dem Erscheinen von zwei Broch-Monographien (1965/66)[34], in denen versucht wird, ein Bild des ganzen Spektrums von Brochs Denken zu vermitteln, erwachte das Interesse auch an Brochs politischen Theorien. Gleichzeitig schärfte sich gegen Ende der sechziger Jahre im Zuge des verstärkten politischen Engagements der Studentenschaft an den europäischen und amerikanischen Hochschulen ganz allgemein das Bewußtsein für die Relevanz politischer und gesellschaftlicher Fragen. So erschienen denn 1969 und 1970 zwei längst überfällige Bände zu Brochs gesellschaftspolitischen Auffassungen.[35] Jetzt begann man auch in der wissenschaftlichen Broch-Kritik die politischen Schriften zu diskutieren[36] und endlich auch seine dichterischen Prosawerke als politische Romane zu interpretieren.[37] An diese jüngsten Studien schließt die vorliegende Untersuchung bewußt an.

Die Aufarbeitung von Brochs Kultur- und Gesellschaftskritik steckt also noch in den Anfängen. Das hat auch rein äußerliche Gründe, denn in der zwischen 1953 und 1961 erschienenen Werkausgabe des Rheinverlags (jetzt Suhrkamp) fehlen die wichtigsten politischen Essays Brochs. Auch ein so eminent politisches Stück wie Brochs Drama *Die Entsühnung* wurde, wohl auch aus Gründen der allgemeinen politischen Abstinenz in den fünfziger Jahren, nicht aufgenommen. Aufgrund dieser völlig unzulänglichen Ausgabe ist aber gerade Brochs politisches Engagement fatalen Fehldeutungen ausgesetzt gewesen, so etwa, wenn man ihn als Krypto-Faschisten[38] hingestellt hat. Will man ein objektiveres Bild von Brochs Gesellschaftskritik vermitteln, so muß man die Fülle des Materials, das in Zeitschriften und Sammelbänden verstreut ist oder auch unveröffentlicht in verschiedenen Broch-Archiven[39] lagert, ebenfalls auswerten. In der vorliegenden Arbeit wird dieses relativ unbekannte Material mit herangezogen.

Wenn auch das Hauptaugenmerk in dieser Untersuchung auf Brochs Dichtung gerichtet ist, so gilt es angesichts der Themenstellung doch zu berücksichtigen, daß

Haltung und Ideologie eines Dichters ... sich häufig nicht nur aus seinen Werken, sondern auch aus biographischen, außerliterarischen Dokumenten erforschen (lassen). Der Dichter war ein Staatsbürger, er hat sich über Fragen von gesellschaftlicher und politischer Bedeutung geäußert, er hat an den Problemen seiner Zeit teilgenommen.[40]

Broch bezog in den unterschiedlichsten Formen politisch Stellung: mit Aphorismen, Pamphleten, Essays, Gedichten, Romanen und mit einem Drama. Bei derart unterschiedlichen Formen muß jeweils nach der Methode gesucht werden, mit der man »den Gegenstand am gründlichsten und tiefsten erfaßt« und eine »adäquate Interpretation«[41] gewährleistet. Eine unhistorische Methode etwa hilft bei der Auslegung politischer Pamphlete, die sich auf tagespolitische Ereignisse beziehen, nicht weiter. Daß derlei falsche Methoden zu unrichtigen Ergebnissen führen müssen, erhellt beispielhaft eine der jüngsten Studien.[42] Bei den Aphorismen, Pamphleten und zeitbezogenen Gedichten gilt es vor allem, den historischen Hintergrund so deutlich wie möglich zu konturieren. Erst von hier aus läßt sich Brochs eigene kritische Position beschreiben. Bei den philosophischen Essays muß mit einer anderen, wiederum angemessenen Methode gearbeitet werden. Hier steht zur Aufgabe, den ethischen Standpunkt, den Broch in seiner Auseinandersetzung mit Kant, den Neukantianern und den Austro-Marxisten bezog, auf dem Wege eines Vergleichs der philosophischen Systeme auszumachen. Schließlich erfordert die Romaninterpretation eine literaturwissenschaftliche Methode, die in sich wiederum differenziert werden muß. Es gilt, zwischen Literaturtheorie und Literatur-

kritik[43] zu unterscheiden. Als erstes ist Brochs zeitkritische Romantheorie, seine Theorie des ,erweiterten Naturalismus', vorzuführen.
Nachdem diese Arbeit geleistet worden ist, kann in einem zweiten
Schritt die Theorie zur Erhellung der Gesamtproblematik im Roman selbst angewandt werden. Das geschieht in Verbindung mit
der thematischen Untersuchung des Romans *Die Schlafwandler*,
wobei wir uns in der Methode an den literatursoziologisch relevan-
ten Fragen orientieren: »Welche... Normen und Werthaltungen
werden durch das analysierte Werk (A) gestützt, welche werden (B)
geschwächt und welchen verhilft das Werk (C) neu zur Durchsetzung?«[44] Konkret-politische Stellungnahme, philosophisch-ethische
Überzeugung und romanhaft-künstlerische Darstellung können,
nachdem sie je für sich untersucht sind, wiederum zueinander in Beziehung gesetzt werden, wobei sich ergibt, daß Brochs kantisch-
ethische Position das Zentrum seiner gesamten Gesellschaftskritik in
ihren verschiedenen tagespolitischen, philosophischen und künstlerischen Äußerungen ausmacht.

Ein Wort zur thematischen Begrenzung der Arbeit: Die Gesellschaftskritik Brochs bis zu Beginn der Hitler-Diktatur (1933), in
der Zeit des Austro-Faschismus (1933–1938) und während des
Exils (1938–1951) sind drei umfassende und unterschiedliche Themen, die je für sich ein eigenes Arbeitsfeld darstellen. Hier wird
der erste Zeitabschnitt zum Forschungsgegenstand gewählt, weil
Broch in ihm seinen ethischen Standort findet, den er auch später
nicht aufgeben wird, und weil in diese Zeit die Veröffentlichung
der *Schlafwandler*-Trilogie fällt, die der zeitkritisch ergiebigste
und künstlerisch wohl komplexeste von Brochs Romanen ist.

Betrachtet man im Überblick Brochs Entwicklung als Kultur- und
Gesellschaftskritiker, so zeigt sich, daß er häufig – zumindest in seiner frühen Zeit – jeweils herrschenden philosophischen Strömungen
verpflichtet ist. Die ersten unveröffentlichten Aphorismen und Aufsätze des jungen Broch aus der Periode vor dem Ersten Weltkrieg
bis 1912 zeugen vom Einfluß der Lebensphilosophie, vom verbreiteten Schopenhauerschen Pessimismus und von ersten Anleihen bei
der Kulturkritik von Karl Kraus. Dann, um 1913, findet die entscheidende Auseinandersetzung mit der Kantschen Ethik statt, zuerst noch popularphilosophisch vermittelt durch das Kant-Buch
von Chamberlain, in den folgenden Jahren vertieft durch die Kant-
Lektüre selbst und durch die Beschäftigung mit Vertretern des Neukantianismus und des Austro-Marxismus. Karl Kraus verdankt er,
wie viele Wiener Literaten seiner Generation, entscheidende gesellschaftskritische Impulse. Seine Stellungnahme gegen den Krieg in den
Cantos 1913 ist ganz offensichtlich von Kraus beeinflußt. Noch im
»Zerfall der Werte (1)« der *Schlafwandler* und in den »Stimmen

1913—1933« der *Schuldlosen* dringt dieses unverkennbare Kraus'-sche Pathos durch. (In beiden Fällen griff Broch auf die Kraus verpflichteten *Cantos 1913* zurück.) In der Zeit nach dem Ersten Weltkrieg wird Broch mit den verschiedenen Richtungen des Marxismus konfrontiert. In der Auseinandersetzung um die Schaffung eines Rätesystems in Österreich plädiert er für politische Kompromißlösungen, die sich an gewerkschaftlichen Vorstellungen orientieren und antirevolutionären Charakter tragen. (Brochs Sympathie für gewerkschaftliche Ideen drückt sich auch aus in Figuren wie Martin Geyring in den *Schlafwandlern* und Georg Rychner in der *Entsühnung*.) In weiten Teilen decken sich dabei seine Vorstellungen mit denen verschiedener Vertreter der österreichischen Sozialdemokratie: Wie seine eigenen politischen Auffassungen sind auch die der Austro-Marxisten wie Max Adler und Otto Bauer bestimmt durch eine Orientierung an der Kantschen Ethik. Auch die literarischen und literaturkritischen Arbeiten zwischen 1919 und 1922 geben Zeugnis vom sozialkritischen Engagement Brochs. Es sind primär die Arbeiten von Vertretern der littérature engagée, wie die von Emile Zola, Alfred Polgar und Alfons Petzold, denen seine Sympathien gelten. Die *Schlafwandler* schließlich konzipiert er als zeitkritischen Roman. Die bisherige, betont formal-ästhetische Rezeption dieses Werkes hat den Blick nicht geöffnet für die gesellschaftskritische Intention der Trilogie, die Broch theoretisch in seiner bisher kaum[45] beachteten »Theorie des ‚erweiterten Naturalismus'« formulierte. Es sind nämlich die »Wünsche« und die »Befürchtungen«, die »positiven« und die »negativen« utopischen Tendenzen einer Epoche, die er darstellen und in ihren Ursachen aufdecken will. Indem er quer durch verschiedene Sozialschichten verfolgt, woran sich »Ängste« und »Wünsche« entzünden, zeigt er Mißstände in der Gesellschaft seiner Zeit auf und vermittelt direkt oder indirekt Vorstellungen von besseren Alternativen. Im Zuge der vorliegenden Interpretation, die diese Intention in ihrer Realisierung in den *Schlafwandlern* verfolgt, klären sich auch bisher nicht ganz gelöste romantheoretische Fragen wie die vom »Erzähler als Idee« und die der »Abspaltungstheorie«. Wie bei allen Arbeiten Brochs zeigt sich ebenfalls bei den *Schlafwandlern,* daß den Angelpunkt seines Werkes die ethische Position ausmacht. Von ihr aus verurteilt er das Kriegsgeschehen, von ihr aus beurteilt er die typischen Vertreter verschiedener Sozialschichten. Im »Zerfall der Werte« wird diese ethische Position auch philosophisch reflektiert: Das »neue Ethos« einer Religion ohne Gott, einer »Religion an sich«, steht im Mittelpunkt der abschließenden Überlegungen des »Epilogs«. Mit dem Ausblick auf dieses neue, nach-kantische Ethos, das nicht mehr wie die Ethik der Aufklärung dem christlichen

Glauben verhaftet ist und das die Grundlage für eine »neue Humanität« abgeben könnte, schließt die Trilogie.

Nachdem die Entwicklung von Brochs Kultur- und Gesellschaftskritik bis 1933 dargestellt worden ist, wird im »Nachwort« versucht, eine politische Ortsbestimmung Brochs vorzunehmen. Es zeigt sich, daß Broch weder Marxist noch bürgerlicher Liberaler noch konservativer Revolutionär[46] ist, sondern Vertreter der parteilich nicht-gebundenen kritischen Intelligenz, die es sich zur Aufgabe setzt, unter den jeweiligen gesellschaftlichen Bedingungen an einer Humanisierung der politischen Verhältnisse zu arbeiten.

I. DAS FRÜHWERK
(1908–1922)

1. Die frühen Aphorismen »Kultur 1908/1909«: Der Einfluß der Lebensphilosophie

Der zweiundzwanzigjährige Hermann Broch, Assistenzdirektor der väterlichen Textilfabrik, dilettiert in Philosophie und Kulturkritik.[1] Es deuten sich ihm zwar schon die Umrisse nahender Katastrophen in dem Europa aus der Zeit der Krisenjahre vor 1914 an, aber von einer eigenständigen Analyse der Ursachen seines »Unbehagens in der Kultur« kann noch nicht die Rede sein. Zwar durchschaut er in seinen Aphorismen aus den Jahren 1908 und 1909[2] das beträchtliche Quantum an Oberflächlichkeit des Wiener Kulturlebens wie nicht viele seiner Zeitgenossen[3], doch bleibt er mit seinen aggressiven Polemiken gegen diesen Kulturbetrieb und gegen die moderne Zivilisation überhaupt selbst Oberflächenerscheinungen verhaftet. Lediglich das Bildungsbürgertum und die von diesem applaudierte Kunst werden attackiert; der gesamte Komplex der sozio-ökonomischen Struktur und der politischen Verhältnisse wird außer acht gelassen.

Wie sieht die Wiener Gesellschaft aus, die der junge Broch so rabiat angreift und deren Sicherheit er radikal in Zweifel zieht? Das Besitz- und Bildungsbürgertum, die soziale Schicht also, der Broch selbst entstammt, hat seit der liberalen Ära der siebziger Jahre sein wirtschafts- und wissenschaftsgläubiges, fortschrittsoptimistisches Weltbild nicht zu revidieren brauchen, denn das Wien dieser Jahre in der ersten Dekade unseres Jahrhunderts erlebt einen seiner großen wirtschaftlichen Aufschwünge.[4] Auf kulturellem Gebiet ist es die Zeit, in der sich die Experimentierfreudigkeit des Wiener Burgtheaters unter Max Burckhardt längst zu Konvention und Stagnation unter Paul Schlenther gewandelt hat; die Zeit auch der gewollt unpolitischen Dichter Beer-Hofmann, Schaukal, Hofmannsthal, Schnitzler, Altenberg, Bahr und ihrer Epigonen. Caroline Kohn bemerkt treffend: »Kaum einer der Dichter hatte Mut oder Lust, sich im politischen Kampf zu engagieren. Sie hingen zumeist einem etwas überholten ,Traum von der Kunst' nach oder wendeten sich einem mehr oder weniger ,reinen' metaphysischen Symbolismus zu.«[5] Wie diese Dichter können die einflußreichen Feuilletonisten der ,Neuen Freien Presse', die »zu jeder Begebenheit ... ihr Stimmungsschnörkelchen anzubringen«[6] hatten, des allgemeinen Beifalls gewiß sein. Und — um den Themenkreis der Kritik des jungen Broch auszuschreiten — es ist die Zeit, in der nach dem Ausklingen der Ära des Walzerkönigs Johann Strauß es sich der Bourgeois angelegen sein läßt, den Siegeszug der jüngeren Operettenkomponisten mit Franz Lehár an der Spitze zu sichern.

All diese Symptome der Wiener Décadence — die freilich auch in anderen europäischen Metropolen mit anderen Akzentuierungen anzutreffen waren — diagnostiziert der junge Broch mit einem Gespür für die Brüchigkeit der vorgegaukelten Sicherheit[7] und Saturiertheit: Statt den Fortschrittsoptimismus zu teilen, glaubt er, »daß diese Kultur ihrem Ende entgegeneilt« (Kultur 1908), den Wissenschaftsgläubigen zum Trotz behauptet er, daß »der Geist dieser Kultur sich nicht vertieft« habe (Kultur 1908), und vor dem Kulturbetrieb mit Burgtheater, Staatsoper, Konzertsaal, Operette und Feuilleton ekelt ihn:

Das Übelriechende dieses Sterbens heißt Bildung. Sie ist die Fähigkeit, über Kunst zu sprechen ... Bildung bleibt das Verhältnis zur Kunst. Und wahrlich, es ist ein inniges Verhältnis. Man könnte von diesem Standpunkt aus unsere heutige Zivilisation durch und durch... künstlerisch nennen. Ist doch deren Quintessenz das [sic] feine Essay, das geistvolle Feuilleton, die tiefsinnige ‚Kunstkritik' ... Die Kunst ist ein liebliches Purée geworden, und wenn sie Kultur sagen, meinen sie Purée löffeln ... Die Bildung sitzt an der Schüssel, in der sich Reste der süßen, lieblichen Speise befinden und freut sich, daß ihr die Schüssel immer nachgefüllt wird.[8]

Kein schmeichelhaftes Bild der »Welt von gestern«[9], das Broch hier vorführt. Vor allem ist es die seichte Verlogenheit dahergeplätscherter Feuilletons, die seinen Argwohn erregen. Hier zeigt sich der Einfluß von Karl Kraus, den Broch zu seinen »großen Jugendeindrücken«[10] zählte. Das »geistvolle Feuilleton«, der »feine Essay« und die »tiefsinnige Kunstkritik« hatten auch Kraus zum Angriff auf die *Neue Freie Presse* provoziert und ihn überhaupt zur Gründung der *Fackel* veranlaßt. Kraus berichtet darüber in den ersten *Fackel*-Heften:

Ja, ich will es nicht leugnen, daß den literatursüchtigen, politisch völlig ahnungslosen Neuling ein Feuilletonistenplatz in der ‚Neuen Freien Presse' zuweilen verlocken mochte, daß mich von allen bestehenden Blättern dies eine mit den seither durchschauten Mätzchen der Vornehmheit getäuscht hat ... Der Antrag, gleißend und geeignet, die Sinne manches jungen Schriftstellers zu verführen — mich hat er nicht verlockt ... ich hätte mein besseres Bewußtsein betrügen müssen, das mir in den Jahren, da mich die Herren von der Neuen Freien Presse beobachteten, zugewachsen war.[11]

Die Tatsache, daß Karl Kraus der einzige Schriftsteller überhaupt ist, den er in seinen Aufzeichnungen aus den Jahren 1908 und 1909 namentlich erwähnt, läßt schon erkennen, wie wichtig Kraus für die geistige Entwicklung des jungen Broch ist. »Der geistige Mut und die geistige Unerbittlichkeit, die der junge Mensch gesucht hatte, dies hatte er in Kraus' ,Fackel' gefunden«[12], schreibt Broch rückerinnernd etwa dreißig Jahre später über einen Freund, und diese Zeilen sind gleichzeitig autobiographische Aussage. Wie seine Freunde Alfred Polgar und Berthold Viertel fand Broch in Kraus den Schriftsteller, in dem sich »das kritische Bedürfnis einer Kulturepoche, die sich sonst an ihrer eigenen Kritiklosigkeit zugrunde gelogen hätte«[13], ausdrückte. Aber in dem jungen Broch fand Kraus einen Schüler, dessen »Mut« und »Unerbittlichkeit« der Kritik auch vor der Produktion des geistigen Mentors nicht haltmachte. Freilich schätzt er ihn höher als die »schollenriechenden Heimatschaffer« (Kultur 1908) eines gewissen österreichisch-alpenländischen Genres, doch ist auch sein Urteil über ihn von erstaunlicher Härte:

Karl Kraus ... Eine solche Kunst ist nur Kapellmeistermusik. Das Produktive an ihr ist die Prägnierung von Clichées, deren Wirkung vorher nur in Henidenform da war. Doch in verteufelt kurzer Zeit ist auch dieses Cliché erlernt und das Kunstwerk schal geworden. (Kultur 1908).

Das gleiche rigorose Verdikt trifft Kompositionen von Richard Wagner, Gustav Mahler und Richard Strauss, ja, ganze Strömungen der neueren Kunstepoche in der Malerei wie Naturalismus, Impressionismus und die l'art-pour-l'art-Bewegung. Nur zwei Künstler werden — mit diesmal erstaunlichem Urteilsvermögen — vom Gesamt-Verriß ausgenommen: »Abseits von all dem stehen Erkenner, die die Kunst im Wiedersuchen der Ursensation suchen: solch Mächtiger ist van Gogh, auf diesem Wege ist Kokoschka.« (Kultur 1908).

Warum diese fast totale Ablehnung der Kultur seiner Zeit? Broch ist noch keineswegs der rigorose Ethiker, zu dem er in den nächsten Jahren nach dem Kant-Studium, das ihn zur grundsätzlichen Revision seines Urteils über Karl Kraus führt, werden wird. In diesen frühen Notizen fällt das Wort »Ethik« auch nicht ein einziges Mal. Zwar implizieren seine Attacken bereits eine moralische Entrüstung, aber sie ist nicht der Nenner, auf den Broch selbst seine Kritik bringt. Ebensowenig handelt es sich um politischen Protest. Man ist erstaunt — in den Jahren 1908 und 1909 erlebt die Doppelmonarchie mit der Auflösung der Regierung Beck eine scharfe innenpolitische Krise, die zusammenfällt mit einer gefährlichen außenpolitischen, nämlich der Zuspitzung des Konflikts um Bosnien und die Herzegowina. Österreich steht am Rande einer europäischen Kriegsverwicklung[14], und der Sprößling aus gutem Hause räsoniert über die Klischees in den schönen Künsten. Nichts findet sich in diesen frühen Notizen über die neuen politischen Kräfteverschiebungen in der Habsburgmonarchie seit der ersten gleichen direkten und geheimen Wahl von 1907: Die Massenparteien stoßen vor, und die Sozialdemokratie erlebt einen unübersehbaren Machtzuwachs. Bereits ein Jahrzehnt später wird sie die Regierungsgewalt übernehmen und die Monarchie liquidieren. Wie die Gesellschaftsschicht, der er angehört, ist er blind für die politischen Umwälzungen seiner Zeit. Seine Angriffe leiten sich nicht aus einer politischen Auffassung ab, wenn sie auch eines theoretischen Hintergrunds nicht entbehren. Ein kurzer Vergleich mit Karl Kraus soll seine Position erhellen: Karl Kraus' Kritik zielt fast immer darauf ab, gesellschaftliche und politische Mißstände aufzudecken, ohne daß aber dahinter eine klar fixierbare Theorie auszumachen wäre. Kraus geht »vom Einzelfall aus, unsystematisch, induktiv, und versucht niemals, ein Gedankengebäude auszubauen«.[15] Anders verhält es sich beim jungen Broch. Seine Polemik ist noch durchaus unpolitisch — aber dahinter verbirgt sich bereits eine, wenn auch noch so ungefestigte Theorie. Zwar nennt Broch in diesen Notizen nicht die Namen Bergson, Simmel, Keyserling und Klages, von denen — bis auf Klages — bereits Hauptwerke erschienen waren, aber sein früher Anti-Rationalismus dürfte durch die populäre Diskussion über sie und ihren gemeinsamen Ahnherrn Schopenhauer beeinflußt sein. Die Weininger-Lektüre hat diesen Einfluß sicherlich verstärkt, denn Weininger hatte seinerseits Gedankengänge Georg Simmels übernommen.[16] Infiziert also von diesen damals populären Strömungen der Lebensphilosophie meint Broch, daß seine Epoche am »Rationalismus« kranke. Auf echt lebensphilosophische Weise wird denn auch von ihm »Geist« gegen »Ratio« ausgespielt: »Geist« ist für ihn »Ahnen«, prophezeien«, »Mystik«, das »Fortzeugende«, das »Lebendige« etc. — auf jeden Fall etwas in seinem Sinne Positives. Dem gegenüber steht der negativ gewertete »Rationalismus«, der das »Produkt der Furcht«, »Neugierde«, »etwas Begrenztes« sei, das den »Todeskeim« bereits in sich trage. Zehn Jahre vor Oswald Spenglers Bestseller wird hier der »Untergang des Abendlandes«[17] prophezeit. »Ich bin überzeugt«, so heißt es in *Kultur 1908*, »daß der Denkende in Bälde jegliche schöpferische Arbeit einstellen wird, denn die Expansionsmöglichkeit des Denkvermögens der weißen Rasse ist am Ende.« Das »Denken der weißen Rasse« ist für ihn identisch mit »Rationalismus«, den er wiederum gleichsetzt mit der »Denkweise der Erfahrung«.[18] Mit der »Entdeckung der Pole« seien nun die Möglichkeiten dieser Denkweise erschöpft, alle weiteren Kulturleistungen müßten notwendig »ausfüllende Detailarbeit« ohne neues Ziel bleiben:

Wir stehen im Zeitalter des Verkehrs: das ist die Climax; die Pole sind entdeckt: das ist der Schlußpunkt dieser weißen Zivilisation ... Die Energie wird objektlos und muß hysterisch werden. Toll geworden, wird sie den Verkehr um die überbekannte Erde treiben, und in Wolkenkratzern kann sie sich entladen. Die Anzeichen dieser Hysterie sind allenthalben zu sehen ... Der Rationalismus ... stirbt, wenn seine Möglichkeiten erschöpft sind, sein Selbstzweck sich erfüllt. Und im Fallen reißt er sein Werk, die Kultur der Weißen mit sich ... Wir stehen vor dem Augenblick dieses Sterbens.

So verschwommen die Termini, so fragwürdig der irrationalistische Affekt und so ungesichert die Kenntnisse über die Zusammenhänge der europäischen Krise nach der Jahrhundertwende sind, so artikuliert sich hier doch eine Kritik, die mit ihrem Kulturpessimismus und ihrer Skepsis gegenüber dem technischen Fortschritt bei dem Erben eines expandierenden Textilkonzerns überrascht. Aber auch mit dieser frühen apokalyptischen Attitüde ist Broch einer bestimmten Zeitströmung verhaftet. »Die Untergangsprophetie«, so Hans Weigel, »zieht sich durch die Jahre vor der Katastrophe ... als Kultur- und Zivilisationspessimismus.«[19] Wieder ist es Karl Kraus, auf den in diesem Zusammenhang hingewiesen werden muß. Kraus-Zeilen von 1908, in denen die Rede ist von der »Hypertrophie der technischen Entwicklung, der die Gehirne nicht gewachsen sind«, und die »zum allgemeinen Krach führen«[20] müsse, konnten ihren Eindruck auf den jungen Pessimisten nicht verfehlen. 1909 fanden Kraus' Kassandra-Voraussagen ihren pathetischen Ausdruck in dem Artikel »Apokalypse«[21].

Es ist meine Religion zu glauben, daß das Manometer auf 99 steht. An allen Enden dringen die Gase aus der Welthirnjauche, kein Atemholen bleibt der Kultur und am Ende liegt eine tote Menschheit neben ihren Werken, die zu erfinden ihr so viel Geist gekostet hat, daß ihr keiner mehr übrig bleibt, sie zu nützen.

Unter ausdrücklicher Berufung auf Karl Kraus paraphrasiert Broch 1912 etwas modifiziert diese Zeilen in seinem frühesten — seinerzeit nicht veröffentlichten — Essay »Notizen zu einer systematischen Ästhetik«, der nicht viel mehr als eine gestraffte Darstellung der Notizen von 1908 und 1909 darstellt:

Was Karl Kraus sehend aus Lokalberichten kündet, wird auch dem Kurzsichtigen in großzügiger Einfachheit vorgeführt. Diese weiße Zivilisation ... erfüllt sich nun ... Jeder müden Kultur ersteht der Rationalist, der den gesunden Menschenverstand auf den alten Stil losläßt: die Griechen hatten ihre Sophisten, das Christentum seine Reformatoren, das Ancien Régime seine Aufklärer, doch diese Zeit versammelt die ganze Horde. Denn diesmal ist es gründlicher. Nicht ein Stil will enden, eine Zivilisation schickt sich dazu an.« (10,234)[22]

Zusammenfassend läßt sich sagen: Die Gedanken des jungen Broch von 1908 und 1909 sind gefärbt vom Irrationalismus der

populären Lebensphilsophie seiner Zeit und lassen eine Orientierung an den polemischen und prophetisch-beschwörerischen Pam-
pleten von Karl Kraus erkennen. Der anti-rationalistische Affekt
verknüpft sich bei ihm mit Kraus'scher Kulturkritik, und zwar in
der Weise, daß die rationalistische Denkweise als ursächlich für die
Krise der Kultur angesehen wird. Noch aber ist der Kraus-Einfluß
nur ein äußerlicher. Denn während Kraus apokalyptische Visionen
beschwört, um damit aufzurütteln und im Sinne kritischer Intelligenz gerade daran arbeiten will, Katastrophen zu verhindern, neigt
der junge Broch einem auf einer statischen Geschichtstheorie[23] ba-
sierenden Untergangsfatalismus zu, der die Möglichkeit positiver
Einflußnahme auf das gesellschaftliche Geschehen von vornherein
ausschließt. Diesen zur Passivität verurteilenden Kulturpessimismus
wird Broch schon nach wenigen Jahren überwunden haben — der
Prolog zum »Zerfall der Werte«[24] ist aber schon jetzt geschrieben.

2. »Cantos 1913«: Das Vorbild Karl Kraus

»Die Dichter sind nicht zu halten — sobald der Krieg erklärt ist!
Der Reim ist noch immer die beste Trommel!« läßt Jean Giraudoux
Hekuba in *Kein Krieg in Troja*[1] räsonieren. Diese Wahrheit bestätigte sich 1914, nur mit dem Unterschied, daß einige Poeten schon
vor Ausbruch des Krieges nicht mehr zu halten waren. Georg Heym
etwa wußte schon 1911 nicht, wohin mit seinem »brachliegenden
Enthousiasmus in dieser banalen Zeit« und »hofft... wenigstens auf
einen Krieg«.[2] Wenig mehr als ein Jahr später sieht Richard Dehmel im »Letzten Traum« seiner *Schönen wilden Welt* verzückt
»Kriegerscharen«, »Erobererscharen« mit sich ziehen »von Land
zu Land« und vermag ob dieser Vision nur ekstatisch zu stammeln:
»... sie opfern sich für Gott hin — hörst du? / die ganze Welt hin —
sich hin — mich hin — Gott!«[3] Und als ein weiteres Jahr später der
Krieg tatsächlich ausbricht, zählt er zu den Barden, die mit pom-
pösen und törichten Parolen lyrische Kriegsanleihen zeichnen, die
ebenso wie ihre fiskalischen Pendants im Verlaufe des Krieges
immer wertloser und unsinniger werden. Alle möglichen Vertreter
der europäischen Literatur scheinen ihr Weltbürgertum zu vergessen und haben in ihren patriotischen Versen den nationalen Sieg
bereits errungen: Gabriele d'Annunzio in Italien[4], Maurice Barrès
in Frankreich[5], in Deutschland Richard Dehmel, Gerhart Hauptmann, Alfred Döblin, Rudolph G. Binding, Fritz von Unruh, Rudolf Alexander Schröder und in Österreich — um nur einige zu nennen — der Großteil der bereits erwähnten »unpolitischen Dichter«
wie Hermann Bahr, Richard Schaukal und Hugo von Hofmanns-

thal. In seiner »Predigt an das deutsche Volk«[6] schießt Dehmel
»mit sicherm Visier in die Feindesrotte«, fühlt sich »immer noch als
Germane« und läßt »Odin« wieder in sich aufleben. Gerhart Hauptmann bekennt sich in lyrischer Form zur kaiserlich-größenwahn-
sinnigen Phrase von »Viel Feind, viel Ehr«: »Ein Kaiser spricht
es hoch vom Sitz: / Viel Feind, viel Ehr, wie der alte Fritz.«[7] Fritz
von Unruh steht als »Lützower ... auf dem Plan« und möchte »die
Welt zusammenhau'n«.[8] Dem Rudolf Alexander Schröder »offenbart« sich Gott »im Gewittergrollen« des Krieges[9], und Rudolf G.
Binding entblödet sich nicht zu reimen: »Ich bin ein heiliger Reiter. / Weiß nicht mehr, was mich vorwärts treibt; / Der Beste ist,
der Sieger bleibt. / Und ich begehr' nichts weiter.«[10] In Österreich
entdeckt für Geld und »Ehre« der Operettenlibrettist Felix Dör-
mann (»Ein Walzertraum«) seinen Patriotismus und stellt seine
Produktion auf politische Lyrik um: »Die Russen und die Serben /
Die hau'n wir jetzt in Scherben ...«[11] Richard Schaukal, der Esote-
riker und Prediger einer kultiviert-aristokratischen Lebensart, entdeckt plötzlich in sich den Barbaren: »Da wir denn Barbaren sind, /
wollen wir's auch bleiben ...«[12] Alfons Petzold stellt sich die bevorstehende Materialschlacht wohl als eine Mischung aus imitiertem
mittelalterlichem Turnierspiel auf Schloß Laxenburg und Fuchsjagd
im Wiener Wald vor: »Die Bücher hinein, das Schwert heraus, /
Schußfreudig die blanke Büchse / Und losgeritten in donnerndem
Braus / Auf die französischen Füchse.«[13] Brutaler geht es in den
Versen des Lesebuch-Lyrikers Ottokar Kernstock zu, der für die
österreichischen Schulbücher dichtet: »Steirische Winzer, preßt mir
fein / Aus Welschlandfrüchten blutroten Wein!«[14] Wie bei Binding
entfesseln die ersten Kriegstage auch bei Wildgans, Bahr und Hofmannsthal die »heiligsten« Empfindungen: Anton Wildgans psal-
modiert »Nun alle Zungen hebet an zu preisen, / Der Tag der großen Rechenschaft bricht an. / Da wird mit heißem Blut und kaltem
Eisen / Ein wundersames Menschenwerk getan.«[15] Bahr feiert den
»heiligen Augenblick« des Krieges als Wiederauferstehung einer
neuen deutschen Nation: »Nun sind wir alle wieder auf einer großen Straße. Es ist der alte Weg, den schon das Nibelungenlied ging,
und Minnesang und Meistergesang, unsere Mystik und unser deutsches Barock, Klopstock und Herder, Goethe und Schiller, Kant
und Fichte, Bach, Beethoven und Wagner.«[16] Hugo von Hofmannsthal schließlich feiert in seinem Poem »Österreichs Antwort«[17] den
Krieg als Mittel zur Verteidigung eines fraglos gottgewollten Staates und einer geheiligten Kultur: »Antwort gibt im Felde dort, /
Faust, die festgeballte, / Antwort dir gibt nur ein Wort: / Jenes
Gott erhalte! / ... Ungeheueres umfaßt / Heut dies heilig Alte, /
Und so dringts zum Himmel auf: / Unser Gott erhalte!« Zumindest

eine der Strophen des Gedichts kann man nicht ohne ironischen Unterton lesen; aber so kindlich schlicht wie die Helden, die darin besungen werden, sind wohl auch diese Zeilen gemeint: »Helden sind wie Kinder schlicht, / Kinder werden Helden, / Worte nicht und kein Gedicht / Könnens je vermelden.«

Auf diese literarischen Exzesse mußte ausführlicher eingegangen werden, um Brochs Opposition in den »Cantos 1913« gegen die lyrische Kriegsbegeisterung verstehen und würdigen zu können. Die Blindheit gegenüber den historischen Fakten verrät sich bei den poetischen Kriegshelden immer wieder durch das gleiche reaktionäre Vokabular: Der Krieg ist eine heilige, gottgewollte Sache, und gekämpft wird hoch zu Roß mit dem Schwert oder mit kavaliersmäßiger Jagdausrüstung. Broch[18] sieht die Dinge anders. Sein Kommentar zum »heiligen« Krieg und seinen Propheten:

... von hehrer Kunst besessen, rufen die / Dichter, nicht zuletzt die deutschen, nach / dem heiligen Krieg ... Und tief in Gedanken versunken, / die ebendarum seicht sind, stimmt allerwärts / die Philosophie in den Ruf ein, auch sie den heiligen Krieg ersehnend, Drecksheiligkeit. / ... Dummheit ist Vorstellungslosigkeit; / sie schwatzt Abstrakta, schwatzt vom Heiligen, / schwatzt vom Heimatboden und von der Landesehre, / schwatzt von irgendwelchen Kindern, / die's zu verteidigen gilt. Aber wo's konkret / wird, da wird sie stumm, und die zerfetzten / Gesichter, Leiber und Glieder der Männer / sind ihr unvorstellbar. Das ist die Dummheit einschließlich die der Philosophen und Dichter. / ... Wehe über die Vorstellungslosigkeit! / Wehe über die Schönheitssucher! Wehe über die unpolitische Dummheit, die auch die politische ist! ...[19]

Bei den Philosophen, die den »heiligen Krieg« ersehnen, dachte Broch wahrscheinlich an Max Scheler, der sich bereits vor der Publizierung seines 1914 entstandenen Opus *Der Genius des Krieges*[20] enthusiastisch zum Weltkrieg geäußert hatte. In der »Vorrede« vom November 1914 zu diesem Buch lobt er denn auch »die große Sprache der Waffen« und vernimmt »Gottes heilige Stimme in dieser Sprache«. Der Weltkrieg ist ihm ein »einzigartiges Ereignis in der moralischen Welt«, das »erhabenste seit der französischen Revolution«. Noch in den *Schlafwandlern* findet sich eine Broch'sche Replik zu dem Werk: »Scheler. Genius des Krieges ... Kein gutes Buch« (2,599).

Offenbar spricht er von den kriegsjubelnden Dichtern vor allem Hofmannsthal an, den verbalen Verteidiger des »heilig Alten«. Noch in seinem späten Hofmannsthal-Essay bezieht sich Broch auf dessen Gedicht »Österreichs Antwort« und führt es als Beispiel für das »vollkommen realitätsferne Bild« (6,137) an, das Hofmannsthal sich von der Habsburgermonarchie gemacht habe. Weder habe er die »Österreich-Feindlichkeit der ‚Nationalitäten'« (6,137)

wahrhaben wollen, noch habe er einen der politischen Realität ent-
sprechenden Begriff vom »Volk« gehabt. Als Beleg für diese späten
Thesen führt Broch genau die Grillparzer-Zeilen an, die Hofmannsthal als Motto »seinem österreichischen Kriegslied (1914) voran-
gestellt« (6,137) hatte: »Völker bunt im Feldgezelt, / Wird die Glut
sie löten? / Östreich, Erdreich vieler Art, / Trotzest du den Nö-
ten?« Das »österreichische Volk«, das Hofmannsthal in seinem
Poem beschwört, sei ihm »bis zum Zerfall der Monarchie«, so fährt
Broch fort, »nach dem Modell des Alpenbauern ... geschnitzt« gewesen, für den »die ‚Heiligkeit‘ der kaiserlichen Person eins hätte
sein müssen mit der Heiligkeit des Vaterlandes« (6,137). Broch faßt
seine späte Kritik an Hofmannsthals konservativ-unpolitischen Ge-
sellschaftsvorstellungen so zusammen:

Das Unpolitische seiner österreichisch-bürgerlichen Herkunft war bei ihm
ins Extrem gesteigert: wo er sich mit politischen Strukturen befaßt ..., da
schlägt ... der Wunsch nach hierarchischer Ordnung ... durch, etwa wie
sie im alten Ständewesen[21] konkretisiert gewesen war, freilich bloß ein
sozusagen provisorischer und nicht ganz ernst gemeinter Wunsch ... Es
ist eine Phantasie der Sittlichkeit — zu unpolitisch um ihre Utopie zu
sein ...« (6,138).

Diese späte Kritik ist abgewogener, weniger polemisch, aber sie
trifft sich in ihrem Inhalt durchaus mit der frühen zu Beginn des
Weltkrieges. Broch schleudert dem Kriegsbarden kein »Drecksheiligkeit« mehr entgegen, aber die »Mystifizierung« (6,138) von Volk
und Staat wird nach wie vor als illusionär enthüllt. In beiden Fällen decouvriert Broch das unpolitische, rückwärtsgewandte, roman-
tisch-märchenhafte Bild der Gesellschaft. Im Hofmannsthal-Essay
wird es mehr als historisches Kuriosum beleuchtet, in dem Frühwerk in seiner ganzen aktuellen politischen Gefährlichkeit durchschaut.

1918, kurz vor Kriegsende, hat Broch in seinem bitteren Nekro-
log auf den Wagner-Schützling Heinrich von Stein nochmals auf
den Zusammenhang von Ästhetizismus und politischer Desorientie-
rung hingewiesen und auf die Gefahr aufmerksam gemacht, der der
George-Kreis in dieser Hinsicht ausgesetzt sei:

Klar wird ..., daß in dieser Bayreuther Athmosphäre eine andere Art der
Produktion als eine opernhafte nicht aufkommen konnte ... Man lebte
zwischen Denkergestalten, Dichterfürsten, Musikheroen, Klaviertriumvi-
ren — ach, wie viele tun dies noch heute, man denke an den George-Kreis!
— und aus den Fassaden und Illustrationen einer Welt samtener Schemen
und seidner Fratzen heraus, und in sie verknüpft, wirkte der deutsche
Ästhet ...[22]

23

»Romantik«, hier in den »Cantos« fällt zum erstenmal das Wort, das für Broch bis in die Zeit der *Schlafwandler* zum Inbegriff eines realitätsfernen politischen Bewußtseins wird. Anders als kriegstrunkene Poeten wie Hauptmann, Binding und Petzold, die sich die militanten Phrasen Wilhelms II. zu eigen machen und seine abenteuerliche Politik unterstützen, durchschaut Broch den Kaiser als den politischen Romantiker par excellence:

Was er [Wilhem II.] treibt ... / ist billige Ausgabe einer Romantik, die ... / das Gestrige / mit modernen Mitteln verwirklichen will. Und kein Zweifel, / der Un-Kaiser träumt von überalterten Staatszielen, träumt / von Länderbeherrschung und von Ländereroberung, träumt / von einem neuen deutsch-römischen Imperium, dessen kontinentale Solidität die labile Pax Britannica ersetzen soll. So / rast er, der heiligsten Güter voll, dafür aber seinen eigenen / Staatsmännern unheimlich, im grotesken weißlackierten Au- / tomobil durch die Straßen seiner Residenzstadt ... (S. 6)

Wer die aggressiven und prahlerischen Reden Wilhelms II.[23] mit ihrem reaktionären und deutschtümelnden Vokabular gelesen hat, wie etwa die »Hunnenrede« von 1911, in der er die nach China geschickten Soldaten mit der Mahnung entläßt, sich so zu benehmen, daß dort der deutsche Name für ein Jahrtausend Schrecken verbreiten werde; wer die leichtsinnige, England herausfordernde Flottenpolitik und die Ideen von einem deutschen Kolonialreich verfolgt, wer die Entwicklung der Marokko-Krise, in deren Folge der Kaiser sich zum »Führer der Völker Europas«[24] aufzuschwingen versuchte, studiert, wer sich der Umstände beim deutsch-russischen Vertrag von 1905 und der »Daily-Telegraph«-Affäre von 1906 entsinnt — im ersten Fall bot der Kanzler Bülow seinen Rücktritt an, der zweite zog eine innenpolitische Vertrauenskrise ersten Ranges nach sich —, der kann nicht umhin, mit Broch die »überalterten Staatsziele«, die imperialistischen »Ländereroberungen« und die undiplomatischen innen- und außenpolitischen Brüskierungen Wilhelms II. anzugreifen. Brochs Kritik am deutschen Kaiser ist äußerst hart. Sein Regierungsstil gilt ihm als Verkörperung des politischen Kitsches. Kitsch ist für Broch nie ein isoliert ästhetisches Phänomen[25], vielmehr definiert er ihn ganz allgemein als »Imitationssystem«, das von vornherein »nur reaktionär« sein kann, das »den Blick in die Zukunft verkürzt und sich begnügt, die ... Wirklichkeit zu verfälschen« (6,345). Bewußt »schönes Arbeiten« (6,220) ist für Broch in der Politik wie in anderen Lebensbereichen »ethisch verwerflich« (6,217), denn es hänge ohne Rücksicht auf die Erfordernisse der Gegenwart und der Zukunft Vorstellungen der Vergangenheit nach. Kitsch, Reaktion und Romantik werden bereits in den »Cantos« als Gegebenheiten betrachtet, die sich gegenseitig bedingen: Der Kitsch ist das Produkt der romantischen Ideologie, deren Charakteristikum die reaktionäre Orientierung an zur Illusion gewordenen Leitbildern vergangener Epochen ist. Wilhelm II. ist für Broch als Repräsentant reaktionär-imperialistischer Politik mit romantischer Verbrämung[26] ein Kitschproduzent par excellence, den er in seiner politischen Gefährlichkeit durchschaut:

Will nicht . . . Wilhelm II. / . . . die barocke Pracht / erhalten und festigen? Er will es, und doch ist, was er treibt / schon Kitsch . . . / Es ist das Gespenst dämonischer / Platitüde, das da steht, das Gespenst der / Romantik, das Gespenst des Kitsches, das / Mars-Gespenst, zwar degeneriert zu einem / schmächtigen Koofmich, dennoch fähig, mit / plattem Fuß die Fluren zu zertreten.« (S. 6/9).

Später stellt Broch — sicher nicht ganz zu Unrecht — Wilhelm II. in die Ahnenreihe schönheitssüchtiger Gewaltherrscher wie Nero, Cesare Borgia und Hitler (6,1 und 6,308). Die Geistesverwandtschaft zwischen dem Kaiser und Hitler ist erst kürzlich untersucht und nachgewiesen worden.[27]

Anders auch als die Kriegsbarden, nach deren Wortschatz zu urteilen, sich im Waffenarsenal der Mittelmächte nur Schwerter, Degen und Flinten befinden, erkennt Broch die Gefahr moderner Zerstörungswaffen in der Hand kriegswilliger Politiker: »Militärflugzeuge, die ersten / in ihrer Art, schwirren in der blauen Luft . . . / O Gott, wenn Du's nicht noch verhütest, / wird Entsetzliches geschehen.« (S. 6/7) Diese Warnung rührt nicht mehr her aus einer pauschalen Skepsis gegenüber der Technik und einem Mißtrauen dem wissenschaftlichen Denken seiner Epoche gegenüber, wie es noch den Broch von 1909 beherrschte. Allein verantwortlich für die abzusehende Katastrophe seien die allgemeine politische Kurzsichtigkeit und die moralische Gleichgültigkeit:

Macht nicht die Wissenschaft dafür verantwortlich; sie erfindet die Elektronadel, und die läßt sich sowohl zur Heilung wie zur Folterung benützen, sowohl zum Fortschritt wie zum Rückschritt, und allein verantwortlich ist die dämonische Dummheit, unser aller Dummheit, welche blind wird und toll und des Menschenleids nicht mehr achtet . . . (S. 8)

Den Fortschrittsglauben kann er angesichts der Weltlage nur mit Sarkasmus kommentieren:

Wir glauben, obwohl wir's kaum glauben, unbedingt / an den Fortschritt. / . . . Wir brauchen uns auf den Fortschritt / nicht allzuviel einzubilden. Heute . . . wird in Spanien noch immer die Garotte verwendet, / die vermittels eiserner Schraube den Delinquenten / am Pfahle erwürgt, und die Totpeitschung mit der / Knute (unter Freilegung der Wirbelsäule und der / Rippenansätze) ist in Rußland immer noch höchlich / beliebt. Aber weil Amerika an des Fortschritts / Spitze marschiert, hat es den elektrischen Stuhl eingeführt . . .« (S. 3).

Das faktische Geschehen beurteilt Broch nach seiner Definition von Fortschritt: »Überall wo Menschen-/leid wirklich verringert wird, da ist wirklicher Fortschritt. Alles andere ist Unsinn.« (S. 4). Die Todesstrafe[28] ist für ihn Prüfstein des verbreiteten Fortschrittsglaubens: »Fast ist es, als stolpere der / Fortschritt ein wenig über die eigenen Füße, da / es ihm nicht gelingen will, die Todesstrafe gänzlich abzuschaffen.« (S. 4).

Es steht außer Frage, daß Broch sein zeitkritisches Urteilsvermögen seit 1909 wesentlich geschärft hat. Erstmals bezieht er die politischen Konstellationen überhaupt und die technische Entwicklung in angemessener Weise in seine Reflexionen ein. Die politischen Angriffe sind gerechtfertigt, und die historische Voraussicht ist im Vergleich mit der seiner Zeitgenossen erstaunlich.

Broch war aber sicherlich nicht der einzige Schriftsteller — wenn man ihn damals überhaupt schon als einen solchen bezeichnen kann[29] —, der sich über die Entwicklung des Weltkrieges keinen Illusionen hingab. Léon Bloy[30] und Romain Rolland[31] in Frankreich, vor allem aber Karl Kraus in Österreich warnten vor der herannahenden Katastrophe. Es ist sogar wahrscheinlich, daß es Karl Kraus war, der Broch den Blick schärfte für die politischen Realitäten, die durch die Berichterstattung einer chauvinistischen Presse entstellt wurden. Ludwig von Ficker schreibt, daß Broch gerade deshalb in seiner Zeitschrift *Der Brenner* zwischen 1913 und 1914 publizierte, weil es eines der wenigen Blätter war, das sich für den ansonsten vielbefeindeten Kraus einsetzte.[32] In drei Artikeln des *Brenner* setzte sich Broch für Kraus ein: Bei dem ersten Beitrag handelt es sich um seine Antwort auf eine »Rundfrage über Karl Kraus« von 1913, bei dem zweiten um seinen ersten veröffentlichten Essay überhaupt, der recht theoretisch und grundsätzlich geratenen Rezension über Thomas Manns *Der Tod in Venedig*[32a], und bei dem dritten handelt es sich um den »Ethik«-Aufsatz. Broch nennt in der Besprechung von Thomas Manns Novelle die Kraus-Satire »Harakiri und Feuilleton. Gespräch der Kuli«[33] als Beispiel für die Aufdeckung philiströsen Denkens (10,241).

Wie kam es zu Brochs »Antwort auf eine Rundfrage über Karl Kraus«? Ludwig von Ficker, der Freund und Förderer solch unterschiedlicher Talente wie Else Lasker-Schüler, Georg Trakl, Theodor Däubler, Karl Kraus und Hermann Broch, hatte für Kraus am 29. März 1913 einen Vortrag in München organisiert. Diese Lesung wurde angegriffen von dem Kritiker Bold in der Münchener illustrierten Wochenschrift *Zeit im Bild*.[34] Bolds Polemik, in der Kraus den Kritikern Kerr und Harden gegenüber als Nichtskönner herabgesetzt wurde, gipfelte in der Behauptung, daß Kraus »selbst in dem nächsten Umkreis seiner Heimatstadt so gut wie keine Wirksamkeit entfaltet« habe. Ficker nahm diesen Fall zum Anlaß einer allgemeinen Rundfrage über den umstrittenen Kraus. In den Heften 18, 19 und 20 des *Brenner*-Jahrgangs von 1913 äußerten sich dann u. a. Else Lasker-Schüler, Richard Dehmel, Frank Wedekind, Thomas Mann, Peter Altenberg, Georg Trakl, Adolf Loos, Stefan Zweig, Alfred Mombert, Willy Haas, Franz Werfel, Oskar Kokoschka und Hermann Broch. Das Ganze war eine positive Demonstration für das zeitkritische und satirische Schaffen von Karl Kraus, der eine Anzahl der Stellungnahmen dann in den *Fackel*-Heften von 1913 publizierte. Für den jungen, erst siebenundzwanzigjährigen und kaum bekannten Broch war es eine Ehre, hier zusammen mit Wedekind, Mann und Zweig seine Meinung über Kraus äußern zu können, und entsprechend bescheiden ist seine eigene Stellungnahme: »Vielen Dank für Ihre gütige Einladung, die mir jedoch eine Aufgabe stellt, der ich nicht gewachsen bin. Das Wesentliche meines Fühlens sehe ich bereits in dem Aufsatz K. B. Heinrichs formuliert.«[35] Der Romancier Karl Borromäus Heinrich, der wie die anderen *Brenner*-Mitarbeiter Carl Dallago und Ludwig von Ficker mit Kraus befreundet war[36], hatte kurz vor Fickers Enquete den Essay »Karl Kraus der Erzieher«[37] publiziert. Heinrich stellt die wesentlichen Merkmale der Kraus'schen Satire heraus, die auch Broch anführt, nämlich Ernsthaftigkeit in der Kritik und ethischen Antrieb:

Wer immer Karl Kraus für einen Witzbold hält, der mit der Not des Tages Schindluder treibt, oder gar für einen Negierenden aus der Okkasion heraus..., dem ist entgangen, was keinem rechtschaffenen Menschen dieser Zeit entgehen durfte: das ethische Pathos, das diesem Karl Kraus als sein... immer lebendiger Antrieb in einem unvergleichlichen Maße angeboren ist, und das sein Schaffen so sehr durchdringt, daß es... strengstes Verantwortungsgefühl beweist...« (S. 378).

Gegen das damals landläufige Mißverständnis, Kraus als unterhaltsamen Sensationsmacher zu betrachten, richtet sich auch Broch in aller Schärfe:

Ich erinnere mich an das widerwärtige Bild jenes intellektuellen Publikums, das in Wiener Kraus-Vorlesungen allzu sinnfällig Verständnis mimt und im Grunde der Oberfläche des Witzes sich hingebend, den äußerlichen Jargon begröhlt...« (S. 849/850)

Und in einer Sprache, die wie die der »Cantos« selbst von der offenen und nichts beschönigenden Kraus'schen Diktion geprägt ist, hebt er an Kraus »jene klare Ethik und tiefe Anständigkeit« hervor, »die sich gegen die Phrase wenden muß und schaudernd aufzeigt, wie zwischen den Phrasen eines Vorsitzenden und dem Schmalz eines Verteidigers der Strick vom Galgen baumelt: Er-

lösung des Menschlichen aus erstarrtem Unwirklichen.« (S. 849).
Auch im »Ethik«-Aufsatz hebt Broch die ethische Legitimation der
Kraus'schen Satire hervor: »... die Geistesanlage des großen Sati-
rikers führt ... nahe an das Denken des großen ... Philosophen ...
Ihr Gemeinsames: die Ablehnung des Ungeistigen, Vernichtung des
Dogmatischen (auf solcher Höhe jetzt vielleicht nur Kraus.)«[38]
Broch hat — anders als Franz Werfel oder Willy Haas — seine Ein-
stellung zu Kraus nie grundsätzlich geändert. Noch über dreißig
Jahre später spricht er von ihm als einem Künstler, »dessen Satire
ethische Dichtung kat exochen ist«[39] — ein Urteil, das für den Ethi-
ker Broch mit höchster Anerkennung identisch war.
    Der Einfluß von Karl Kraus auf die frühe politische Kritik
Brochs ist unverkennbar, denn alles, was die »Cantos 1913« an Gesellschaftskritik enthalten, findet sich bereits ausgesprochen in den
Fackel-Heften der Jahre 1912 bis 1914. Wenn es in Caroline Kohns
Studie heißt: »1914 ... war auch für Kraus ... eine entscheidende
Zäsur, die seine Entwicklung in eine völlig neue Bahn zwang«[40], so
stimmt das nicht ganz. Die Angriffe auf den Krieg, seine Propagandisten und Verherrlicher setzten schon mit Beginn des Ersten Bal-
kankrieges ein. Am 15. Oktober 1912 brach dieser Krieg aus, und
vierzehn Tage später schon las man in der *Fackel* den Kraus-Artikel
»Das ist der Krieg — c'est la guerre — das ist der Moloch«.[41] Kraus'
Kritik war, wie Friedrich Torberg bestätigt, vom ersten *Fackel*-
Heft an »frontal aufs Politische gerichtet«.[42] Bereits in dem Novem-
berheft von 1912 enthüllt Kraus die verbrecherische Romantisie-
rung der Kriegsberichterstattung: »Nie sind größere Greuel verübt
worden. Die Feuilletonfratze beschmiert sich mit Blut. Der Zierat
der Nichtswürdigkeit verhöhnt unendlichen Menschenjammer«
(S. 39). Die weiteren Artikel »Ein Weg ins Grauen«, »Die Poesie
des Krieges«, »Und in Kriegszeiten« in dem Dezemberheft des gleichen Jahres[43] oder die Schrift »Die Phrase im Krieg«[44] vom Mai
1913 sind im Ton von nicht minderer Schärfe und in ihrer entschie-
denen Anti-Kriegshaltung von nicht geringerer Klarheit. Unheil-
prophezeiend ist auch Kraus' Stellungnahme zum Ersten Weltkrieg
von 1914. Von »dieser großen Zeit« sagt er voraus, daß sie »wieder
klein werden wird, wenn ihr dazu noch Zeit bleibt«.[45] Ähnlich un-
eingeschränkt wie bei Broch ist auch bei Kraus die Verachtung für
die kriegsjubelnden Dichter und Feuilletonisten. Der Krieg, so
schreibt er in seinem »Gruß an Bahr und Hofmannsthal«, habe
eine besondere Anziehung ausgeübt »auf die schwerpunktlosen Gehirne, auf das Scheinmenschentum, auf die dekorationsfähige
Leere«.[46] Wie Broch greift Kraus innerhalb seiner Kriegspolemik
Hofmannsthal an. Auch er bezieht sich offenbar auf Hofmannsthals
»Österreich«-Gedicht mit dem Grillparzer-Motto, wenn er zu Hof-

mannsthals Verhalten zu Beginn des Krieges satirisch anmerkt: »Herr Hofmannsthal, der vom Vaterland erwartet, daß es ihn nicht rufe, wenn er vom Schlachtenruhm träumt, aber wenn er erwacht, ihm Grillparzers Ehren erweise.«[47] Es geht hier nicht darum zu prüfen, ob diese Angriffe von Karl Kraus in allen Einzelheiten berechtigt sind. Herausgestellt werden soll lediglich Brochs Abhängigkeit von bzw. seine Geistesverwandtschaft mit Kraus. Beiden gemeinsam ist die erklärte Abneigung gegen das romantisierende, pseudo-heroische Pathos, das sie in seiner Verantwortungslosigkeit durchschauen. Kraus ist noch ein Quantum direkter, noch aggressiver in seiner Kritik; so etwa, wenn er schreibt: »Eine Operettenkultur rückt zu Zeiten auch mit Kriegsbegeisterung aus... Ihre Söldner sind Schreiber. Völlig verantwortungslose Subjekte, die heute eine Premiere und morgen einen Krieg lancieren. Die jahrzehntelange Übung von Giftmischern zu verantworten, reicht die Wehrmacht Europas nicht aus.«[48]

Auch in der Ablehnung der Politik Wilhelms II. sind sie sich einig. Kraus hatte »den prahlerischen und unbedachten Kaiser Wilhelm II. nie geschätzt, hatte mehr als einmal das Säbelrasseln getadelt, mit dem er sein Volk von Eroberung zu Eroberung führen wollte«.[49] Bis ins Vokabular gleichen sich die Vorwürfe, so etwa, wenn Kraus ähnlich wie Broch die wilhelminische Kriegspolitik als »technoromantisches Abenteuer«[50] verurteilt. Schon in der »Apokalypse« von 1909 war dem jungen Broch eine desillusionierende Analyse der Wilhelminischen Scheinwelt aus Phrase, Kitsch und Prunk vorgeführt worden: »Durch Deutschland zieht ein apokalyptischer Reiter, der für viere ausgibt. Er ist Volldampf voraus in allen Gassen. Sein Schnurrbart reicht vom Anfang bis Niedergang und von Süden gen Norden. ‚Und dem Reiter ward Macht gegeben, den Frieden von der Erde zu nehmen, und daß sie sich einander erwürgten‘«.[51] Brochs Bild vom »kitschigen Koofmich« (S. 7), dessen politische Anschauung die »billige Ausgabe einer Romantik« S. 6) sei, die »das Gestrige mit modernen Mitteln verwirklichen will« (S. 6), ist bei Kraus vorgeprägt. In der Einleitung zum Drama *Die letzten Tage der Menschheit* zieht Kraus eine ganz ähnliche Bilanz der wilhelminischen Politik: »Sie haben den Weltmarkt — das Ziel, zu dem sie geboren wurden — in der Ritterrüstung zu erobern gewähnt; sie müssen mit dem schlechteren Geschäft vorliebnehmen, sie auf dem Trödelmarkt zu verkaufen.«[52] Daß auch Kraus den naiven Fortschrittsglauben seiner Zeitgenossen geißelte, braucht kaum noch erwähnt zu werden. Man lese etwa die Kraus'schen Glossen zum Untergang der ‚Titanic‘ im April 1912: »Großer Sieg der Technik: Silbernes Besteck für 15 000 Menschen oder Furchtbare Versäumnis: Gott hat nicht Schiffbau studiert.«[53]

Der Verdacht drängt sich auf, daß die »Cantos 1913« eine ganz unoriginelle Kraus-Imitation darstellen. Dem ist aber keineswegs so. Wie schon in seinen frühen Aphorismen unterscheidet sich Broch mit seiner Theorie über die geschichtliche Situation der Zeit von Kraus. Diese Geschichtstheorie war bereits in »Kultur 1908/1909« vom Bewußtsein geprägt, im Endstadium des Niedergangs der europäischen Kultur zu leben. Grundsätzlich hat sich an dieser Auffassung bei Broch nicht viel geändert. Seine geschichtstheoretischen Vorstellungen sind nach wie vor idealistisch in dem Sinne, daß er die geistesgeschichtliche und nicht die sozio-ökonomische Konstellation als letztlich ursächlich für die historische Entwicklung ansieht. Nach wie vor ist sein Denken auch geprägt von dem Bewußtsein, in einer Phase des kulturellen Niedergangs zu leben. Mittlerweile den Kinderschuhen der Lebensphilosophie entwachsen, sucht er allerdings nicht mehr im »Rationalismus«[54] den Grund für das Unheil seiner Zeit. Als fatal sieht er es nunmehr an, daß den meisten Politikern, Philosophen und »sicherlich ausnahmslos all diesen Dichtern« (S. 7) der »Erkenntnisfortschritt« im Denken der Moderne entgangen sei. Signalisiert werde dieses neue Denken durch den Umbruch in der »Grundlagenforschung« der Mathematik »und der neuen Physik«. Hier sei der »absolut gegebene Rahmen« des barocken Denkens gesprengt; die »Unerschütterlichkeit des mathematischen Aufbaus, die Unerschütterlichkeit des Newtonschen Raumes, absolut bisher beides« (S. 7), sei widerlegt und damit das mechanistische Weltbild Newtons überhaupt revidiert worden. Broch spricht von einer Revolution des Denkens, die »um die Jahrhundertwende ... geschah« (S. 7) und meint damit offensichtlich die 1900 von Max Planck aufgestellte Quantentheorie, die die erste Abwendung der Naturwissenschaft von der mechanistischen Auffassung bedeutete und die 1905 von Albert Einstein begründete Spezielle Relativitätstheorie, die die Konsequenzen der Planckschen Erkenntnisse erst recht verdeutlichte. In der Tat nennt Broch mit der Aufhebung der absoluten Größe des Newtonschen Raumes eine der Kernthesen der Relativitätstheorie. Denn während Newton den Raum als stationäres Bezugssystem benutzte, im Verhältnis zu dem die Planetenbewegung als absolute Bewegung aufzufassen sei, verwarf Einstein die Idee vom absoluten Raum, wies nach, daß die Planetenbewegung nur in ihrem Verhältnis zueinander beschrieben werden kann und verfocht die relative Definition des Raumes als »mögliche Ordnung materieller Objekte«[55] zueinander. Aber diese Neuerungen im Denken der Physik sind Broch nur Symptom für einen allgemeinen und umfassenden Denkumbruch, der in allen Bereichen des philosophischen Denkens, auch in der Ethik, abzusehen sei. Broch, der Eklektiker und Anverwandler aktueller philosophi-

scher Ideen, ist hier offensichtlich von dem nach der Jahrhundertwende populär gewordenen »Ganzheits«-Denken beeinflußt, wie es
damals in der Philosophie von Hans Driesch und in der »Gestalt«-
Psychologie von Christian Ehrenfels und Wolfgang Köhler vertreten[56] wurde. Mit dem synoptischen Argument »Denn eines gehört
zum anderen, und unentrinnbar gehört alles zusammen« (S. 7)
schließt er darauf, daß auch die »Humanitätsabsolutheit ... mitbe-
troffen worden« (S. 7) sei: »Die Unerschütterlichkeit des mathematischen Aufbaus, die Unerschütterlichkeit des Newtonschen Raumes, absolut bisher beides, ist der neuen Grundlagenforschung und
der neuen Physik erstes Opfer geworden — wie könnte da der Hu-
manitätsfortschritt nicht gleichfalls erschüttert sein?« (S. 7). Noch
in den dreißiger Jahren ist Broch Synoptiker und insistiert auf der
Behauptung, »daß es keine isolierten geistigen Erscheinungen gibt,
und daß das, was auf einem Gebiet, z. B. Physik gilt, ... überall
anderswo gefunden werden muß« (8,15). Freilich mangelt derlei Behauptungen eine eindeutige Stringenz; sie spiegeln ein zeitgenös-
sisches ganzheitliches Denken, wie es z. B. auch im modernen Holis-
mus von Alfred N. Whitehead verfochten wird.[57] Wenn nun Broch
einerseits einen Denkumbruch in der Physik konstatiert und andererseits einem Ganzheitsdenken anhängt, für das »es keine isolierten
geistigen Erscheinungen« gibt, dann ist es für ihn logisch, daß er
sich um den Aufweis dieses Denkumbruchs auch in der Ethik bemüht. Während er aber in der Physik die positive Ersetzung der
mechanistischen Weltsicht Newtons durch die der Relativitätstheorie Einsteins beobachten kann, während also die neuen Wirk-
lichkeiten der Physik durch eine neue umfassende Theorie aufge-
fangen und erklärt werden können, kann er auf ethischem Gebiet
nur ein Rückgreifen auf überholtes Denken — für Broch also »Romantik« — feststellen. Das Ergebnis dieser reaktionären Ethik ist
für Broch die Unterbrechung des Humanitätsfortschritts, wofür er
eine Reihe von Symptomen aus den verschiedenen Bereichen gesellschaftlicher Praxis aufweist: Statt die Todesstrafe abzuschaffen,
wird zu ihrer Vollstreckung »der elektrische Stuhl eingeführt«
(S. 3), statt politische Reformen in Angrifff zu nehmen, »träumt«
man »von überalterten Staatszielen« (S. 6), statt eine Politik des
internationalen Ausgleichs und der friedlichen Koexistenz anzustre-
ben, wird imperialistische »Länderbeherrschung und Ländereroberung« (S. 6) propagiert, statt daß Philosophen und Dichter kritisches Ferment der Gesellschaft sind, »faseln« sie vom »heiligen
Krieg« (S. 7). Während also in der Physik das aus dem 17. und
18. Jahrhundert stammende mechanistische Weltbild durch Planck
und Einstein wirklich überwunden worden sei, fehle es an einer
nachbarocken und nachaufklärerischen Ethik, die den Tatsächlich-

keiten einer technisierten, nach-bürgerlichen Epoche Rechnung tragen. Vom Bürgertum spricht Broch 191 nur noch im Tempus der Vergangenheit: »Das Bürgertum war«, so meint er, »nicht unvergleichbar« dem »aristokratischen Dixhuitième« (S. 3), seine »Humanität« beschreibt er als »ritterlich im bürgerlichen Gewand« (S. 5). Gerade diese Humanität aber erweise sich nun als »romantisch« (S. 6) — ihr Exponent sei Kaiser Wilhelm II. — und den neuen historischen Tatsachen gegenüber als völlig unangemessen, ja gefährlich. Wie später im »Zerfall der Werte« der *Schlafwandler* zieht Broch eine Parallele zwischen der historischen Situation seiner Gegenwart und der Reformation. Er befürchtet, daß eine neue Humanität erst nach »Krieg und Schrecken« (S. 5) entstehen wird:

Oh Segen / der Aufklärung, die aus dem Barock, aus / seiner Wissenschaft hervorgegangen ist! / In Wirrnis geboren, nachdem die mediävale Humanität sich verflüchtigt hatte, geboren / in Krieg und Schrecknis, eingeleitet von / Ketzer- und Hexenverbrennungen, begleitet / von Austreibungen und Elend unerhörtesten, / vorher unerahnt gewesenen Ausmaßes, hat / das Barock dies alles überwunden, hat sich / zur Aufklärung durchgerungen und seine ihm eigene Humanität erstehen lassen ... / Sind ... wieder Hexenprozesse, ist ... wie- / der ein Dreißigjähriger Krieg, wiederum Vernichtungselend / notwendig, ehe die neue Humanität sich wieder Bahn bricht? (S. 5/7).

Der Ausbruch des Krieges gibt Broch die Antwort auf seine Frage: »Die These von den stärkeren Bataillonen, mit denen / Gott ist, (wird) zur Geltung gebracht, vergessend, daß Gott / zwar die Einfalt, doch nicht die Dummheit liebt« (S. 9). Trotz der Voraussicht eines kulturellen Zusammenbruchs wird aber die Hoffnung auf eine Erneuerung der Humanität nicht aufgegeben: »Rückrufbar ... ist die Absolutheit ... / der Humanität, und sie wird / wieder aufgerufen werden« (S. 8). Nach den vorausgegangenen Ausführungen erscheint diese Hoffnung keineswegs unmotiviert und künstlich aufgesetzt. Denn zum einen glaubt Broch eine bestimmte Geschichtsgesetzlichkeit annehmen zu können, von der aus er die historische Situation seiner Zeit mit der des 16. und 17. Jahrhunderts vergleicht, nach deren Wirren ein neues Weltbild mit seiner aufgeklärten Humanität und ein neues »Weltbürgertum« (S. 6) sich durchgesetzt haben, und zum anderen ist ihm auf Grund seiner ganzheitlichen Perspektive der erfolgte Denkumbruch in der Physik Indiz dafür, daß die Entwicklung auch zu einer neuen Ethik letztlich nicht aufzuhalten ist.

Die »Cantos 1913« lesen sich wie eine Exposition zum »Zerfall der Werte«: Die synoptische Perspektive, aus der heraus er in der Romantrilogie den Begriff des »Denkstils« prägt, der alle Wirklichkeitsbereiche einer Epoche formt (2,425 ff.), die Gesellschaftskritik mit ihrer Aufdeckung des romantisch-reaktionären Denkens bei der politisch führenden Schicht (Pasenow), die geschichtsphilosophische Parallele zwischen der Gegenwart und der Zeit des Übergangs vom Mittelalter zur Neuzeit und schließlich die Hoffnung auf die Begründung einer neuen Humanität — all das ist hier bereits ausgesprochen. Über das Inhaltliche hinaus ähneln die »Cantos« auch im Formalen dem dritten Teil der Trilogie. Wie dort wechseln auch hier Prosa, Lyrik und philosophischer Exkurs einander ab. Daß Broch dieses Frühwerk durchaus ernst nahm, zeigt sich nicht nur darin, daß er wesentliche Ideen aus ihm in den »Zerfall der Werte« einbaute, sondern beweist auch die Tatsache, daß er einige Passagen aus ihm wörtlich in die »Stimmen 1913« der *Schuldlosen* übernahm. Dieser Rekurs auf die »Cantos« hing dabei in den letzten Lebensjahren Brochs zusammen mit einer neuen Beschäftigung mit dem Werk von Karl Kraus, der sein Frühwerk so stark beeinflußt hatte.

Die »Cantos« geben aber nicht nur Zeugnis von Brochs Auseinandersetzung mit der Kraus'schen Satire, sondern mit dem in ihnen enthaltenen Lob auf den »Segen der Aufklärung«, ihrer »Humanität« und ihres »Weltbürgertums«[58] auch von seinem Kant-Studium.

3. »Ethik« (1914): Die Hinwendung zu Kant

Zu Anfang der vierziger Jahre stilisierte Broch sein einsemestriges Studium als Gasthörer an der Universität Wien um zur Legende von der frühen »metaphysischen Enttäuschung«.[1] Nicht nur, daß er Daten und Fakten verschiebt, auch diese Art von negativem Bildungserlebnis kann so gar nicht stattgefunden haben. Broch beginnt den Bericht über seine »ersten Erfahrungen«:

Als ich 1906 die Wiener Universität bezog, um Mathematik und Philosophie zu studieren, erfuhr ich ... enttäuscht, daß ich nicht berechtigt sei, irgendeine all der metaphysischen Fragen zu stellen, mit denen beladen ich gekommen war ... Es war die erste Blütezeit des ,wissenschaftlichen' Positivismus ... Es ging nun nicht mehr um die inhaltlichen Wissenschaftsergebnisse ... (9,37).

Tatsächlich aber hat der siebzehnjährige Webschüler Broch im Wintersemester 1904/1905 bei Müllner zwei Veranstaltungen[2] besucht, in denen es durchaus um »inhaltliche Wissenschaftsergebnisse« ging, nämlich das Seminar »Aristoteles« — in dem man um »metaphysische Fragen« sicherlich nicht herumkam — und die Vorlesung »Praktische Philosophie«. Seiner eigenen ursprünglichen Neigung folgend, belegte er ferner zwei mathematische Übungen («Algebra« bei Mertens und »Elemente der Differential- und Integralrechnung« bei Wirtinger) und schließlich bei Boltzmann die Vorlesung »Prinzipien der Naturphilosophie«. Daß er in mathematischen Übungen über Integralrechnung seine metaphysischen Fragen nicht loswerden konnte, versteht sich von selbst, kann also nicht »enttäuschend« gewesen sein. Ob ihn die Vorlesung des Physikers Boltzmann aus Academia vertrieb, ist zumindest fraglich. Das philosophische Seminar der Universität Wien bot in dem betreffenden Semester jedenfalls Übungen, Seminare und Vorlesungen vielerlei Richtungen an. Jodl etwa las »Geschichte der Philosophie vom Zeitalter des Humanismus bis auf Kant« und Reininger »Geschichte der neuesten Philosophie«[3]; die theologische Fakultät schließlich offerierte »Metaphysik« in Fülle. Der Abbruch seines Universitätsbesuches als Gasthörer ist wohl einfacher mit dem gleichzeitigen Besuch der Wiener Webschule und der 1906 folgenden Fachausbildung an der »Lehranstalt für Spinnerei und Mechanische Weberei« in Mühlhausen (Elsaß)[4] zu erklären. Von einem direkt artikulierten Anti-Positivismus, der die selbstverständliche Folge einer solchen Enttäuschung gewesen wäre, ist denn auch in den frühesten philosophischen Notizen von 1908 und 1909 nicht die Rede. Wenn er darin die »rationale« Denkweise seiner Zeit angreift, so geschieht das vom Standpunkt des populären Irrationalismus, nicht aber von dem des enttäuschten Metaphysikers aus. Broch verstellt mit dieser biographischen Konstruktion den Blick für seine wirkliche geistige Entwicklung. Er vorverlegt um etwa zwanzig Jahre seine Auseinandersetzung mit dem Positivismus, die er tatsächlich zu Mitte und Ende der zwanziger Jahre an der Universität Wien mit Schlick, Hahn und Carnap geführt hat.

Das Hauptproblem, das ihm als Siebzehnjährigem der Positivismus beschert habe, so schreibt Broch rückerinnernd weiter, sei das »Problem des Relativismus« gewesen, die Einsicht nämlich, daß es »keine absolute Ethik gibt« (9,37). Die Konfrontation mit dem ethischen Relativismus stellte sich aber nicht dem siebzehnjährigen Kandidaten der Webschule, sondern dem achtundzwanzigjährigen Gesellschaftskritiker von 1914. Gleichzeitig mit der wachsenden Zustimmung zur Arbeit von Karl Kraus läßt sich bei Broch eine immer intensivere Beschäftigung mit Kants Philosophie feststellen. In den zwei erwähnten *Brenner*-Beiträgen von 1913 wird als Kulturkritiker Karl Kraus und als Philosoph »immer und immer wieder Kant« (10,244) erwähnt. In dem »Ethik«-Aufsatz[5] von 1914, der in der gleichen Zeitschrift erschien, weist Broch auf die ethische Geistesverwandtschaft zwischen Kant und Kraus[6] hin. Es scheint, als könne er die von Kraus aufgedeckten gesellschaftlichen Mißstände nur verkraften, indem er sich eines philosophischen Standorts versichert, von dem aus er sie kritisch beurteilen kann, und der ihm gleichzeitig eine Perspektive zu ihrer Überwindung vermittelt. Sein früher lebensphilosophischer Irrationalismus gab ihm zwar ein Mittel der Kritik an die Hand, erwies sich aber im Verein mit einem geschichtsphilosophischen Fatalismus schon bald als Sackgasse. Im Essay »Ethik« nimmt Broch denn auch endgültig Abschied von den Vertretern der Lebensphilosophie und ihren Vorläufern, von Schopenhauer, Nietzsche und Weininger. Die Hinwendung zu Kant erfolgt also — die »Cantos« machen das vollends klar —, weil er auf der Suche nach der Grundlage zu einer neuen »Humanität« ist. Dieses Grundmotiv der »Cantos« taucht in »Ethik« noch deutlicher auf: Als »letztes Ziel« seiner Vorbilder Kraus und Kant betrachtet er »ethisches« »Menschentum« (S. 690). Der kritische Idealismus Kants scheint ihm zwei in diesem Zusammenhang dringliche Fragen zu beantworten. Die erste betrifft ein philosophisches, die zweite ein gesellschaftliches Problem; die erste bezieht sich auf den »Relativismus« (9,37) der Weltanschauungen, die zweite auf den herrschenden »Machiavellismus« (9,37) in der Gesellschaft. Zum einen nämlich liefert ihm Kant die erkenntnistheoretische Basis zum Begreifen und Tolerieren des »Relativismus«; zum anderen definiert er gleichzeitig mit dem kategorischen Imperativ ein allgemein verbindliches moralisches Gesetz, das einen Maßstab zur Beurteilung der faktischen politischen Moral abgibt. Zunächst sei das »Problem des Relativismus«, wie es sich Broch 1914 stellte, untersucht. »Der Enthusiasmus, mit dem er sich auf Kant bezieht«[7], ist verständlich, denn die *Kritik der reinen Vernunft* erklärt ihm dieses Problem gleich von zwei Aspekten aus, vom erkenntnistheoretischen und vom weltanschaulich-religiösen. In beiden Fällen übernimmt Broch Kants Auffassungen. Die erkenntniskritische Position des »skeptischen Relativisten«[8] Kant verteidigt Broch gegen Husserl, und den »weltanschaulichen Relativismus«, wie er aus der Antinomienlehre in der »Transzendentalen Dialektik« resultiert, benutzt er als Argument gegen die »Dogmatiker« der Lebensphilosophie.

Zunächst zum »skeptischen Relativismus« und Brochs Replik auf Husserl. Broch bezieht sich auf die §§ 35, 36 in Husserls *Logischen Untersuchungen*. An seiner Bemerkung, Husserl bezeichne Kants erkenntniskritischen »skeptischen Relativismus« als »freche Skepsis« (S. 688), ist zugleich etwas richtig und zugleich etwas falsch. Richtig ist, daß Husserl gegen die Überzeugung der »spezifischen Relativisten«[9] argumentiert, also gegen die Behauptung: »Wahr ist für jede Spezies urteilender Wesen, was nach ihrer Konstitution, nach ihren Denkgesetzen als wahr zu gelten habe ... Daß derselbe Urteilsinhalt (Satz) für den Einen, nämlich für ein Subjekt der Spezies *homo*, wahr, für einen Anderen, nämlich für ein Subjekt einer anders konstituierten Spezies, falsch sein kann.«[10] Husserl wendet sich also — und das sieht Broch richtig — gegen eine Position, wie sie von Kant verfochten wird, wenn er erklärt, daß uns alles Äußere immer nur in der Form »erscheint«, wie es uns von unseren menschlichen Sinnen zugeleitet wird, daß wir also von dem, was hinter der Erscheinung steht (also vom »Ding an sich«), nichts wissen können und daß den Subjekten einer anderen Spezies das Äußere durchaus anders erscheinen könne. Aus den zahlreichen Belegstellen in der »Transzendentalen Ästhetik« sei nur eine besonders prägnante herausgegriffen: »Wir können von den Anschauungen anderer denkender Wesen gar nicht urteilen, ob sie an die nämlichen Bedingungen gebunden seien, welche unsere Anschauung einschränken und für uns allgemein gültig sind.«[11] Falsch ist es aber, wenn Broch behauptet, Husserl diffamiere Kants Position als »freche Skepsis«. Als solche bezeichnet Husserl vielmehr den »individuellen« Relativismus und nicht etwa den »spezifischen« Relativismus Kants. Der »individuelle« Relativismus hat mit dem Kantschen gar nichts zu tun, da er nichts anderes als ein verabsolutierter Subjektivismus ist. Die Stelle bei Husserl lautet denn auch: »Der individuelle Relativismus ist ein so offenkundiger und fast möchte ich sagen, frecher Skeptizismus, daß er, wenn überhaupt je, so gewiß nicht in neueren Zeiten ernstlich vertreten worden ist.«[12]

Wichtiger in diesem Zusammenhang ist aber Brochs Übereinstimmung mit Kant in bezug auf den »weltanschaulichen« Relativismus, der aus der Antinomienlehre folgt. Die Anerkennung dieses Relativismus nimmt er zum Anlaß, Abschied von den Irrationalisten der Lebensphilosophie zu nehmen. Kant habe, so applaudiert er dessen »heroische Skepsis« (S. 685), »alles ‚Unbewiesene‘ — das Gefühlsurteil — ausgemerzt« (S. 686). Den »unbekümmerten Dogmensetzern« Weininger, Schopenhauer und Nietzsche mit ihren »willkürlichen Provisorien« (S. 686) sei der Boden unter den Füßen genommen worden. Weiningers »Morallehre« habe »zusammenbrechen« müssen, »als er sie ins Dogmatische wandelte« (S. 689), und könne vor der Kantschen Ethik, die »alles Dogmatische vernichtet«, (S. 689) nicht bestehen. Die Angriffe auf Kant in Nietzsches *Willen zur Macht*[13] weist Broch als »Mißverständnis« (S. 686) zurück. Die Erkenntniskritik des »vorsichtigsten ... Zweiflers« (S. 686) Kant sei viel scharfsinniger, die Skepsis »in den man könnte sagen ‚zynischen‘ Antinomien« (S. 688) habe einen »gründlicheren Nihilismus vorweggenommen«, eine »gründlichere Umwertung geschaffen« (S. 688) als die Philosophie Nietzsches, dem »die Skepsis der Erkenntnis ... bloß zum Drehpunkt eines Wertsystems wurde, das in seiner neuen Lage doch nur wieder die Dogmen der früheren isomorph abbildet« (S. 688). Am nachdrücklichsten aber spielt Broch Kant gegen Schopenhauer[14] aus, dessen Ausfüllung des Kantschen »Ding an sich« mit dem »Weltwillen« er als Rückfall hinter Kant betrachtet:

Während jede außerkant'sche Philosophie ... sich von Welterklärungssucht nicht freimachen kann und zur Ausfüllung der großen Unbekannten ... Theorien zu machen sucht (man denke nur an den Schopenhauer'schen »Willen«), ... ist Kant der erste und einzige, der diese willkürlichen Provisorien ... verwirft. Er ... wagt, den Lauf des Denkens und Fragens nicht aufzuhalten, ihn bis zu den Wirbelschlüssen der Antinomien zu verfolgen, um ... aufzuzeigen, daß ... Theorie und Welterklärung unendlich viele Möglichkeiten der praktischen Vernunft ergeben, daß aber die Aufgabe der Erkenntnistheorie in den Formen des Denkens ... liegt ... In nichts wurde Kant mehr mißverstanden ..., und niemand trug mehr zu solchem Mißverständnis bei als Schopenhauer ... Was machte Schopenhauer aus ... dem »Ding an sich«? Den Willen! (S. 685—687).

Kommen wir auf Brochs Ausgangsproblem zurück: Er sucht nach einer neuen »Humanität«, wobei sich dieses Bemühen vom philosophischen »Relativismus« und dem »Machiavellismus« der gesellschaftlichen Praxis her legitimiert. Im »Ethik-Aufsatz« legt sich — zumindest vorübergehend — die Unruhe über den »Relativismus«, da er ihn als notwendig einsehen lernt, durch das Studium der *Kritik der reinen Vernunft*. Mit dieser neuen Einsicht verbindet er gleichzeitig eine Kritik an seinen früheren Vorbildern, den nunmehr als »Dogmatikern« eingestuften Denkern Weininger, Schopenhauer und Nietzsche. Wie aber steht es mit dem »Machiavellismus«? Ist nicht, so muß der idealistische junge Broch sich fragen, der Machiavellismus das Resultat des Relativismus? Auch diese Frage scheint ihm Kant adäquat zu beantworten. Während Broch bisher die verschiedensten Erscheinungsformen der Inhumanität im Kultur- und Gesellschaftsleben seiner Zeit angriff, indem er Anleihen beim moralischen Pathos von Karl Kraus machte, glaubt er nun nach der Beschäftigung mit der *Kritik der reinen Vernunft* bei Kant einen Maßstab zur Beurteilung gesellschaftlicher Praxis gefunden zu haben. Kant, so stellt Broch richtig fest, habe zwar unwiderruflich den Relativismus aller »Weltanschauungen« bewiesen, habe aber gleichzeitig zur Überwindung dieses Relativismus beigetragen, indem er »in der Ethik und nicht in den Kritiken das Ziel seines Werkes« (S. 688) gesehen habe. Mit dem kategorischen Imperativ sei ein allgemein verbindliches und — das ist für Broch das Entscheidende — »soziologisches Gesetz« (S. 689) definiert worden. Darum ist der »Ethik«-Aufsatz so begeistert geschrieben, weil Broch in dem kategorischen Imperativ der Kantschen Ethik sowohl das Fundament für die Kritik am »Machiavellismus« als auch die

Grundlage für seine inaugurierte »neue Humanität« gefunden zu haben glaubt. Was seinen eigenen Intentionen entspricht, findet er bei Kant vorgeprägt: Kant habe als »letztes Ziel: Menschentum, Menschlichkeit« (S. 690) im Auge gehabt und dem »Machiavellismus« die Basis entzogen, indem er bewiesen habe, daß »der Mensch . . . als Zweck an sich selbst, *nicht bloß als Mittel* zum beliebigen Gebrauche für diesen oder jenen Willen . . . *existiert*«.[15] Broch deckt damit zu Recht die politische Relevanz des Kantschen Sittengesetzes auf. Wie sehr Kant seine formale Ethik als Scheidemittel zwischen Machiavellismus und verantwortungsbewußter Politik verstand, hat er selbst unmißverständlich ausgedrückt: »Die wahre Politik«, so schreibt Kant, »kann also keinen Schritt tun, ohne vorher der Moral gehuldigt zu haben . . . Man kann hier nicht halbieren, und das Mittelding eines pragmatisch-bedingten Rechts (zwischen Recht und Nutzen) aussinnen, sondern alle Politik muß ihre Knie vor dem erstern beugen.«[16]

In Anlehnung an Chamberlain bringt Broch den als »soziologisches Gesetz« betrachteten Imperativ auf die seiner Meinung nach »sehr eindringliche« und »konzise Formel«: »Subjekt, handle objektiv« (S. 689). Auf den Zusammenhang dieses Zitats in der Kant-Studie Chamberlains muß hier kurz eingegangen und die Berechtigung der Kurzformel überprüft werden. Anknüpfend an die bekannte Definition des kategorischen Imperativs im § 7 der *Kritik der praktischen Vernunft* heißt es da: »Diese Formel . . . läuft auf das Gebot hinaus: Subjekt, handle objektiv! Denn die Formel besagt ausdrücklich: der subjektive Grundsatz soll so beschaffen sein, daß er objektive, allgemeine Geltung besitze.«[17] In der Tat finden sich in Kants Exkursen über die Formulierungen des kategorischen Imperativs in der *Grundlegung zur Metaphysik der Sitten* Definitionen, die eine solche bündige Fassung des Imperativs nahelegen, so etwa wenn es heißt: »Die subjektiven Grundsätze der Handlungen, d. i. Maximen, (müssen) jederzeit so genommen werden, daß sie auch objektiv, d. i. allgemein als Grundsätze gelten, mithin zu unserer eigenen allgemeinen Gesetzgebung dienen können.«[18] Chamberlins weitere Ausführungen über Autonomie, Heteronomie, Sittlichkeit, Freiheit etc. im Kantschen Sinne lassen keinen Zweifel daran aufkommen, daß er mit seiner Kurzfassung des kategorischen Imperativs Kant richtig interpretiert hat. Aber es könnte ja sein, daß Broch Kant mißverstanden hat. Broch ist selbstkritisch genug, den Herausgeber des *Brenner* zu bitten, »die kleine Arbeit« nicht als »Würdigung Kants« zu betrachten; »daß sie dazu nicht ausreicht«, so fährt er fort, »ist evident« (10,254). Gegen ein Mißverständnis Brochs spricht die Tatsache, daß er im Kantschen Imperativ die »freieste und gebundenste Moral zugleich« und die »Freiheit und Gebundenheit meines Handelns« (S. 689) definiert sieht, daß er also durchaus das »Paradoxon« der »Autonomie« menschlicher »Willensfreiheit«[19] verstanden hat und sich zu ihr bekennt.

Genau auf dieses Problem: Anerkennung des weltanschaulich-religiösen Relativismus bei gleichzeitigem Akzeptieren des im kategorischen Imperativ formulierten Moral-Gesetzes, kommt Broch vier Jahre später in seiner ersten »werttheoretischen« Studie zurück. Wieder ist es Kant, auf den er sich beruft. »Die ethische Tat Kants« sei es gewesen, den vormals »antinomischen Riß zwischen dem metaphysischen und dem kritischen Idealismus ... zu schließen«, und zwar mit seiner Forderung nach dem ‚guten Willen‘.[20] Der Kantsche »gute Wille« gebe die Basis ab für die »hier genommene Problemfassung« einer Definition des »Handelns«, das »immer Wert sein soll« (S. II). Mit dem Rekurs Brochs auf den Kantschen »guten Willen« bei der Grundlegung seiner Werttheorie macht Broch in der Tat eine Anleihe bei dem wohl zentralsten Begriff von Kants Morallehre. »Es ist überall nichts in der Welt, ja überhaupt auch außer derselben zu denken möglich, was ohne Einschränkung für gut könnte gehalten werden, als allein ein *guter Wille*«[21], so lautet der allererste Satz in Kants *Grundlegung zur Metaphysik der Sitten* überhaupt, und er fährt fort: »Der gute Wille ist nicht durch das, was er bewirkt oder ausrichtet, nicht durch seine Tauglichkeit zu Erreichung irgend eines vorgesetzten Zweckes, sondern allein durch das Wollen, d. i. an sich gut ...; wenn bei seiner größten Bestrebung dennoch nichts von ihm ausgerichtet würde, und nur der gute Wille (freilich nicht etwa als ein bloßer Wunsch, sondern als die Aufbietung aller Mittel, soweit sie in unserer Gewalt sind) übrig bliebe: so würde er wie ein Juwel doch für sich selbst glänzen, als etwas, das seinen vollen Wert in sich selbst hat.«[22] Kants »Pflicht«-Begriff, seine Opposition gegen ein Handeln aus »Neigung« und aus dem Streben nach »Genuß«, ja schließlich die Formulierung des Sittengesetzes überhaupt resultieren aus dem für ihn fundamentalen Begriff des »guten Willens«.[23] Nur von der Kantschen Sittenlehre aus, auf die sich Broch ausdrücklich beruft, ist also seine Definition »wert«-gerechten Handelns zu verstehen. Diese ersetzt nicht den kategorischen Imperativ, sondern setzt ihn voraus. Broch formuliert in der Sprache seiner Werttheorie: »Da dein Erleben nicht ohne weiters Wert ist ..., mußt du so handeln, daß es immer Wert werde ...; was immer du schaffst, schaffe es bewußt und der Definition deines Wertzieles gemäß ... Die Totalität solchen reinen Schaffens aber ist die reine und objektive Wertwirklichkeit des erlebenden Menschen. Der Mensch hat seine Wirklichkeit zu verantworten.« (S. II). Wenn Broch also von »Wert« spricht, so meint er damit das »Resultat eines Handelns«, das auf dem »guten Willen«

basiert und das sich in seinen Intentionen überprüft am kategorischen Imperativ. Warum aber formuliert Broch hier an einem Imperativ herum, mit dessen — zweifellos prägnanterer — Originalfassung er doch ohnehin übereinstimmt? Weil seine Fragestellung hier keine metaphysisch-sittliche, sondern eine geschichtstheoretische ist. Es geht ihm nicht darum, Kant zu »verbessern«, was ja insofern schon unsinnig wäre, da er mit ihm übereinstimmt. Vielmehr geht es ihm darum — so eigenartig das zunächst klingen mag — zu beweisen, »daß nur der ethische Mensch historisch konstituierbar sei«, daß »nur der Mensch von ‚gutem Willen‘... in der Geschichte lebt« (S. III). Was Broch will, ist die Herausarbeitung »des Ethos als Prinzip der Geschichtserkenntnis« (S. III). Er ist überzeugt, »daß der ethisch absolute Mensch ... auch der absolut geschichtliche Mensch ist«. (S. III). »Christi Geburt«, so argumentiert er, »wurde zum absolutierenden Fixpunkt der Zeit und die ethische Aufgabe der Zeit wurde es, seine Wertwirklichkeit auszubauen« (S. III).[24] Die Kantsche Sittenlehre übernimmt er als Maßstab geschichtlicher Betrachtungsweise, um dem Problem »einer relativistischen Geschichtsethik« (S. IV) zu begegnen. Die alte Broch-Idee also, nur auf anderem philosophischem Terrain: Mit der formalen Ethik Kants versucht er, sich gegen die unterschiedlichen materialen Weltanschauungen zu behaupten. Broch nun vorzuwerfen, daß es doch absurd sei, anzunehmen, daß nur *die* menschliche Aktion in der Geschichte prägende Kraft besitze, die aus dem »guten Willen« im Sinne Kants entsprungen sei, hieße ihn mißverstehen. Um kurz zu verdeutlichen, worum es Broch geht, sei die Parallele zur Marxschen Geschichtsphilosophie gezogen. Wie nach Marx und Engels die »ökonomische Struktur« *letztlich* die »reale Basis« für die »gesellschaftlichen Bewußtseinsformen«[25] abgibt, ohne dabei die »komplizierten Vermittlungen und Wechselwirkungen«[26] zwischen »Basis und Überbau« zu übersehen, so betrachtet Broch in seinem frühen wert- und geschichtstheoretischen Essay den Menschen »guten Willens« mit seiner »Autonomie« (S. II) — beides ausdrücklich im Kantschen Sinne — als *letztlich* geschichtsprägende Kraft, als primär »Kultur schaffend« (S. IV), ohne dabei alle übrigen wirkenden Komponenten, seien sie ideeller oder materieller Art, zu übersehen. In diesem idealistischen geschichtstheoretischen Modell Brochs wird somit nur der »Mensch von ‚gutem Willen‘ ... als historisch gültiger Mensch logisch zugelassen« (S. IV).

Was Broch also will, ist die Schaffung eines geschichtstheoretischen Modells auf der Basis der Kantschen Ethik. Deshalb »präzisiert sich« für ihn die geschichtstheoretische »Aufgabe« in der »Frage nach der ethischen Forderung, als deren Produkt die vorgefundene Wirklichkeit hypostasiert werden könnte«. (S. IV). Broch begibt sich damit in einen Problemkreis, der von Kant selbst inauguriert, aber anders als von Broch ausgeschritten wurde.[27] Beiden gemeinsam ist die teleologische Geschichtsbetrachtung, die Auffassung, daß die Geschichte ein gesetzmäßig fortschreitender Prozeß sei auf das Ziel einer immer größeren Kultivierung der menschlichen Gesellschaft hin. Während aber Broch annimmt, daß sich die Geschichte diesem Telos nähere durch ethische Aktionen menschlicher Individuen, in denen sich der »gute Wille« inkarniert (Beispiel Christus), sieht Kant gerade im Antagonismus der menschlichen Triebkräfte, im nackten Erhaltungstrieb und in den auf das eigene Interesse gerichteten Leidenschaften, d. h. in der »ungeselligen Geselligkeit«, das Mittel der Natur, um den vernünftigen Zweck, auf den der Mensch schließlich angelegt sei, zu erreichen. Auch gelangt bei Kant — anders als bei Broch — nicht der einzelne zum höchsten Ziel der menschlichen Bestimmung, sondern nur die Menschheit in ihrer Gesamtheit als Gattung.

Der eklatanteste Unterschied zwischen Broch und Kant besteht in ihrer geschichtstheoretischen Methode. Während Kant »die Besonderheit des historischen Gegenstandes im Unterschied zur Natur und dementsprechend die Besonderheit der Bedingungen historischer Erkenntnis ... nicht zum Problem geworden«[28] waren, stellte sich für Broch die nach Vico von Droysen, Dilthey und den Neukantianern immer wieder aufgenommene Frage nach der Begründung der Möglichkeit historischer Erkenntnis. Bei der Antwort auf diese Frage übernimmt Broch Argumente der fiktionalistischen Richtung des Neukantianismus. Die »vorgegebene Wirklichkeit« ist für Broch nicht de facto »ethisch« — eine solche Annahme könnte als pure Illusion gleich abgetan werden —, sondern sie ist »so aufzufassen, ,als ob' sie ethisch gewollte Wirklichkeit wäre« (S. IV). Hier, wie in fast allen seinen Manuskripten, die zur Zeit des Ersten Weltkrieges entstanden, wird der Einfluß Vaihingers deutlich. In den zu dieser Zeit verfaßten Aufzeichnungen »Vaihinger«[29] finden sich seitenlange Exzerpte aus Vaihingers Hauptwerk, der *Philosophie des Als ob*. Wie stark hypothetisch Broch arbeitet, geht daraus hervor, daß er Vaihingers Definition der »Fiktion« als eines »Hilfsmittels« übernimmt, das dann eingesetzt wird, »wenn die Sprödigkeit des entgegenstehenden Materials ein direktes Vorgehen nicht gestattet« und »Ziele« nur »indirekt zu erreichen seien«. Es geht Broch wie Vaihinger in erster Linie nicht um ein komplettes »*Abbild* der Wirklichkeit«, vor dessen »Vielfältigkeit« sie fast zu resignieren scheinen, sondern um »ein Instrument«, sich »leichter in derselben zu orientieren«.[30] Gleichzeitig aber müsse — so stellt Broch wörtlich mit Vaihinger fest — gesichert sein, daß dieses »Instrument« nicht zu »Vorstellungsgebilden« vom »allgemeinen Typus der Fiktion«

führe, die »in der Wirklichkeit keinen Vertreter finde«.[31] Der Gefahr, in »allgemeine Fiktionen« zu verfallen, glaubt Broch dadurch zu entgehen, daß er seine Geschichtstheorie auf der Kantschen Ethik basiert, deren Evidenz er nicht bezweifelt. Hatte er bereits 1914 Kants Sittengesetz als »soziologisches Gesetz«, d. h. als Maßstab zur Bewertung gesellschaftlicher Praxis anerkannt, so unternimmt er hier in seinem Essay von 1918 nichts anderes als eine Erweiterung des »soziologischen Gesetzes« zum »historischen Gesetz«, d. h. zum Maßstab der Bewertung von Geschichte überhaupt. Die »Herausstellung des Ethos als Prinzip der Geschichtserkenntnis«, schreibt Broch daher, »bedeutet aber nichts anderes, als daß nur der ethische Mensch historisch konstituierbar sei, während jedes andere Individuum geschichtlich einfach nicht existent wäre« (S. III). Mit der Anwendung der Möglichkeitsform macht er schon sprachlich den hypothetischen Charakter seines Modells deutlich, betont also dessen vorläufigen und fiktionalen Charakter. Er stimmt denn auch Vaihinger zu, daß »Fiktionen ohne das Bewußtsein, daß sie solche sind ... falsche Hypothesen«[32] seien. Und er fährt mit Vaihinger fort: »Einen eigentlichen Wert erhalten sie [die Fiktionen] erst durch das Bewußtsein, daß sie absichtlich vorläufig gebildete Vorstellungsformen sind.«[33] Mit dem Bewußtsein, daß es sich um eine intendiert hypothetische Aussage handelt, muß man denn auch den Kernsatz dieser Brochschen Prolegomena zum »Zerfall der Werte« lesen: »Nur der Mensch von ‚gutem Willen‘ lebt in der Geschichte und nur für ihn zeugt seine Wirklichkeit. Wer aber seine Wirklichkeit nicht verantworten kann, gegen den zeugt sie, indem sie ihn historisch aboliert« (S. III). Der Vorteil dieser hypothetischen Methode[34] liegt darin, daß sie die Gefahr eines philosophischen Dogmatismus weitgehend ausschaltet[35], ihr großer Nachteil aber besteht in der mit ihr verbundenen Tendenz zu vorschneller Spekulation, einer Gefahr, der Broch in diesem geschichtstheoretischen Essay nicht entgeht.

Die philosophische Entwicklung des jungen Kulturkritikers Broch bis zum Ende des Ersten Weltkriegs kann wie folgt zusammengefaßt werden: Grundsätzlich orientiert er sich an jeweils führenden Strömungen der Philosophie und Gesellschaftskritik; anfänglich an der Lebensphilosophie, dann an Ganzheitsvorstellungen, schließlich im Zuge der Popularisierung des Neukantianismus an Kant und Vaihinger, ferner — bei besonders enger Anlehnung — an der Kritik von Karl Kraus. Was bei ihm andauert, ist eine kultur- und gesellschaftskritische Einstellung und das Bewußtsein, sowohl kulturell als politisch am Ende einer Epoche zu stehen. Durch seine Beschäftigung mit Kant, genauer mit der Kantschen Ethik, versucht er, die theoretische Basis zu finden für die Beurteilung des philosophischen Relativismus, der politisch-gesellschaftlichen Praxis und schließlich der Geschichte überhaupt. In den Essays aus der Zeit seit 1913 erarbeitet er sich philosophische Einsichten, die identisch oder modifiziert in die *Schlafwandler*, vornehmlich in den »Zerfall der Werte«, eingehen.

Die Suche nach dem ethischen Maßstab zur Beurteilung der politischen Realität führt Broch nach dem Ende des Ersten Weltkriegs zur Beschäftigung mit dem Austromarxismus, besonders mit der Philosophie Max Adlers.

4. »Die Straße« (1918): Die Auseinandersetzung mit dem Marxismus

Mit dem italienisch-österreichischen Waffenstillstandsvertrag vom 3. November 1918 war für Österreich der Weltkrieg beendet. Die ersten Tage danach brachten die Entscheidung über die neue Staatsform des verbliebenen Rumpfstaates Deutschösterreich. Kaiser Karl verzichtete zwar nicht auf den Thron — wie sein Kollege Wilhelm II. — und blieb auch vorerst im Lande, aber er gab am 11. November die Erklärung ab, daß er auf die Teilnahme an den Staatsgeschäften verzichte und jede Entscheidung über die Staatsform anerkenne. Am nächsten Tag, dem 12. November, proklamierte vor dem Parlamentsgebäude in Wien Präsident Karl Seitz als Vertreter der provisorischen Nationalversammlung die Republik Deutschösterreich. Zwei Punkte standen im Vordergrund der Proklamation: Die Etablierung eines demokratisch-parlamentarischen Parteienstaates und die Absicht, Deutschösterreich in der Zukunft in einen Teil der reichsdeutschen Republik zu verwandeln. Gerade die österreichische Sozialdemokratie setzte sich für den »Anschluß« ein. Als dann im Mai 1919 die Entente-Mächte durch den Friedensvertrag von St. Germain-en-Laye den Anschluß verhinderten, trat aus Protest dagegen der Sozialist Otto Bauer als Chef des Außenministeriums zurück.

In den Mittagsstunden dieses 12. Novembers bewegten sich »endlose Massen in Wien auf das Stadtzentrum zu«.[1] Die Ausrufung der Republik erfolgte unter großem Jubel, doch kam es im Laufe des Nachmittags »vor dem Parlament zu einer Massenhysterie«.[2] Mitglieder der radikal-sozialistischen »Roten Garde«, der damals Egon Erwin Kisch in führender Stellung angehörte und der Franz Werfel nahestand[3], hatten an diesem Tag die Redaktionsräume der konservativen *Neuen Freien Presse* besetzt, druckten ein Flugblatt, in dem die Ausrufung der »sozialen Republik Österreich« (im Gegensatz zur demokratischen Republik Deutschösterreich)[4] verkündet wurde, rissen während des Staatsaktes die weißen Streifen aus der rot-weißen deutschösterreichischen Fahne, so daß rote Fahnenreste übrigblieben[5], und begannen eine Schießerei, die Panik und Flucht der Menge zur Folge hatte. Zwei Menschen kamen ums Leben, etwa dreißig wurden schwer verletzt.[6]

Auf diese Geschehnisse des »Novemberereignisses«[7], auf die »Republiksbegeisterung«, die »national erregte Menge«, auf Werfels »revolutionäre« Aktivitäten und die »Massenpsychose« geht Broch in seinem offenen Brief »Die Straße«[8] an Franz Blei, der ebenfalls der »Roten Garde« nahestand, ein. Der Anfang des Briefes, den Broch fünf Wochen nach diesem »Novemberereignis« (S. 25) publizierte, zeigt, daß ihm das Erlebnis der Massenhysterie noch in den Knochen steckt: »Daß ich damals vor der Volksmasse die Flucht ergriff, geschah, Sie wissen es, aus Depression, aus Verzweiflung, nicht aus irgendwelcher sozialen Ablehnung ... Man könnte sagen, daß ich das Richtige, die Republiksbegeisterung jenes Tages nicht oder nicht richtig miterlebt habe.« (S. 25). Gegen Werfels revolutionäres Gehabe gewandt fährt er fort: »Weder die Werfelsche Liebe zur Gemeinschaft noch sein Tun in ihr kommt mir irgendwie berechtigt vor.« (S. 25).[9] Werfels und Kischs romantischer[10], pseudorevolutionärer Elan verpuffte in geplanten und durchgeführten, immer aber unwichtigen »Besetzungen«. Kischs Besetzung der *Neuen Freien Presse* etwa wurde von Friedrich Adler, einem wirklichen Revolutionär, als »schlechte Operette« abgetan.[11] Wie damals fast alle Österreicher sympathisierte Broch offensichtlich mit dem Anschluß der deutschösterreichischen Republik an das deutsche Reich, denn er bringt — trotz seiner Skepsis gegenüber Massenbegeisterung im allgemeinen — mehr Verständnis auf für eine »national erregte Menge« (S. 25), die aufgrund ihrer gemeinsamen Sprache Züge einer »echten Gemeinschaft« trage, als für eine von »imperialistischer Begeisterung« »hohl erregte Masse« (S. 25), wobei er wohl an den Massenwahn zu Kriegsbeginn denkt.

Soviel zur Reaktion Brochs auf die »Novemberereignisse«. Die weiteren Ausführungen in diesem offenen Brief sind eine Antwort auf einen offenen Brief Franz Bleis, den dieser in der ersten Nummer seiner *Rettung* vom 6. 12. 1918 veröffentlicht hatte.[12] Brochs Ausführungen über die nicht mehr mögliche »Gemeinschaft« in einer Massengesellschaft und über Theorie und Praxis der Politik sind nur zu verstehen, wenn man Franz Bleis weltanschauliche Position von 1918 kennt. Auf dem Innendeckel der ersten *Rettung*-Nummer prangten in Fettdruck Bleis hehre und recht romantische Parolen, in denen er das Ziel seiner Zeitschrift so umreißt: »Wort und Sinn über dem Chaos zu halten für die Kinder Gottes, die sich wegbereit die Sandalen schon an die Füße binden.« Er fährt fort: »Es lebe der Kommunismus und die katholische Kirche!« Was verstand Blei unter »Kommunismus« und was unter »Kirche«? Auf der ersten Seite seines ersten *Rettung*-Exemplars klärt er seine Leser darüber auf: »Kirche — das Wort nicht im heutigen verfallenen Sinn verstanden, sondern in dem einer vollkommenen Gemeinschaft, die sich gegen den Staat in jeder Form stellt. Kirchen, die sich dem Staate unterwerfen, beweisen damit, daß sie keine sind.« Bleis »Kommunismus« nun hat wenig zu tun mit marxistisch-leninistischer Staatsphilosophie. »Ganz ohne Sinn«, so meint er, werde Kommunismus mit »einer bestimmten staatlichen Form des menschlichen Zusammenlebens verkuppelt.« Seiner Ansicht nach solle er »nichts weiter sein ... als eine bestimmte Ordnung der Wirtschaft« (S. 13/14). Von einer Wiederbelebung der katholischen Glaubens-»Gemeinschaft« und einer kommunistischen »Wirtschaftsordnung« verspricht Blei sich »menschliche Invektiven gegen die Politik« (S. 1). Blei vertritt also einen anti-autoritären, gegen Staats- und Institutionsgewalt gerichteten Anarchismus, der — bis auf seine Begeisterung für die kirchliche Gemeinschaft — an Gedanken Bakunins[13] erinnert. Broch geht auf Bleis Gedanken ein: »Ich bin«, so antwortet er grundsätzlich, »mit jeder Art kommunistischer[14] Wirtschaft von vornherein einverstanden ... Keinerlei Besitz besitzt mich« (S. 25). Auch den anti-bourgeoisen Affekt hat er mit Blei gemein: »Dogmatismus und Genuß sind die konstituierenden Bestandteile des Philisters und Bourgeois« (S. 26). Bleis religiöse Gmeinschaftsvorstellung kann er nicht nachvollziehen. Zwar stimmt er ihm bei, daß »das Wesentliche der Gemeinschaft das gemeinsame metaphysische Wahrheitsgefühl und Verankerung der letzten Einsicht im Glauben« (S. 25) sei, doch stellt er sich gegen ihn mit der Meinung, daß bei »einem Menschenkörper ohne Glauben, wie dem heutigen«, daß in »einer Zeit, der es vorbehalten war, alle Werte sukzessive erstarren und hypertrophieren zu lassen« (S. 26), »dieses gemeinsame Wahrheitsgefühl in der modernen Masse gar nicht vorhanden« (S. 25) und »ein Wiedererwachen des Wissens um die Verbundenheit aller Dinge im Methaphysischen« (S. 26) zweifelhaft sei. Bleis Hoch-Ruf auf die katholische Kirche vermag Broch sich also nicht anzuschließen und kann in ihr auch kein Mittel zur Kontrolle staatlicher Gewalt erkennen. Im Gegenteil, der grundsätzliche moralische Vorwurf, den Broch der Bourgeoisie macht, nämlich den der »Genußsucht«, trifft seiner Ansicht nach auch die katholische Religion. »Selbst der christliche Kult«, so heißt es da, sei »mit ‚Genuß‘ durchsetzt« (S. 26).

Dem Thema »Politik« räumt Broch in seinem offenen Brief den größten Raum ein. Gegen Blei, der glaubt, daß ein neues religiöses

Gemeinschaftsleben und eine kommunistische Wirtschaftsordnung zur Aufhebung staatlicher Politik führe, behauptet Broch: »Politik ist das Unabwendbare schlechthin«; sie sei »notwendig aus dem Geiste dieser Zeit« (S. 26). Wie bereits in den früheren Essays läßt Broch als Maßstab zur Beurteilung politischer Praxis nur die Kantsche Ethik zu. Politik, die »Gerechtigkeit« zu erreichen trachte, sei »sittliches Tun«, ihre »Realisierung« »vernunftgemäß« (S. 26):

Der Begriff des Politischen deckt sich mit dem der Gerechtigkeit ... Das Resultat der Gerechtigkeit ist Freiheit. Die reine Politik ist aus der Autonomie des Geistigen geboren ... Dem Wesen nicht nur des Politischen gemäß, sondern im Sinn jedes sittlichen Tuns muß das reine politische Wollen seine Realisierung in vernunftmäßiger ... Formung finden. Reine Politik ist die zum formalen Gebilde gewordene reine sittliche Forderung. Diese Formgebung ... wendet sich aus ihrem Wesen direkt an den Menschen ... Daraus folgt, daß die reine Politik ... Demokratie ist.« (S. 26).

Soweit zur Theorie, soviel zu dem, was Broch als Ideal praktischer Politik in der Demokratie vorschwebt. Bei einem Blick auf die reale Praxis der Politik aber verkehren sich für Broch diese positiven Attribute in ihr Gegenteil. Hier konstatiert er nichts als »Interessenpolitik« (S. 25), deren »einziges Movens« der »Genuß«, die »Genußsüchte« der »Bürger« (S. 25) seien. In dem wenig später entstandenen *Tagebuch für Ea von Allesch* findet sich die Eintragung Brochs: »Alles, was ... mit ‚Genuß‘ zusammenhängt ... ist ethisch verwerflich.«[15] In beiden Fällen setzt Broch das Wort »Genuß« in Anführungszeichen, gebraucht es also als Terminus. Daß er ihn im Kantschen Sinne verwendet, liegt auf der Hand. Denn nach Kant ist ein Handeln, das auf Genußmaximierung abzielt, mit dem Sittengesetz unvereinbar. Kant weist nach, daß »der Mensch«, der »sein Leben bloß ... auf Genuß zu verwenden bedacht wäre«, »unmöglich *wollen* kann, daß dieses ein allgemeines Naturgesetz werde« und somit nicht als Basis des Sittengesetzes taugt.[16] Auch der Begriff des »Interesses« wird von Broch kantisch gebraucht. Subjektives »Interesse«, das sich nicht auf Allgemeingültigkeit hin überprüft, ist nach Kant mit Autonomie nicht vereinbar, sondern immer mit Heteronomie verbunden.[17] Mit der auf »Genuß« abzielenden »Interessenpolitik« ist für Broch die »Dogmatisierung des Sittlichen« verbunden, die das »Allererbärmlichste in der Welt«, die »böseste Verflachung des Menschen«, der »Sündenfall kat exochen«, ja gar die »Hölle« (S. 26) sei. »Dogmatismus und Genuß« seien die »konstituierenden Bestandteile« der Politik des »Bourgeois« (S. 26). Damit werde die Epoche der Demokratie, die der Idee nach auf der freien Selbstverantwortung des einzelnen sich gründe, in der Praxis zur »Periode der dogmatisierten Gerechtigkeit«, zur »Dogmatisierung des Sittlichen«. Von seinem moralischen Standpunkt aus macht Broch keinen Unterschied zwischen der kapitalistischen Politik des Bourgeois und der marxistischen des Sozialisten. In beiden Fällen sieht er »Interessenpolitik« am Werk, d. h. »Genuß« als Movens des politischen Kampfes. Indem sich der »sozialdemokratische Arbeiter« zu der vom »Marxismus inaugurierten … Verflechtung von Lohnkampf und politischer Freiheit« bekenne, bilde er »seiner Ideologie nach« den »letzten Schwanz der Bourgeoisie«. Ähnlich skeptisch gegenüber dem marxistischen Sozialismus drückt sich Broch in einem Brief vom November 1918 an seine damalige Freundin Gina Kaus aus: »Die Proletarier von heute sind die Bourgeois von morgen.«[18] Aus diesen Bemerkungen einen einseitigen und grundsätzlichen »antisozialistischen Affekt«[19] abzuleiten, ist falsch. Aufgrund seiner politischen Moral gilt seine Abneigung ebensosehr dem Bourgeois wie dem marxistischen Sozialisten.

Auf Brochs Sozialismuskritik, wie sie sich hier äußert, muß noch näher eingegangen werden. Auch in dieser Kritik ist Broch beeinflußt von seinerzeit aktuellen Philosophen. Wieder sind es die Vertreter des Neukantianismus, die Broch Argumente liefern. Er bezieht sie allerdings keineswegs von Vertretern offener oder verkappt bürgerlicher Philosophien, sondern von Sozialisten selbst, von dem sozialistischen Neukantianer Karl Vorländer nämlich, von dem Austro-Marxisten Max Adler und dem tschechischen Sozialisten Thomas G. Masaryk. »Masaryk«, so schreibt Broch 1922, habe »in seinem Buche über den Sozialismus gezeigt«, daß »die philosophische Begründung des Marxismus eine vielfach mangelhafte« sei. »Neuere Theoretiker« wie »Vorländer, Max Adler u. a., haben das Problem aufgegriffen, den Anschluß an die strenge Philosophie im Kant'schen Sinne herzustellen.«[20] Das Wort des Neukantianers Otto Liebmann: »Es muß auf Kant zurückgegangen werden«[21], sollte, so fährt Broch fort, »gerade in revolutionären Zeiten nicht vergessen werden, die allein hier auch ihren ethischen Hintergrund finden können« (S. IV). Der Sozialist Masaryk, Philosophieprofessor und Präsident der Tschechischen Republik von 1918 bis 1935, argumentiert — ganz im Sinne des Brochschen Einwands — mit Kant gegen Marx: »Ich glaube, innerhalb des Marxismus die wissenschaftliche und philosophische Krise mit vollem Recht constatieren zu dürfen … Diese Krise kann dem Socialismus große Kraft verleihen, wenn seine theoretischen Führer frank und frei ihre Grundlagen kritisieren und die Schwächen derselben überwinden werden.«[22] Einer der wunden Punkte der Marx'schen Philosophie liegt nach Masaryk in ihrer fehlenden Ethik: »Der Marxismus Marx' und Engels' ist im ganzen amoral: auf Grund seines Materialismus will er die Menschen durch die socialen Institutionen verändern, die Ethik … hält er für den Gipfel der schon überwundenen Ideologie.«²³ Dem Marx'schen Argument, daß alle Moralen historisch bedingte Klassenmoralen seien, hält er entgegen: »Warum kann ich mich einigen ethischen Forderungen nicht widersetzen, warum und woher habe ich den Begriff der Pflicht − auf diese Cardinalfrage geben Marx und Engels keine Antwort ... (Sie) übertreiben die Relativität des Sittengesetzes.«²⁴ Den »Marx'-schen Amoralismus« hält Masaryk für einen »psychologischen und sociologischen Utopismus«, dessen Realisierung »unmöglich« sei. »Die Gesellschaft«, so fährt er fort, »ist nicht bloß technisch und wirtschaftlich, sondern auch ethisch organisiert − das Recht und die Sittlichkeit sind reale, sociale Potenzen ... Marx und Engels haben sich darüber nie genaue Rechenschaft gegeben.«²⁵ Masaryk führt hier explizit die ethischen Argumente an, die Brochs Ausführungen in seinem »offenen Brief« implizit enthalten. Wie für Broch ist für Masaryk die Ethik der Maßstab zur Beurteilung der Politik: »Die Politik ist gleich allen praktischen Wissenschaften auch der Ethik untergeordnet ... Die Ethik setzt die Hauptzwecke des Lebens fest, also auch die socialpolitischen und wirtschaftlichen Zwecke und Ziele ... Jegliches Handeln unterliegt den ethischen Normen.«²⁶ Genau die Frage, die Broch stellt, ob nämlich die sozialistische Politik vom moralischen Standpunkt aus mit der bourgeoisen identisch sei, beschäftigt auch Masaryk, wenn er fragt: »Wird die proletarische Gewalt den Egoismus der herrschenden Classen brechen und etwa in Altruismus verwandeln? Kann aus Gewalttätigkeit ... die ,wirklich menschliche Moral' entstehen?«²⁷ Er verneint die Frage, lehnt Gewalt ab und plädiert wie Karl Vorländer und Max Adler dafür, die Synthese zwischen Kantscher Ethik und Marx'scher Gesellschaftslehre zu vollziehen. Die Marx'sche »sociale Teleologie«²⁸ müsse ihre Basis finden in einer an Kant orientierten »demokratischen Ethik.«²⁹ Nur dadurch könne die Ausbildung »immer besserer Individualitäten« garantiert und die von »Egoisten« verhindert werden. »Im Marxismus«, schreibt Masaryk bündig, müsse »die alte Ansicht über die Ideologie der Ethik fallen.«³⁰

Auch Karl Vorländer, der zweite Sozialist, auf den Broch sich in seiner Kritik am Marxismus beruft, rügt an Marx und Engels, daß sie das »Modernste und Fruchtbarste an Kant, seine Erkenntniskritik und seine Ethik, niemals in seinem letzten Grunde erfaßt«³¹ hätten. Da aber dem Marxismus aufgrund seiner anti-ausbeuterischen Intention Ethik wesentlich immanent sei, komme er »weder historisch noch logisch, weder tatsächlich, noch theoretisch von der Ethik los«.³² Deshalb, so folgert er, müsse »der bloße historische Materialismus für *ungenügend* zur Begründung des Sozialismus« betrachtet und die »in der sozialistischen Praxis von jeher heimische Ethik auch in der *Theorie* gefordert«³³ werden. Diese gesuchte »ethische

Methode«, deren »es zur Beantwortung dieser Frage bedarf«, sei »längst vorhanden« und von Kant bereits »vor nahezu anderthalb Jahrhunderten«[34] in der *Kritik der praktischen Vernunft* dargelegt worden.

Mit Max Adler schließlich, den man nach Vorländer »ebensogut Kantianer wie Marxisten nennen darf«[35], war Broch persönlich bekannt und schrieb über zwei seiner Bücher eine positive Rezension in den *Kantstudien*[36], wie es damals überhaupt zu seiner Gepflogenheit gehörte, über die Arbeiten seiner politisch engagierten Freunde Artikel und Besprechungen zu schreiben, so etwa über Alfred Polgar[37], Franz Blei[38], Egon Erwin Kisch[39], Karl Otten[40] und Paul Schrecker.[41] An Max Adler, dem neben Otto Bauer und Karl Renner bedeutendsten Theoretiker des Austromarxismus, lobt Broch, daß er, »auf dem Boden des neukantischen Kritizismus stehend«, den »philosophischen Gehalt der sozialistischen Einstellung ... vor allem in der methodologischen Orientierung ihrer Theorie«[42] suche. Auch bei Max Adler hebt Broch das Verdienst hervor, daß er wie »Vorländer ... die innere Verbindung zwischen Kant und Marx resp. Engels aufsucht«, daß er den »ethischen Gehalt, der dem Sozialismus innewohnt und jedenfalls über den des Positivismus hinausgeht«[43], herausgestellt habe. Durch die Adler-Lektüre ist Brochs Urteil über den Marxismus positiver geworden. Wie sehr er aber den Marxismus mit den Augen Max Adlers betrachtet, geht aus Zeilen wie dieser hervor: »Was ihn (Marx) ... über die allgemeine positivistische Arbeitsweise in den Geisteswissenschaften ... hinausführte, war ... die bewußte, prinzipielle Herausstellung der neuen Methode, die jeden großen Denker, es sei bloß Kepler oder Newton angeführt, auszeichnete. Sozialismus als Logik vom ‚vergesellschafteten Menschen‘ ist ... kein ‚Dogma‘ sondern eine ‚Forschungsmethode‘ und diese neue und durchaus idealistische Arbeitshypothese zum wirkenden Agens der Soziologie gemacht zu haben, ist die Tat Marx's.«[44] »In einer Zeit«, so beschließt Broch seine Adler-Rezension, »in welcher ‚Marxismus‘ allzuoft zum Schlagwort[45] herabgezogen wird, bestenfalls zu einer ‚Überzeugung‘, die wie jede politische nicht mehr von sich weiß, als daß sie ‚respektiert‘ werden will, und vor einer Popularisierung, die wenn es hoch geht, den Sozialismus in eine sozusagen philosophische Verbindung mit Darwinismus und Dietzgenismus bringt, erscheint es als ... wissenschaftliches Verdienst der Adlerschen Forschungen, immer wieder auf das rein Geistige der Quelle hingewiesen zu haben.«[46] Broch trifft mit diesen Ausführungen den Kern der Adlerschen Position, der er selbst nahesteht. Die Ähnlichkeiten zwischen den Positionen der beiden Denker sind frappant, und es darf vermutet werden, daß Broch Gedankengänge Adlers übernommen hat. Wie Broch in seinem Ethik-Aufsatz von 1914 spricht Adler bereits in seinem Essay »Ethik und Sozialismus«[47] (1904) von der »soziologischen« Bedeutung der Kantschen Ethik. Wenn Broch über das Kantsche Sittengesetz äußert, daß »dieser (so oft mißhandelte) Imperativ« keineswegs einem »Individualismus« das Wort rede, sondern als »soziologisches Gesetz« anzusehen sei und auf die Formel »Subjekt, handle objektiv« (s. o.) gebracht werden könne, so paraphrasiert er fast wörtlich Thesen Max Adlers. Adler schreibt:

Die Kantsche Ethik ist ... eine große soziologische Erkenntnis, und ihr vielgeschmähter kategorischer Imperativ ist nur der präzise Ausdruck derselben: daß die Sittlichkeit mit ihrem Pflichtgebot nicht etwa ein bloß individueller ... Wert ist, sondern im Gegenteil die unaufhebbare Form der sozialen Beziehung handelnder Menschen aufeinander darstellt. Der kategorische Imperativ ist eigentlich nichts anderes als *die Form des sozialen Zusammenhanges.*[48]

In geschichtstheoretischer Hinsicht finden sich ebenfalls Übereinstimmungen zwischen Broch und Adler. Beide vertreten eine, man könnte sagen »ethische Geschichtstheorie«, die als Telos der Geschichte eine ethisch vollkommene Menschengemeinschaft ansetzt. Broch hatte aus diesen Gedankengängen heraus in seinem Essay »Konstruktion der historischen Wirklichkeit« von 1918 nur den Menschen »guten Willens« im Kantschen Sinne als letztlich geschichtsprägend anerkannt. Für Adler besteht »die Bedeutung der Ethik Kants« darin, daß nach der Formulierung des »allgemeingültigen Gesetzes des Wollens« die »Kausalität menschlichen Wollens nicht mehr als ein unbestimmter und unbestimmbarer Faktor« bei der »Berechnung geschichtlicher Notwendigkeit« betrachtet werden könne. Aus der »Spannung« zwischen dem »Richtpunkt« des Sittengesetzes und dem »wirklichen Geschehen« ergebe sich »ein beständiger Antrieb zu einer immer größeren Koinzidenz zwischen Handlung und Pflicht«. Die »soziale Entwicklung« müsse auf diese Weise »die Forderungen der Ethik immer mehr erfüllen«, weil »die Sittlichkeit selbst nur ein anderer Ausdruck ist für die Einheit des sozialen Zusammenhanges«. »Die soziale Entwicklung«, so beendet Adler diese Ausführungen, »muß stets höhere Stufen der Sittlichkeit ersteigen, weil die Menschen nicht anders als unter Bedingungen einer allgemeinen Gesetzgebung existieren können.«[49] Die Auffassung von der ethischen Geschichtsteleologie ist also bei Broch und Adler gleich, nur unterscheiden sie sich in der Methodologie. Während Broch unter dem Einfluß Vaihingers den hypothetischen Charakter seiner Annahmen betont, betrachtet Adler die menschliche Entwicklung auf »stets höhere Stufen der Sittlichkeit«[50] zu als real und notwendig.

Kommen wir zurück auf das durch Brochs offenen Brief an Franz Blei aufgeworfene Problem der Kritik am marxistischen Sozialismus, zu dessen Klärung dieser Exkurs notwendig war. Es ist deutlich geworden, daß Brochs Vorbehalte gegenüber dem Marxismus die der neukantianischen Sozialisten sind. Vornehmlich unter dem Einfluß Max Adlers hat er sich in seiner ethischen, geschichtstheoretischen und politischen Position den Auffassungen der sogenannten Austromarxisten[51] genähert, die eine Synthese von Marx und Kant anstrebten, wenn er auch — anders als diese — Kant wesentlich nähersteht als Marx. Wie Broch symphatisierte auch sein Freund Franz Blei immer mehr mit der sozialistischen Partei in Österreich und gab sehr bald seine religiös-kommunistisch-anarchistischen Vorstellungen auf, die ihm den Spott von Karl Kraus eingetragen hatten. (Kraus ernannte Blei zum »Papst der ‚Roten Garde‘«.[52]) Bereits im zehnten Heft seiner *Rettung* vom 7. Februar 1919 betreibt er Wahlpropaganda für die Sozialisten, die die Wahl vom 15. März 1919 gewinnen und eine Koalitionsregierung mit den Christlichsozialen eingehen.

In diese Zeit fällt die Gründung der Räterepubliken in den Nachbarstaaten Ungarn und Bayern. Konfrontiert mit dem Problem der Schaffung eines Rätesystems, hat die österreichische Sozialdemokratie eine ihrer Krisen zu bestehen. Broch greift in die Rätesystem-Diskussion ein mit einem Artikel in der von Benno Karpeles und Karl Otten herausgegebenen Zeitschrift *Der Friede*.[53] Der Aufsatz zeigt, daß Broch nicht nur politisch zu moralisieren verstand, sondern auch in der Lage war, politische Moral in konkrete, progressive gesellschaftspolitische Vorschläge umzusetzen.

5. Ein demokratisches Rätesystem (1919): Zwischen Bolschewismus und Ständestaat—Die Unterstützung des Austro-Marxismus

Die junge Republik Österreich hatte von Anfang an mit drückenden wirtschaftlichen und politischen Schwierigkeiten zu kämpfen, die sich 1919 noch verschärften. Am 15. März wurde eine sozialdemokratisch-christlichsoziale Koalitionsregierung gewählt. Die wichtigsten Ämter bekleideten Sozialisten: Karl Renner wurde Staatskanzler, Otto Bauer Staatssekretär für Äußeres und Julius Deutsch Staatssekretär für das Heerwesen. Die Regierung war allerdings, da außerdem noch Arbeiter- und Soldatenräte fungierten, kaum Herr im eigenen Haus. Zwar war es Julius Deutsch gelungen, die »Rote Garde« in die republikanische Volkswehr einzugliedern, doch hörte sie weiterhin auf die zahlenmäßig zwar unbedeutende, aber aktive kommunistische Partei. Als nun im März 1919 in Ungarn und im April des gleichen Jahres in Bayern Räterepubliken errichtet wurden, schien eine derartige Wendung zu einer kommunistischen Regierungsform auch in Österreich möglich. Béla Kuhn schickte von Budapest Propagandamaterial nach Wien, ordnete Waffenlieferungen nach Österreich an und wollte Friedrich Adler, den damals führenden Vertreter des linken Flügels der österreichischen Sozialisten, für den revolutionären Umsturz mit dem Ziel der Etablierung des Rätesystems in Österreich gewinnen. Friedrich Adler lehnte ab und bekannte sich zur demokratischen Republik. Das Thema Räterepublik beherrschte die politische Diskussion sowohl auf marxistischer als auch auf bürgerlicher Seite. Die wichtigsten Beiträge in Österreich stammen von den Sozialisten Karl Kautsky[1], Max Adler[2], und Otto Bauer[3]. Von den bürgerlichen Schriften interessieren in diesem Zusammenhang ein Aufsatz Hermann Brochs[4] und ein Buch seines Freundes Paul Schrecker[5]. Brochs Essay erschien in der »Wochenschrift für Politik, Volkswirtschaft und Literatur« *Der Friede*. Die Zeitschrift, eines der kritischsten und demokratisch engagiertesten politischen Blätter der Nachkriegsjahre, war noch zu Zeiten der Monarchie im Januar 1918 gegründet worden und schlug bereits in der ersten Nummer einen dezidiert anti-monarchistischen und pro-republikanisch-demokratischen Ton an. Die Satire auf die K. u. K.-Zensur auf der ersten Seite dieser Nummer vom 26. Januar 1918 enthüllt die scharfe Opposition gegen das Kaiserhaus: »Seine Exzellenz ergreift das Wort: ‚Wir wollen uns offen miteinander aussprechen, also haltet den Mund‘.« Brochs Freund Alfred Polgar umreißt in der zweiten Nummer vom 2. Februar die progressive Zielsetzung des Blattes: »(Es) wird vor allem eine Zeit-Schrift sein müssen. Eine Art Uhr, die die politische, soziale, literarische Stunde schlägt. Was gestern hätte geschrieben werden können, paßt eigentlich nicht mehr in die Zeitschrift. Was erst morgen reif wäre zur Niederschrift, schon eher« (S. 46/47). Die Zeitschrift entwickelte sich dann auch zu einem Forum kritischer Intellektueller, deren Ziel die Verwirklichung einer bestmöglichen Demokratie war. Richard A. Bermann[6] — noch im amerikanischen Exil einer der engsten Freunde Brochs — publizierte hier Artikel über den Sozialismus, dessen Vor- und Nachteile er untersuchte, Hugo von Hofmannsthal erwiderte positiv den Appell zur Völkerverständigung des französischen Pazifisten Barbusse[7], Robert Musil nahm zur Anschlußfrage Österreichs an Deutschland Stellung[8], Heinrich Lammasch setzte sich in dem Blatt mit Wilsons Völkerbundvorstellungen auseinander[9], Johannes Urzidil attackierte den politischen Kitsch[10], Karl Otten übte Kapitalismuskritik[11],

Ernst Sommer skizzierte eine Massenpsychologie[12], Kurt Hiller bekannte sich zum politischen Engagement des Schriftstellers[13], Egon Erwin Kisch berichtete über seine Kriegserfahrungen[14], und Franz Werfel, Albert Ehrenstein, Kasimir Edschmid, Theodor Heuß, Walt Whitman und Rabindranath Tagore nahmen zu aktuellen politischen Ereignissen und Fragen der Kunst Stellung.

Brochs Aufsatz muß als einer der theoretisch fundiertesten Beiträge der Zeitschrift angesehen werden. Seine grundsätzliche Position kann man mit einem Satz umreißen: Er ist gegen ein Rätesystem nach dem Vorbild der Sowjets in Rußland, aber für die innerbetriebliche Mitbestimmung der Arbeitnehmer in den einzelnen Unternehmen und für die überbetriebliche Mitbestimmung der Arbeitnehmer und Arbeitgeber auf Regierungsebene in einer Wirtschaftskammer. Die meisten Gedanken, die Broch ausbreitet, sind bereits vor ihm in der Debatte um das Rätesystem in Österreich geäußert worden. In seiner moralischen und politischen Opposition gegen das Rätesystem der Sowjets stimmt er mit den Austromarxisten überein, auf die er sich ausdrücklich beruft, und seine Mitbestimmungsvorstellungen hat er von der Gewerkschaftsbewegung übernommen. Mit Karl Kautsky und Max Adler teilt er die Abneigung gegen das undemokratische Rätesystem in Rußland. Gegenüber den Methoden der Sowjets, schreibt Broch, seien »nicht nur von seiten der direkt betroffenen Bevölkerungsklassen, also vor allem der Bourgeoisie, dem Unternehmertum etc., deren subjektiven Protest man ohnehin gewärtigen muß, sondern auch vom objektiven Forum der Theorie aus ... gewichtige Einwände erhoben«[15] worden. »Die Sozialdemokratie«, so fährt er fort, »erinnerte, daß sie nicht nur Sozialismus, sondern auch Demokratie ... zu sein anstrebe und daß sie – dies wird in Kautskys Schriften zur russischen Revolution eingehend erörtert – mit dem Verlust des demokratischen Gedankens einen wesentlichen Bestandteil ihres politischen Ideals einbüße.« (S. 11). Broch bezieht sich auf die scharfe Attacke des Sozialisten Kautsky, die dieser kurz vorher veröffentlicht hatte. Die Bolschewiki haben, so heißt es bei Kautsky[16], »um zur Macht zu gelangen, ihre demokratischen Grundsätze über Bord geworfen ... Sie haben sich als *Personen* behauptet, aber ihre Grundsätze geopfert und sich dadurch als echte Opportunisten erwiesen. Der Bolschewismus hat in Rußland bis jetzt gesiegt, doch der Sozialismus schon jetzt dort eine Niederlage erlitten.« Als »die Aufgabe des europäischen Sozialismus« betrachtet es Kautsky demgegenüber, »dafür zu sorgen, daß die moralische Katastrophe einer bestimmten Methode des Sozialismus nicht zur Katastrophe des Sozialismus überhaupt«[17] werde. Auch Max Adler hält das Vorbild der Sowjets für ein nicht auf Österreich übertragbares Modell. Seine Argumente sind denen Kautskys ähnlich: Das »Beispiel der Sowjetregierung beweist« nach Adler, daß in einem Rätesystem »nicht nur die Bourgeoisie, sondern auch ... ein großer Teil des Proletariats ... unterdrückt« werden könne. Adler lehnt wie Kautsky Gewaltmaßnahmen bei der Sozialisierung des Staates ab und will »nicht die ökonomische und politische Unreife durch die Diktatur ersetzen«.[18] Auf demokratische Weise möchte Adler durch Propaganda und Aufklärung immer größere Teile der Bevölkerung für seine sozialistischen Ideen gewinnen. Diese Einstellung, »ihre fortschreitende Macht aus dem Prinzipe der Gerechtigkeit ableiten zu können ..., um — vertrauend auf die weitere Überzeugungskraft ihrer Theorien — die Erreichung der sozialistischen Diktatur auf demokratischem Wege abzuwarten«, rechnet Broch der österreichischen Sozialdemokratie als »Ehrentitel« (S. 12) an.

Wie in den moralischen, so stimmt Broch auch in den innenpolitischen Argumenten gegen ein Rätesystem nach sowjetischem Muster mit den Austromarxisten überein. Er paraphrasiert die Meinungen von Otto Bauer und Max Adler. Bauer und Adler rechneten bei der sozialistischen Umstrukturierung der Wirtschaft mit der Gegnerschaft der zum Bürgerkrieg entschlossenen Bauern, die, selbstbewußt und unabhängig, einen Großteil der arbeitenden Bevölkerung Österreichs ausmachten. »Mit den Bauernräten«, so sieht es auch Broch, »wird — wie Dr. Otto Bauer erst kürzlich dargelegt hat — in Österreich nicht zu rechnen sein.« (S. 13). Aus diesem Grund machte Otto Bauer der Landwirtschaft privatwirtschaftliche Zugeständnisse: »Die bäuerliche Wirtschaft wird ... vergesellschaftet werden, ohne daß das Privateigentum an Grund und Boden aufgehoben wird.«[19] Auch Max Adler bezieht den »antikollektivistischen Bauernschädel«[20] ins politische Kalkül ein und bemerkt resigniert: »An unserer Bauernschaft scheitert der ganze Begriff der Räterepublik.«[21] Um die völlige Verelendung des Landes zu vermeiden, wollen Adler und Bauer einen Bürgerkrieg auf jeden Fall verhindern. Otto Bauer stellt fest: »Wir sind furchtbar arm geworden. Infolge der Verwahrlosung unseres ganzen Produktionsapparates, infolge des Mangels an Rohstoffen, infolge der Schwächung der unterernährten menschlichen Arbeitskraft erzeugen wir viel, viel weniger Güter ... Der Bürgerkrieg würde selbstverständlich Produktionsmittel, Maschinen, Eisenbahnmaterial in großen Massen zerstören; unser ohnehin so furchtbar zusammengeschrumpfter Produktionsapparat würde noch weiter verelendet.«[22] Bauer spricht sich gegen radikale Umwälzungen und für die allmähliche, schrittweise Verwirklichung des Sozialismus aus: »Wir müssen in planmäßiger organisierender Arbeit, von einem Schritt zum anderen zielbewußt fortschreitend, die sozialistische Gesellschaft allmählich

aufbauen.«[23] Broch identifiziert sich mit dieser anti-revolutionären
Überzeugung Bauers, wenn er diejenigen angreift, die »Bürgerkrieg und Terror wohl in Kauf zu nehmen« (S. 15) bereit seien.
»Wer so denkt«, fährt Broch fort, »ist ein guter Revolutionär, aber
er ... will die Revolution um ihrer selbst willen ... Die Freiheit des
Proletariers ... verlangt, daß das Kulturgut, das jene menschliche Produktion durch Jahrhunderte geschaffen hat, ungeschmälert
zum sozialisierten Gemeingut der Allgemeinheit werde ... Der
Bürgerkrieg aber — umsomehr als er das Erbe der radikalen Methoden des Weltkrieges angetreten hat — vernichtet diesen Sieges-
preis radikal.« (S. 15/16)[24] Wie Bauer setzt sich auch Broch für eine
evolutionäre Innovation der Gesellschaft ein: »Das demokratische
Gerechtigkeitsprinzip verlangt nicht nur für den staatlichen Zielzustand, sondern auch für jede Entwicklungsstufe das Maximum politischer, individueller Freiheit, in der sie eben auch die Gewähr der
ruhigen, zielsicheren und fruchtbaren Entwicklung sieht.« (S. 14).
Broch will »die Sozialisierungsarbeit vor jeder Überstürzung be-
wahrt wissen, die »die Verelendung der Produktion nach sich
zieht«, tritt aber dafür ein, »jene ‚schrittweise‘ Entwicklung zu sichern, die die Sozialdemokratie immer propagiert hat.« (S. 19).

Zu den innenpolitischen Ursachen, die die österreichischen Sozialisten davon abhielten, Räte nach kommunistischem Vorbild einzuführen, kamen außenpolitische hinzu, die Broch allerdings nicht
nennt. Österreich war wirtschaftlich und politisch auf das Wohl-
wollen der Entente-Mächte angewiesen, die einer Sowjetisierung
des Landes nicht tatenlos zugesehen hätten[25].

Wie sieht nun Brochs konkreter Alternativvorschlag zum Rätesystem nach sowjetischem Muster aus? Wie stellt er sich seinen Plan,
»die Betriebe auf völlig neue Basis umzustellen« (S. 19) vor? Wie
Friedrich Adler[26] und Otto Bauer[27] lehnt er es zur Vermeidung des
Bürgerkrieges ab, »die Unternehmer, Direktoren und Oberbeamten
aus den Fabriken zu verjagen«. (S. 18). Mit seiner Idee der libera-
leren Verwirklichung des Rätegedankens bietet Broch eine Kompro-
mißlösung an, die qualitativ dem gleichkommt, was Gewerk-
schaftspolitiker unter innerbetrieblicher Mitbestimmung[28] verstehen.
In Brochs Aufsatz heißt es nämlich: »Demokratisierung muß bereits
in den politischen Urzellen beginnen. Ist die industrielle Produk-
tionsstätte eine derselben, so darf sie sich nicht einseitig in einem
Rat der Lohnarbeiter konstituieren, sondern muß in ihrem Arbei-
terrat alle aufnehmen, die an der Arbeit werktätigen Anteil nehmen, den Unternehmer, den Direktor, den Beamten in gleicher
Weise wie den Arbeiter. Und da die Fabriken nicht die einzigen
Zellen des Wirtschaftslebens darstellen, so sind auch alle übrigen
Berufe ... adäquat zu berücksichtigen.« (S. 18).[29] Bemerkenswert

ist, daß Broch diese Mitbestimmungsregelung zwar als den der damaligen historischen Situation angemessenen Modus propagierte, diese Regelung aber nicht als endgültig, sondern nur als den ersten Schritt zu einer weitergehenden Sozialisierung der Gesellschaft betrachtete. Das wird deutlich, wenn Broch schreibt, daß man mit dem Mitbestimmungsmodell dem kapitalistischen Unternehmer die »Gelegenheit gibt, seine neuen Erben kennenzulernen und ihnen das Testament seiner Arbeit überantworten zu können«. (S. 19). An anderer Stelle spricht er von der »Liquidation der alten Welt«, die es erforderlich mache, »ihre Arbeitsleistungen klag- und reibungslos in die neue Wirtschaft zu überführen«. (S. 18). Als utopisches Fernziel — aber ausdrücklich als nicht gegenwärtig konkretisierbar — setzt er wie Marx[30] eine Gesellschaft ohne Staatsverwaltung an. In dieser Utopie fällt die völlige Politisierung des Staates als Gesellschaft zusammen mit der nunmehr überflüssig gewordenen politischen Staatsverwaltung: »Das Ziel des Rätesystems (ist) die völlige Entpolitisierung der Menschheit... Wenn der politische Staat völlig von der politischen Idee durchdrungen sein wird, wird er zur Gesellschaft des freien Menschen werden.« (S. 23).[31] Für die gegenwärtigen Probleme hält Broch wenig utopische und durchaus politische Vorschläge bereit: Auf Regierungsebene soll die innerbetriebliche Mitbestimmung ihr Pendant in einer überbetrieblichen Mitbestimmung durch Gründung einer »Zweiten Kammer« (S. 18) finden. Diese Kammer hätte »neben das... bestehende demokratische Parlament zu treten«; ihr wären »vor allem die wirtschaftlichen Gesetze zur Ausarbeitung zu überantworten...«, während die eigentliche politische Gesetzgebung der ersten Kammer vorbehalten bliebe«. (S. 18). »Diese zweite Kammer«, so führt Broch aus, hätte »das wichtigste wirtschaftliche Mandat im neuen Staate zu übernehmen: die Sozialisierungsarbeit.« (S. 19). Broch verficht hier Gedanken zur überbetrieblichen Mitbestimmung, wie sie zu genau der gleichen Zeit in Deutschland von den Gewerkschaften mit ihrer Forderung nach dem »wirtschaftlichen Parlament«[32] propagiert und im März 1919 durch die Gründung des »vorläufigen Reichswirtschaftsrates« auch zunächst realisiert wurden. Ganz ähnlich wie Broch die Aufgaben der »zweiten Kammer« bezeichnet, so umriß der Reichswirtschaftsrat die Ziele seiner Politik: »Sozial- und wirtschaftspolitische Gesetzentwürfe von grundlegender Bedeutung sollen von der Reichsregierung vor ihrer Einbringung dem Reichswirtschaftsrat zur Begutachtung vorgelegt werden.«[33] Im einzelnen sieht das Brochsche Konzept größere Kompetenzen für die »Zweite Kammer« vor als der »Reichswirtschaftsrat«. Beide Häuser aber sollen die »Vertretung der Gesamtwirtschaft« (S. 18) mit »paritätischen Kommissionen« (S. 21) der Arbeitgeber und Arbeitnehmer darstellen. In beiden Fällen ist auch eine Strukturierung der Kammern nach Berufsgruppen vorgesehen. Um zu vermeiden, daß diese Institution »zum Instrument der Reaktion werde«, will Broch »vor allem jene Träger des Kapitalismus ausgeschaltet« wissen, »die wie der Rentner und der Aktionär an der werktätigen Arbeit nicht teilhaben und daher im eigentlichen Kapitalismus ihre Lebensbedingung sehen.« (S. 21).

Die Idee eines Zweikammersystems tauchte auch in den politischen Diskussionen der damaligen österreichischen Sozialdemokratie auf. Max Adler z. B. setzte sich für die Schaffung einer Arbeiterkammer ein, die vorläufig neben der bestehenden Nationalversammlung existieren sollte. Er weicht dabei aber erheblich von den Brochschen Vorstellungen ab. Denn während nach Broch in der »zweiten Kammer« Unternehmer und Arbeitgeber paritätisch vertreten sein sollten, reservierte Adler die Arbeiterkammer nur für die Sozialisten, während er der nicht-sozialistischen Bevölkerung die Nationalversammlung als Interessenvertretung überlassen wollte.[34] Broch bezieht sich zwar nicht ausdrücklich auf die gleichlautenden Argumente der damaligen deutschen Gewerkschaftsbewegung, doch ist er offensichtlich durch sie beeinflußt. Er nennt lediglich — außer den genannten Austro-Marxisten — eine Schrift seines Freundes Paul Schrecker. Um von vornherein alle Assoziationen seiner Vorschläge mit denen der reaktionären ständestaatlichen Ideen Othmar Spanns — des Gegners Max Adlers an der Universität Wien — auszuschalten, nimmt Broch Schrecker vor sich selbst in Schutz, wenn er bedauert, daß das Schrecker-Buch »leider den verfehlten Titel ‚Für ein Ständehaus‘ trägt«. (S. 18). Schrecker, mit dessen Idee vom Zweikammersystem Broch weitgehend übereinstimmt, nennt seine Broschüre einen »Vorschlag zu friedlicher Aufhebung der Klassengegensätze«. Den Ansichten der Ständestaatler, die das demokratische Parlament ersetzen möchten durch ein Ständehaus und damit die gegebenen Klassengegensätze nicht aufheben, sondern zementieren wollen, steht Schrecker in der Tat fern. Wie Broch schlägt er die Schaffung einer Wirtschaftskammer vor, will aber das Abgeordnetenhaus mit freigewählten Vertretern der politischen Parteien erhalten wissen. Auch er setzt sich für die paritätische Besetzung der Wirtschaftskammer mit Vertretern der Arbeitnehmer und Arbeitgeber ein. Da durch diese gleichberechtigte Vertretung die bisherige Abhängigkeit der Arbeitnehmer von den Unternehmern beendet werde, sei, so meint Schrecker, die Wirtschaftskammer »das beste Instrument« zur »Vorbereitung einer friedlichen Sozialisierung«.[35] Broch stimmt Schrecker und weiten Teilen der Sozialdemokratie darin zu, daß »die Zweiteilung der gesetzgeberischen Gewalt in ein demokratisches Parlament und ein demokratisches Rätesystem für den Augenblick das einzige Mittel (ist), um die Forderung ... der Sozialdemokratie nach Aufrechterhaltung der Demokratie bei gleichzeitiger zielstrebiger Diktatur der sozialistischen Idee zu befriedigen« (S. 23).

Brochs Ideen und Thesen sind also nicht ganz originell. Aber das Bemerkenswerte und Überraschende an seinem Artikel ist doch seine Parteinahme, die Tatsache, daß er als »Besitzer von Produktionsmitteln, der er schließlich war, hier offen als Sozialist auftritt«[36], wie es Wolfgang Rothe formuliert. Mit seinem Engagement für die sozialdemokratischen Ideen opponierte er gleichzeitig gegen die reaktionären Vorstellungen Othmar Spanns. Spann nahm zu derselben Zeit, als Broch seinen Artikel veröffentlichte, an der Universität Wien — unter gewaltigem Andrang der Studentenschaft — scharfe Frontstellung gegen liberal-sozialistische Anschauungen. Mit seiner neuromantischen Lehre vom »wahren Staat«[37] zog er die gesamte nichtmarxistische, besonders die katholisch-konservative Jugend in seinen Bann. Mit seiner anti-demokratischen, anti-parlamentarischen, hierarchisch-autoritären Staatsidee gab er der »Heimwehr« ihre Ideologie, befand sich in Übereinstimmung mit den konservativen päpstlichen Staatsvorstellungen (die dann später 1931 ihren Ausdruck in der Enzyklika »Quadragesimo anno« fanden) und lieferte schließlich die staatsrechtliche Basis für die ständestaatliche Verfassung des austro-faschistischen Dollfuß-Regimes vom 1. Mai 1934.

Über die effektive Wirkung von Brochs Pamphlet läßt sich heute keinerlei Aussage mehr machen. Tatsache aber ist, daß sich im sozialistischen Lager bereits zwei Monate später die Gemäßigten, die in etwa Brochs Vorstellungen teilten, durchsetzten. Auf der zweiten Reichskonferenz der Arbeiterräte vom 30. Juni bis 3. Juli 1919 in Wien konnten sich die Sozialdemokraten durchsetzen gegen die Kommunisten, die forderten, Deutschösterreich zur Räterepublik zu erklären.[38] Als August 1919 die Räteregierung in Ungarn gestürzt wurde und Julius Deutsch wenig später das Volkswehrbataillon 41 »Rote Garde« auflöste, verfiel die kommunistische Partei in Österreich zusehends. Damit verlor die Diskussion um die Schaffung einer Rätediktatur rapide an Aktualität. Im September 1920 schließlich wurde eine Verfassung verabschiedet, die Hans Kelsen nach den Vorbildern der westlichen Demokratien ausgearbeitet hatte. Damit war die Verfassungsfrage gegen die Rätediktatur, gegen ein liberales Rätesystem à la Broch und gegen den Ständestaat entschieden. Broch, der in seinem Essay versuchte, einen Weg aufzuzeigen zur Überwindung der Gegensätze der bürgerlichen und sozialistischen Interessen, verfocht damit eine politische Position der Mitte, die sich nicht durchsetzen konnte. Nach der Übernahme der Regierung durch den Christlich-Sozialen Ignaz Seipel im Mai 1922 verschärften sich diese Gegensätze erneut. »Seipels ‚Antimarxismus'«, so Adam Wandruszka, »bestimmte weitgehend die spätere Entwicklung der Heimwehrbewegung.«[39] Zwar wurde 1929 unter der Regierung Schober eine Kombination von Parteien- und Wirtschaftsdemokratie — ungefähr so wie sie Broch vorgeschwebt hatte — als Reform der Verfassung von 1920 durchgebracht, aber sie wurde nie praktiziert, weil sie von der faschistischen Heimwehr sabotiert wurde.[40] In direkter Opposition zur Schober-Verfassung legte die austro-faschistische »Bundesführung Österreichischer Heimatschutz« am 18. März 1930 den »Korneuburger Eid« ab, in dem es heißt: »Wir verwerfen den westlichen demokratischen Parlamentarismus und den Parteienstaat!... Jeder Kamerad... kenne die drei Gewalten: den *Gottesglauben*, seinen eigenen harten *Willen*, das *Wort seiner Führer*.«[41] Dieses Korneuburger Programm wurde 1933 von Dollfuß zum Staatsprogramm erhoben. Damit war vorläufig das Schicksal aller demokratischen und liberal-sozialistischen Bestrebungen in Österreich besiegelt. Wandruszka stellt fest, daß gerade »an der Unmöglichkeit, den Gegensatz von ‚bürgerlich' und ‚sozialistisch', von ‚antimarxistisch' und ‚marxistisch' zu überwinden oder wenigstens in ein fruchtbares, demokratisches Spannungsverhältnis zu verwandeln, die Demokratie in der Republik Österreich zunächst gescheitert ist«.[42] Brochs Verdienst ist es, sich in einem historisch entscheidenden Augenblick um die Überbrückung dieser sich in der Folge als fatal erweisenden Gegensätze bemüht zu haben.

6. Literaturkritische und literarische Arbeiten (1918–1922): »Eine methodologische Novelle«

Der Eindruck könnte entstehen, als habe Broch nach dem Ersten Weltkrieg in der politischen Publizistik sein eigenes Betätigungsfeld gefunden. Dem ist keineswegs so. Den relativ wenigen politischen Pamphleten aus dieser Zeit stehen über vierzig literaturkritische Arbeiten[1], einige philosophische Entwürfe und Publikationen[2] und ein paar literarische Versuche[3] gegenüber. Dichtungstheoretische Fragen sind es, die ihn nicht minder als politische beschäftigen und die er in fast all den zahlreichen Rezensionen aus dieser Zeit ebenso wie in den beiden wichtigsten schriftstellerischen Arbeiten diskutiert. Probleme der Ästhetik stellen sich Broch aber nie als rein formale. Genau wie auf dem Gebiet der Geschichtsphilosophie und der Gesellschaftstheorie ist es ein kantisch-ethischer[4] Standpunkt, von dem aus er die Literatur und die Literaturkritik seiner Zeit bewertet und von dem aus er Perspektiven einer Dichtungstheorie skizziert. In dem etwa 1918 entstandenen Manuskript mit dem mißverständlichen Titel »Pamphlet gegen die Hochschätzung des Menschen«[5] nennt Broch »die Würde des Menschen« das »letzte Ziel«, dem die Dichtung »zuzustreben« habe. Ähnlich erwartet er in seinem Alfred Polgar gewidmeten programmatischen Essay »Der Kunstkritiker«[6], daß der Literaturkritiker »Sprachrohr der Idee und der Würde des Menschen« und »Träger des ethischen Gewissens« (S. 80) sein müsse. Solche Forderungen klingen zunächst sehr abstrakt, fast sonntagsrednerhaft. Erst Brochs konkrete Rezensionen mit ihren unmißverständlichen Pro- und Kontra-Wertungen verdeutlichen seine Position. Wie er sich zu Beginn des Krieges für den Moralisten Kraus und gegen die »Schönheitssucher« ausgesprochen hatte, so schlägt er sich jetzt auf die Seite gesellschaftskritischer Schriftsteller wie Emile Zola, Alfred Polgar und Alfons Petzold und setzt sich in aller Deutlichkeit von Ästhetenzirkeln wie dem des George-Kreises ab.

Bei dem Zola-Artikel Brochs vom Frühjahr 1917[7] handelt es sich um ein literarhistorisch bemerkenswertes Dokument. Wie das maschinenschriftliche Manuskript des Essays (YUL) zeigt, sollte der ursprüngliche Titel »Zola und Heinrich Mann« lauten. Broch, der aufmerksam die literarische Szene seiner Zeit verfolgte[8], wünschte offensichtlich, vermittelnd in einen seinerzeit erbittert geführten Streit zwischen Heinrich und Thomas Mann einzugreifen. Durch die Publikation seines pazifistischen, europäisch-orientierten Zola-Aufsatzes in den *Weißen Blättern* hatte Heinrich Mann gegen Ende 1915[9] eine folgenreiche, die literarischen Positionen seiner Zeit polarisierende und klärende Fehde mit seinem Bruder Thomas und dessen kriegsfreudigen, national-konservativen Gesinnungsgenossen ausgelöst. 1918 erschien dann mit den *Betrachtungen eines Unpolitischen*[10] Thomas Manns groß angelegte, alle bedeutenden Geister des deutschen Konservatismus beschwörende Antwort[11] auf Heinrich Manns Zola-Aufsatz. Die ideologische Feindschaft[12] der beiden Brüder war damit vollends »zum Symbol der deutschen Zwietracht geworden«.[13]

Brochs Zola-Aufsatz erschien ungefähr ein Jahr nach Heinrich Manns Essay und etwa ein Jahr vor Thomas Manns »Betrachtungen«, zu einer Zeit also, als sich die ersten hochgehenden ideologischen Wogen bereits wieder glätteten und bevor sie durch die Entgegnung Thomas Manns erneut aufschäumten. Das ist wohl einer der Gründe[14] dafür, warum Broch dieses heiße Eisen »Zola und Heinrich Mann« so nüchtern und objektiv anfaßt. Anstatt in einen Ideologiestreit einzugreifen, der sich längst verselbständigt und von seinem Anlaß »Zola« entfernt hatte, geht Broch ad fontes und überprüft Heinrich Manns Thesen auf ihre literarhistorische Stich-

haltigkeit. Es leuchtet ein, daß der Ethiker Broch, der gegen Ästhetizismus und Reaktion in der Kunst wie in der Politik opponierte,
dem gesellschaftskritischen Engagement Heinrich Manns näherstand
als dem nationalen Konservatismus Thomas Manns.[15] So überrascht
es auch nicht, daß Broch mit allen Thesen Heinrich Manns über
Zolas Anti-Ästhetizismus und humanitäre Wirkungsabsicht völlig
konform geht. In Sätzen Heinrich Manns wie »Ästhetizismus ist
ein Produkt hoffnungsloser Zeiten, hoffnungstötender Staaten«[16]
oder »Er erkennt Vergeistigung nur an, wo Versittlichung erreicht
ward«[17], findet Broch seine eigene künstlerische Position formuliert.
Broch ist wie Heinrich Mann der Auffassung, daß »Zolas Größe«
seine »belle emotion der Humanität« sei, die sich darin bekunde,
daß er in seinem »ethischen Roman« den »Hunger, die Bedrückung
und den Jammer« geschildert habe, um sich für »Unabhängigkeit
und Hilfe«[18] der Ausgebeuteten und Unterprivilegierten in der Gesellschaft seiner Zeit einzusetzen. Auch schätzt er wie Heinrich
Mann Zolas Wahrheitsliebe: Was Zola in seinen Romanen gestalte,
sei »Leben, schön durch seine Wirklichkeit«.[19] Während aber Heinrich Manns Abhandlung eine große Laudatio auf das Werk Emile
Zolas ohne kritische Einwände ist, führt Broch auch Argumente
gegen den Roman Zolas an. Zum einen ist es die allzu starre »Ideologie der sozialen Gesetzmäßigkeit und Vererbungstheorie«[20], gegen
die er sich wendet, und zum anderen beanstandet er die »theatra-
lische Staffage«, den »Romanzenapparat«[21] im Werk Zolas. Der
eigenartige »Romantismus« dieses »Rationalisten« werde besonders
deutlich in den Kapitelschlüssen seiner Romane:

Seine Kapitelschlüsse, in welchen Held und Heldin frémissants und ver-
schlungen dastehn (denn daß er auf die Pointe geschlechtlicher Vereini-
gung als Endzweck des Dichterischen nicht verzichtet, ist selbstverständlich) und sich d'un beau geste très haut auf die Stadt Paris, auf das Meer,
auf ein Warenhaus oder sonst etwas Passendes mit richtigem Beleuch-
tungseffekt aufmerksam machen, ... werden ... als Aktschlüsse auf der
Szene zur Unerträglichkeit lebender Bilder.[22]

Dem Menschen Zola und seiner humanitären Intention gilt also
Brochs Sympathie, doch erhebt er philosophische Einwände gegen
Zolas »wissenschaftliche« Weltanschauung und übt ästhetische Kritik an gewissen Klischees in Zolas Romanen. Brochs abschließender
Kommentar zu Heinrich Manns Essay enthält gleichzeitig eine Bejahung dieses Aufsatzes, insofern Zolas Humanität darin herausgestellt wird, als auch eine indirekte Kritik an ihm, da die philosophischen und ästhetischen Schwächen Zolas unerwähnt bleiben: Das
»Denkmal, das ihm Heinrich Mann errichtet, gilt nicht einer Künst-
lerschaft ..., doch gilt dem Menschen, hingegeben seinem Tun und

erfüllt von römischer Rechtlichkeit«.[23] Broch — auch hier ein Mann des Ausgleichs — wollte wahrscheinlich mit seinem Aufsatz, der von dem Ideologiestreit absieht und auf den Ausgangspunkt des Streites zurücklenkt, auf die Basis verweisen, auf der die Auseinandersetzung mit Aussicht auf Einigung hätte geführt werden können. Welch gute Vermittlerrolle gerade Brochs Zola-Aufsatz hätte spielen können, mag Broch geahnt haben. Denn einerseits kam Heinrich Manns gesellschaftskritisches Engagement darin zu seinem Recht, aber ebenso enthielt er eine Kritik an Zolas Weltanschauung, die der Thomas Manns am Zivilisationsliteraten in einigen Zügen ähnlich war. Ferner spielte Broch ebenfalls — wie auch Thomas Mann — Dostojewskis Romane gegen die Zolas aus.[24] Eine rein auf das Werk Zolas beschränkte Diskussion war aber zu diesem Zeitpunkt schon nicht mehr möglich. Die 1918 erscheinenden *Betrachtungen* Thomas Manns zeigen, daß auf den Ausgangspunkt seines Höhenflugs ins Reich der national-konservativen Werte[25] nur relativ selten noch zurückgeblickt wurde.

In seinem Essay »Der Theaterkritiker Polgar« legt Broch dar, daß er in Polgars Theaterkritiken und schriftstellerischen Arbeiten das realisiert sehe, was er unter »ethischer Kritik« und »ethischer Dichtung« verstehe:

Jedes Kunstwerk ist Resultat eines menschlichen Handelns, und wenn es schlecht ist, dann hat der, der es verbrochen, sich gegen den Ernst und gegen die Idee der Kunst vergangen. Die Kunstkritik kann nur dieses ethische Handeln bewerten; sie hat keinen anderen Angriffspunkt. Das Kunstrichteramt ist ... ein ethisches ... Alfred Polgar ... besitzt ... jenen Ernst der Kunst und dem Leben gegenüber, der aus dem Pathos des Ethischen entspringt ... Sein Verhalten der Welt gegenüber dokumentiert sich nunmehr noch sinnfälliger in einer Reihe von Skizzen, die er während und zu der großen Zeit geschrieben und zu einem Bande *Kleine Zeit* ... vereinigt hat.[26]

Polgar hatte die Kurzgeschichten, die er in diesem Band *Kleine Zeit* gesammelt veröffentlichte, während des Ersten Weltkrieges unter dem Einfluß der Kriegs-Satiren von Karl Kraus verfaßt. Schon der Titel »Kleine Zeit« ist bewußt gewählt in Anlehnung an die bekannten Anfangszeilen von Kraus' erster Stellungnahme »In dieser großen Zeit« zum Weltkrieg.[27] Die Polgarschen Skizzen aus dem Alltagsleben des Krieges wie etwa »Theaterabend 1914«, »Musterung«, »Der Kriegsberichterstatter«, »Feinde«, »Unsterblichkeit«, »Schnee« usw. artikulieren in der Tat »die Empörung gegen den blutigen Kretinismus der großen Zeit«[28], wie Polgar es in seinem Vorwort formuliert. In einer gesonderten Rezension würdigt Broch Polgars *Kleine Zeit* nochmals. Polgar, schreibt Broch, verteidige in dem Buch über die Zeit des Weltkrieges »die Menschlichkeit gegen die Menschen«. Es sei »in der Absicht Polgars gelegen, zu zeigen, daß sich die große Zeit an der kleinen, daß sich das ‚große Erlebnis‘ am kleinen Leben ad absurdum führe«.[29] Wie sehr Broch sich in der Zeit nach dem Ersten Weltkrieg zur sozialkritisch engagierten Literatur bekannte, geht auch aus anderen Buchbesprechungen hervor. Über Alfons Petzolds autobiographischen Roman *Das rauhe Leben*[30] schreibt er: »Als Dichter der gemarterten Kreatur darf er für seinen Stoff, der für sich selber spricht, Respekt fordern: wer Klage erhebt für den Erniedrigten und Beleidigten soll und muß gehört werden.«[31] Und in der Rezension zu einem Buch Wilhelm Schäfers[32] stimmt er Schäfers Bekenntnis zu: »Der Einzelne bleibt für den ganzen Zustand der Menschheit verantwortlich, in dem er lebt... Wer sich dieser höchsten Verantwortung bewußt geworden ist, kann sich um des lieben Friedens willen, der nichts als der stinkende Sumpf der Verantwortungslosigkeit und der Lieblosigkeit ist, keine kleinere wählen.«

Mit der gleichen Emphase, mit der sich Broch sich zur littérature engagée bekennt, greift er Ästhetizismus und Subjektivismus in der Dichtung an; so den Kult, der um Wagners Musik in Bayreuth getrieben wurde, und die esoterische Abkehr von der gesellschaftlichen Wirklichkeit im George-Kreis. In der »Bayreuther Atmosphäre« mit ihrer »Schönheitssuche und ästhetischen Rezeptualität«, so meint er, habe »eine andere Art der Produktion als eine opernhafte nicht aufkommen« können.[33] Privat äußert er sich noch krasser: »Der ästhetische Mensch, d. i. der, der das Leben und alles übrige zelebriert, ist, man kann es nicht anders ausdrücken, das Schwein schlechthin.«[34] Ähnlich schroff lehnt er auch die »Literatur fin de siècle« ab mit ihrer »spezifisch psychologisch-erotischen Problematik«, wie sie »im Kreise der Neuen Rundschau... ihre Repräsentanz gefunden« habe. Dahinter stehe »eine Kultur«, die »innerlich zwecklos«, in »ihrem bourgeoisen Gepflegtsein und Ästhetizismus« nun »Gott sei Dank... bereits Abschied genommen«[35] habe.

Gegen den bloßen Subjektivismus in der Literatur hat sich Broch in dieser Zeit am deutlichsten geäußert in dem Komödienfragment *Kommentar zu Hamlet*.[36] Er läßt Hamlet sagen:

> ... Ich spreche ernst und wiederhole gern,
> Daß ich den Dichter tief verachte,
> Nicht nur, weil sein Geschäft den Leuten zum Plaisir
> Betrieben wird, — gesetzt den Fall, er dächte nicht ans Publikum,
> So ist es schamlos, eine Hurerei...
> Sein Inneres in Versen auszulegen;
> Nichts ist so schamlos wie ein Reim —

Das klingt und singt und trägt Gedanken wie ein Automat
herbei ...
Und darum ist der Dichter schamlos, denn was er auch entfaltet,
Ob Reim, ob Prosa, immer ist's ein Reim und dieser Reim
sein Ich ...

Daß ein »Reim« mehr sein muß als ein »Ich«, daß also Dichtung
mehr sein muß als bloße Ich-Aussage, erklärt Broch gleichzeitig in
seiner ersten veröffentlichten Erzählung »Eine methodologische Novelle«.[37] Darin heißt es einleitend und abschließend: »Jedes Kunstwerk muß exemplifizierenden Gehalt haben.« (S. 159). In seiner
»Einmaligkeit« soll es auf das »Gesamtgeschehen« verweisen. Damit ein dichterisches Kunstwerk dieser Forderung gerecht werde,
schlägt Broch Themen von »mittlerer Allgemeinheit« vor. Bevor
man eine Geschichte erzähle, müsse sie auf diese Kriterien hin überprüft werden. Eine lediglich »von der Phantasie uns zugewehte Geschichte« hielte einer solchen Überprüfung wohl kaum stand. Erforderlich sei also die »bewußte Konstruktion« nach den genannten
Richtlinien. Als Beispiel für eine exemplarische Novellenhandlung
greift er selbst die Liebeserlebnisse eines jungen Mathematiklehrers
aus dem »Mittelstande einer größeren Provinzstadt« (S. 151) auf.

Aus Brochs dichtungstheoretischer Absicht, »allgemeine«, d. h. über-
subjektive Aussagen zu machen, ergibt sich für ihn nicht nur diese
thematische, sondern auch eine erzähltechnische Konsequenz. An die
Stelle eines »Erzähl-Ichs« wie man es aus »auktorialen«[38] Erzählungen kennt, setzt Broch ein »Erzähl-Wir«. In der Einleitung der
Novelle wird das »Erzähl-Wir« eingeführt: »Wir wollen ... uns
diese ... Geschichte ... selber herstellen.« (S. 151). Das ganze Er-
zählgerüst wird vom »Erzähl-Wir« aufgebaut: Die Wendungen
»wir sagen«, »wir setzen«, »wir wollen«, »wir hoffen«, »wir müssen«, »wir überlassen«, »wir fühlen« etc. bilden die Nahtstellen der
Konstruktion und bestimmen jeweils ihren weiteren Aufbau. Das
»Erzähl-Wir« hat nichts zu tun mit einem pluralis majestatis, ist
also keineswegs ein verkapptes »Erzähl-Ich«, sondern bezeichnet
eine echte Pluralität. Es umfaßt nämlich das bekannte auktoriale
»Erzähl-Ich«, also den üblicherweise nur-produzierenden Partner,
und den jeweiligen Leser, also den üblicherweise nur-rezipierenden
Partner. Dadurch, daß beide Partner sich zu einem »Erzähl-Wir«
zusammenschließen, wird der produzierende Autor auch rezeptiv
und der rezipierende Leser auch produktiv. Ist das, so muß man
sich fragen, nicht eine Unmöglichkeit? Würde Broch mit seiner Novelle die Geschichte eines in seiner Faktizität abgeschlossenen und
überschaubaren Geschehens vorlegen, das entsprechend in der Ver-
gangenheitsform erzählt werden müßte, dann wäre die Einführung
dieses »Erzähl-Wirs« in der Tat nicht möglich, denn der rezipie-

rende Leser kann in ein abgeschlossenes Geschehen nicht mehr mitformend eingreifen. Broch ermöglicht aber die Zusammenarbeit von Produzent und Rezipient in einem »Erzähl-Wir« dadurch, daß er die Erzählung »in bewußter Konstruktion« herstellen läßt und ihren nur »imaginierten Charakter« (S. 151) betont. Nur dadurch, daß er von vorneherein klarmacht, daß es in seiner Novelle nicht um ein abgeschlossenes Geschehen geht, sondern daß diese »Geschichte nach ihren Möglichkeiten hin durchdacht« (S. 159) werden soll, kann der rezipierende Teil des »Erzähl-Wir«, der Leser, in den Aufbau der Novelle eingreifen. Faktisch sieht das in Brochs Beispiel-Novelle so aus: Immer dann, wenn der auktoriale Teil des »Erzähl-Wir« neue Konstruktionsmöglichkeiten anbietet, kann der rezipierende Partner ihm zustimmen, Einwände anbringen oder ganz eigene Lösungsmöglichkeiten erfinden. In jedem Falle aber, ob zustimmend oder ablehnend, wird der Leser an der literarischen Produktion beteiligt und kann nicht umhin, kritisch zu dem, was konstruiert wird, Stellung zu nehmen. Der auktoriale Partner andererseits wird dadurch rezeptiv, daß er nun mit Einwänden rechnen muß. Er sieht sie voraus und arbeitet sie ein, etwa wenn es heißt: »Dieser Einwand ist um so berechtigter ...« (S. 152). Mit seinen eigenen Konstruktionsideen zum Aufbau der Novelle drängt der erzählende Teil sich nie auf, kann sie nur anbieten und formuliert sie deshalb im Modus der Möglichkeitsform: »so dürfte sich die Möglichkeit ergeben«, »würde berechtigen«, »hätte führen können«, »gehabt hätte«, »gewesen wäre« etc. Am Schluß der »Novelle« werden vom erzählenden Partner dann auch mehrere Möglichkeiten des Ausgangs skizziert, und es bleibt dem lesenden Konstruktionspartner überlassen, welcher — wenn überhaupt einer der genannten — er zustimmen will. Das »Erzähl-Wir«, das also Erzähler und Leser umfaßt, kann am Schluß feststellen: »Wir haben uns nichts vorgeflunkert, haben unsre Geschichte nach ihren Möglichkeiten hin durchdacht und darnach gemeinsam konstruiert. Wir wollen uns gegenseitig nichts vormachen ...« (S. 159).

Es muß in Erinnerung gerufen werden, daß Broch das »Erzähl-Wir« nicht aus einer Freude an erzähltechnischen Experimentierspielchen einführt, sondern um in der literarischen Praxis ein Mittel zu finden, dem Subjektivismus des Erzählens zu entgehen. Hinter dem Gebrauch des erzähltechnischen Mittels »Erzähl-Wir« steht also die Erzähltheorie von der Überwindung des Subjektivismus. Diese literarische Konzeption wiederum gründet — wie auch Brochs geschichtstheoretische und politische Theorie — in einer ethischen Überzeugung. Broch erläutert den »‚Wir‘-Begriff« als »platonisches Sinnbild des Geistes schlechthin«, als »Idee des Menschen«.[39] Er führt dazu aus:

Kein Mensch ist so niedrig, daß er dieses ‚Wir'-Begriffes nicht teilhaftig
wäre, daß er nicht in ihm und durch ihn die Würde des Menschen trüge.
In diesem ‚wir' liebt der produktive Mensch seinen Nebenmenschen und
dient ihm, und täte er es nicht, sein Werk würde nichts taugen ... Jenes
‚wir' ... kennt nur ein einziges Bindeglied zum realen Menschen und den
Äußerungen seines ‚Lebens': das ethische.[40]

Der Gebrauch des »Erzähl-Wir« signalisiert also Brochs ethische
Dichtungsintention[41], eine Intention, die er über ein Jahrzehnt später in den Mittelpunkt seiner literarischen Theorie stellt: »Den Weg
zur Ethik und zu den Wertsetzungen zu finden, diese Aufgabe der
Philosophie scheint nunmehr der Dichtung und besonders der epischen Dichtung zuzufallen«, resümiert er in seinem Vortrag »Über
die Grundlagen des Romans«[42] von 1931. Brochs Forderung nach
dem »ethischen Roman« ist später immer gleichzeitig Forderung
nach dem »erkenntnistheoretischen Roman« (8,23). Der »Weg zur
Ethik« und zu neuen »Wertsetzungen« kann nach Broch mit dem
Mittel der erzählenden Dichtung nur gefunden werden, wenn die
bestehenden »Werthaltungen« durch die Romanhandlung so präzise wie möglich wiedergegeben, transparent gemacht werden und
über sie hinaus Perspektiven zu möglichen neuen »Wertsetzungen«
eröffnet werden. In Brochs Worten: Der Roman soll »Spiegel des
Zeitgeistes« (6,185) und zugleich Mittel »ethischer Wirkung im
praktischen Leben« (9,45) sein. Darstellend, analysierend und be-
wußtseinsverändernd kann kein »Geschichtelerzählen« (8,10) im
Stil des trivialen »Wald- und Wiesenromans« (8,10), sondern nur
»erkenntnisdurchtränkte« (6,203) Dichtung sein. So lauten − in
aller Kürze[43] − zu Anfang der dreißiger Jahre Brochs Argumente
gegen den herkömmlichen und für den neuen erkenntnistheoretischen Roman. Konzipiert und annähernd verwirklicht hat er diese
Ideen aber schon zehn Jahre früher. Denn wenn er sich in der »Methodologischen Novelle« gegen die beliebige Stoff- und Problem-
wahl seiner Erzählung wendet, indem er es verachtet, eine »zu-
fällig durch die Zeitung oder von der Phantasie uns zugewehte
Geschichte« aufzugreifen und sie vielmehr »in bewußter Konstruktion« herstellen will, so nimmt er damit bereits sein späteres Plädoyer für die Erkenntnisaufgabe der Dichtung vorweg. Zur Zeit
der Publikation seiner ersten Novelle bezeichnet er denn auch seine
rationale Methode als ein Mittel, der literarischen Kitschproduk-
tion zu entgehen: »In meinen Arbeiten bemühe ich mich wenigstens:
absolut ehrlich, d. h. kritisch, und wenn Sie so wollen, also wissenschaftlich zu sein und mir über jedes Wort ... Rechenschaft zu geben. Kitsch dagegen ist absolut unaufrichtig und daher absolut lang-
weilig.«[44]

In den Jahren nach dem Ersten Weltkrieg, so läßt sich zusammenfassend sagen, tritt der Schriftsteller und Literaturkritiker Broch ein für die littérature engagée und betrachtet ethische Wirkung und Erkenntnisvermittlung als die beiden wichtigsten, sich gegenseitig bedingenden Aufgaben der Dichtung: Nur dadurch, daß die Erzählthematik »bewußt«, »kritisch« und »wissenschaftlich« auf ihre »allgemeine« Relevanz hin überprüft wird, kann Erkenntnis vermittelt werden. Von »allgemeiner« Bedeutung wiederum sind für Broch die herrschenden »Werthaltungen« seiner Zeit. Die Aufgabe des Erzählers besteht darin, erzähltechnisch einen Weg zu finden, die thematisierten Werthaltungen zu relativieren und über sie hinaus neue ethische Perspektiven zu eröffnen. In der »Methodologischen Novelle« gelingt das durch die Einführung des »Erzähl-Wir«, in der späteren *Schlafwandler*-Trilogie wendet er andere, ebenso neuartige Erzählmittel zur Verwirklichung dieser Intention an.

Der folgende Abschnitt setzt mit einer Interpretation dieser Trilogie (1931–1932) ein. Ungefähr ein Jahrzehnt von Brochs Schaffen, so scheint es, wird hier außer acht gelassen. Das aber liegt daran, daß Broch zwischen 1922 und 1931 – bis auf die Rezension einer mathematischen Studie[45] – nichts publizierte. Seiner Arbeit als Industrieller widmete er sich wieder verstärkt bis zur Mitte der zwanziger Jahre.[46] Nach dem Verkauf seiner Fabriken und der Beendigung seiner Tätigkeit als Industrieller (1927) studierte er Logik und Mathematik bei den Neopositivisten des Wiener Kreises[47].

II. DIE SCHLAFWANDLER (1928–1932)

1. Brochs Theorie eines zeitkritischen Romans: Der »erweiterte Naturalismus«

Die Arbeit an seinem Erstlingsroman *Die Schlafwandler* bedeutete für Broch kein Rückzugsgefecht aus der konkreten Zeit- und Gesellschaftskritik in das unverbindlichere Gebiet der Kunst, sondern lediglich die Fortsetzung seines humanen Engagements mit einem anderen Mittel, einem Mittel, von dem er sich vor allem größere Wirkung versprach.[1] »Jede Einflußnahme auf die Zeitereignisse«, so gilt es für ihn nach wie vor, hat »in Gestalt von Zeitkritik vor sich zu gehen«. »Jede Zeitkritik aber«, so fährt er fort, müsse »auf einer fundierten Wert- und Geschichtstheorie basiert sein.«[2] Die Tatsache, daß Broch seine Wert- und Geschichtstheorie in Form der philosophischen Essays »Zerfall der Werte« in die *Schlafwandler* aufnimmt, ist Indiz für seine Annahme, nur noch mit dem Mittel des Romans ein breites Publikum erreichen zu können. Wenn er ein Jahrzehnt später berichtet, daß er mit seinem ersten Romanprojekt die Absicht verfolgt habe, daran mitzuarbeiten, »der Politik wieder zu einer ethischen Basis zu verhelfen« (9,46), so ist das nicht die nachträgliche biographische »Korrektur« eines mittlerweile durch Flucht vor dem Faschismus und Exil zum kritischen Intellektuellen gewordenen ehemaligen »Schöngeistes«, sondern entspricht den tatsächlichen subjektiven Intentionen des Broch aus der *Schlafwandler*-Zeit. Bereits 1932 beschäftigt ihn das Problem, wie er als »Mensch geistiger Produktion« dem»Anti-Intellektuellen entgegenzutreten« (10,279) vermag. Als Romancier, der noch von der »erzieherischen Wirkung ethischer Dichtung« (9,46)[3] überzeugt ist — schon wenige Jahre später gerät diese Überzeugung ins Wanken —, entwirft er die Theorie eines zeitkritischen Romans, eine Theorie, die zugleich eine nachträgliche Analyse der *Schlafwandler* darstellt.

Das Konzept zu dieser Theorie entwickelte Broch in zwei Arbeiten, in dem Vortrag »Das Weltbild des Romans« und in dem Essay »Das Böse im Wertsystem der Kunst«. Den Vortrag hielt Broch im Februar 1933 in Wien, also wenige Tage vor der endgültigen Zerstörung der Demokratie in Österreich mit der Ausschaltung des Nationalrats durch die Austro-Faschisten am 4. März 1933 und wenige Wochen vor der totalen Machtübernahme der Nationalsozialisten am Tag des Ermächtigungsgesetzes, dem 23. März 1933. »Das Böse im Wertsystem der Kunst« erschien im August 1933 in der *Neuen Rundschau*, als der totalitäre Staat in Deutschland schon eine vollendete Tatsache war. (Als Indiz dafür, daß bereits damals mit dem Namen Hermann Broch Antifaschismus assoziiert wurde, sei erwähnt, daß gerade dieser *Rundschau*-Artikel einmal in Berlin Nazi-Gegner zusammengeführt hat.[4])

Mit seiner ethischen Kernfrage »Was sollen wir tun?« (6,313) setzt auch sein *Rundschau*-Artikel ein. Die Frage ist diesmal an den Schriftsteller gerichtet. Den Schriftstellerberuf aufgeben und mit dem Mittel des politischen Pamphlets versuchen, direkten Einfluß auszuüben? Diese Konsequenz zu ziehen ist Broch erst drei Jahre später bereit, als er eine Enunziation an den Völkerbund ausarbeitet.[5] Roman und Drama erscheinen ihm 1933 noch als wirksame Aufklärungsmedien. Die grundsätzliche Antwort, die Broch sich auf die aufgeworfene Frage gibt, ist für ihn selbst nicht neu[6] und klingt zunächst sehr naiv. Es ist die »Aufforderung an die Kunst, ,gut' und ,nicht schön' zu arbeiten« (6,326). Erst seine Auskunft über die weitere Frage »Was bedeutet aber jene Aufforderung?« (6,326) soll hier interessieren. Die Antwort erteilt er mit der Theorie eines, wie er es nennt, »erweiterten Naturalismus« (6,227/326). Dabei geht es ihm aber diesmal freilich nicht — wie etwa noch ein Jahr zuvor im Joyce-Aufsatz — um die Entwicklung neuer Romantechniken, nicht um das technische ,know-how', denn den Willen zu »technischer

Vollkommenheit« (6,326) setzt er beim Künstler ohnehin voraus, sondern um das ‚Was‘ der Darstellung, um die Objektwelt. Grundsätzlich schlägt er sich zunächst einmal auf die Seite der Naturalisten und fordert, die Welt (bzw. Ausschnitte aus ihr) mit »Treue und Wahrhaftigkeit ... zu zeigen, wie sie wirklich ist« (6,326). »Aber was ist naturalistisch?«, so fragt Broch weiter, »enthält eine Welt, wie sie wirklich ist, nicht auch das Phantastische ..., das das Subjekt in ihr zu erfassen vermag?« (6,227). Broch unterscheidet zwischen der Darstellung einer »äußeren Welt« und einer »inneren Welt«. Während der Naturalismus dahin tendiere, lediglich die »äußere Welt« zu gestalten, indem er den Menschen bloß in die sinnliche Erscheinungswelt eingefügt sehe und ihn primär als Produkt der Faktoren Erbe, Milieu und geschichtlicher Situation betrachte, müsse der »erweiterte Naturalismus« zwar ebenfalls diese Sphäre umfassen, darüber hinaus aber auch die »innere Welt« zu gestalten suchen.

Diese »innere Welt« umschreibt Broch als »Sphäre der traumhaft erhöhten Realität« (6,227) und führt Franz Kafka als Beispiel für einen Romancier an, dem es gelungen sei, adäquate Mittel zu ihrer Gestaltung zu finden. Beides, »äußere« Tatsachenwelt und »innere« Phantasiewelt will Broch in ihrer Realität veranschaulichen. Da Broch in der Praxis seiner Romandarstellung diese beiden Ebenen nicht als getrennte vermitteln will (denn sie sind nach seiner Theorie in der Realität auch nicht getrennt, sondern gehen ineinander über und lassen sich nur begrifflich scheiden), fallen für ihn diejenigen Erzählpraktiken, die einerseits nur die »äußere« oder andererseits nur die »innere« Welt gestalten, außer Betracht. Das heißt, er lehnt eine nur naturalistische Erzählform wie etwa die »Reportage« ab, weil sie bestenfalls »wissenschaftliche Tatsachensammlung« (6,222) sei und nicht über einen »Photographennaturalismus« (6,226) hinauskomme, aber er übernimmt auch nicht das Verfahren Franz Kafkas, in dessen dargestellter »innerer Welt« frei geschaltet werde mit den Fakten der äußeren Realität. (Man denke an die Tierverwandlung Gregor Samsas oder an das Agieren eines Affen als Mensch.[7])

Um zu verdeutlichen, wie er sich die dichterisch-darstellerische Synthese von »äußerer« und »innerer« Welt — ohne dabei eine von ihnen aus ihrem Recht zu setzen — vorstellt, vergleicht Broch die Dichtung mit einem Traum: »Wir wissen, daß der Traum seine Elemente durchaus der Erfahrung entnimmt und Erfahrungsbruchstücke ..., Realitätsvokabeln nach einer ihm eigenen Logik neu zusammensetzt.« Auf den Teil der »äußeren« Welt, also auf die »Realitätsvokabeln«, so fährt Broch fort, »hat der Dichter, hat der Träumende keinen oder bloß einen sehr geringen Einfluß, sie gehören der objektiven Sphäre an, sie sind das Stück Reportage, das in jedem Traum und in jeder Dichtung steckt.« Die »innere« Welt dagegen, »die subjektive Sphäre«, sei diejenige, »in der der Träumende frei ... schaltet«, sei »die Syntax, in die er die Realitätsvokabeln einbaut«. (6,227/228). Die »äußere« Welt, die »objektive Sphäre« wird also weder photographisch abgebildet, noch wird sie in ihrer Realität übergangen, sondern sie ist Ausgangspunkt und Material — »Realitätsvokabel«, wie es Broch nennt — für die dichterische Formung, in deren Prozeß die »Umsetzung in ein anderes Material« (10,187)[8] stattfindet. Teile der Objektsphäre werden also »entnaturalisiert« (10,187) und in Metaphern der »subjektiven Sphäre« verwandelt.

Zwei möglichen Mißverständnissen von Brochs Theorie muß an dieser Stelle entgegengewirkt werden: Erstens geht es nicht um die völlige Auflösung der Objektwelt in Metaphern einer subjektiven Innerlichkeit, und zweitens soll diese Objektwelt nicht in der Subjektivität des *Schriftstellers* aufgehen. Zunächst zu Punkt eins: Der Roman des »erweiterten Naturalismus« soll — wie schon der Name seiner Theorie andeutet — sowohl naturalistischen Abbildungscharakter besitzen, d. h. »Spiegel aller übrigen Weltbilder« sein und damit »zur soziologischen Funktion der Umwelt« (6,236) werden, als auch darüber hinaus die Subjektsphäre der Menschen darstellen. Wenn auch bei der Darstellung dieser »inneren Welt« Ausschnitte der Objektwelt (»Realitätsvokabeln«) als Material verwendet werden und dieses Material dann seiner Objekthaftigkeit entkleidet und subjektiv verfremdet erscheint, so heißt das nicht, daß die gesamte im Roman geschilderte Welt nichts als der Spiegel einer subjektiven Innenwelt ist. Vielmehr sollen sowohl Objektwelt als Subjektwelt in ihrer Eigenheit vorgeführt werden. Allerdings kennt Brochs Theorie eine Rangfolge der dargestellten Wirklichkeitsbereiche: Die »Objektivität«, d. h. Natur und geschichtlich-soziale Realität mit ihren Institutionen, bildet »nur die äußere Peripherie« (6,236) der dichterischen Abbildung, als zentral ist die »Subjektsphäre« des Menschen zu gestalten. In der erzählerischen und dramatischen Praxis Brochs sieht das dann oft so aus, daß mit einer naturalistischen Szene eingesetzt wird und das weitere Geschehen dann immer stärker aus subjektiven Perspektiven beleuchtet wird. Man denke an »Esch«, »Huguenau«, *Die unbekannte Größe, Die Entsühnung,* die Erzählung »Esperance«[9] oder den *Tod des Vergil.* In den »Bemerkungen zu den ‚Tierkreis'-Erzählungen« postuliert Broch ebenfalls die Darstellung des Geschehens auf diesen zwei Ebenen: Die »Ebene des äußeren Geschehens« müsse so plastisch vorgeführt werden, »daß die Erzählung ... im Rahmen des Mitteilbaren, also letzten Endes des Sozialen bleibt«; gleichzeitig aber müsse die »rein naturalistische Darstellung« transparent gemacht werden für die »Gedanken der dargestellten Personen« (10, 192/193). Der »naturalistischen« und »psychologischen« Ebene der Darstellung fügt er hier allerdings noch eine dritte hinzu, die »erkenntnistheoretische Ebene«, die »Ebene des Kommentars« (10,193).

Zu Punkt zwei: Wessen Subjektivität wird im Roman entfaltet? Darstellung der Subjektivität bedeutet keineswegs, daß mit einer Art schrankenloser dichterischer Freiheit die äußere Realität in beliebige Partikel der privaten und einmaligen Subjektivität des *Dichters* aufgelöst werden soll. Es geht nicht um die Verwandlung der Realität durch die Subjektivität des Dichters, sondern lediglich um die dichterische Darstellung der Subjektivität der *Romanfiguren*. »Immer«, betont Broch, »handelt es sich darum, die Welt, die innere oder äußere, ,zu zeigen, wie sie wirklich ist'« (6,326), nicht aber um die Entfaltung einer wie immer gearteten Subjektivität eines Poeten. Das wird noch deutlicher bei Brochs näherer Bestimmung dessen, was er unter der »inneren Welt«, der »Subjektsphäre« versteht. Broch will die »naturalistische Tendenz« (6,327) der Dichtung, d. h. die Darstellung der Welt in ihrer »Objektbedingtheit« (6,327) verbinden mit der »utopischen Tendenz«[10] in ihrer »subjektiven Bedingtheit« (6,327/232). Er wählte, als er die Darstellungsweise der »Subjektsphäre« diskutierte, nicht von ungefähr den Vergleich mit dem Traum. Denn diese Subjektsphäre ist für Broch letztlich »eine Traumwelt« (6,237). Innerhalb der »utopischen Tendenz«, diese »Traumwelt« zu gestalten, gibt es nun wiederum nach Broch zwei weitere »dichterische Tendenzen« (6, 232), nämlich zum einen, »die Welt zu zeigen, wie sie gewünscht« und zum anderen, »die Welt zu zeigen . . ., wie sie gefürchtet wird« (6,232).[11] Oder, auf einen gemeinsamen Begriff gebracht, die »Subjektsphäre« (= »innere Welt« = »Traumwelt«) wird gestaltet unter einem positiv utopischen und einem negativ utopischen Aspekt. Hier macht nun Broch besonders deutlich, daß es nicht um die Artikulation subjektiver Wünsche und Befürchtungen des Schriftstellers geht, sondern um die der zum Objekt der Darstellung gewählten Romanpersonen: »Der Roman (hat) innerhalb seines eigenen Bereiches weder Wünsche noch Befürchtungen, er muß diese genau so wie alles andere aus der geschilderten Welt entnehmen« (6,219). An anderer Stelle bekräftigt er nochmals, daß es dem Vertreter des »erweiterten Naturalismus« verwehrt sei, »die Objekte« seiner Schilderung anders zu zeigen, als sie der Wirklichkeit entsprechen: »Er muß sie . . . zeigen, ,wie sie wirklich sind', nicht aber ,wie er sie wünscht'« (6,344). Schildert der Schriftsteller die Welt so, wie er sie sich subjektiv wünscht, dann pervertiert er das »Prinzip der echten Utopie«, indem er sie als bereits realisierte ansetzt, denn die Verwirklichung des utopischen Ziels, so betont Broch, sei »stets in unendlicher Entfernung« (6,343) angesiedelt. Zola z. B. wirft er vor, in seinen *Quartre Evangiles* nicht die Realität und die Not seiner Zeit geschildert, sondern seine subjektive Sozialutopie in Romanhandlung umgesetzt zu haben. Die Wirklichkeit seiner Zeit habe Zola in diesem Roman auf sich beruhen lassen und der »echten Utopie« ihre Zukunftsverhaftetheit genommen: Da werde ein »utopischer Zustand geschildert«, in »dem das Gute und das Böse nicht nach den künftigen, sondern nach den in den Jahren um 1890 gültigen moralischen Begriffen auf die guten Sozialisten und die bösen Antisozialisten verteilt« (6,342) werde. Ebenso wie er es ablehnt, positive Utopien als verwirklicht darzustellen, lehnt er es auch ab, negative Utopien als gegenwärtig zu schildern. Hätte Broch damals bereits Aldous Huxleys *Brave New World* (1932) gelesen oder wäre George Orwells *Nineteen-Eighty-Four* (1949) schon erschienen, er hätte sich von demselben Standpunkt aus, von dem er Zolas *Quartre Evangiles* ablehnte, auch gegen diese Romane als realitätsfremde, die komplexe Gegenwart überspringende Werke gewandt: Nicht seine privaten Wünsche und Befürchtungen, sondern die »Träume« und »Ängste« seiner Zeit, wie sie tatsächlich vorhanden sind, soll der Schriftsteller nach Broch im Roman einfangen. Für diese »konkreten Utopien«[12], wie Broch sie später nennt, für die tatsächlichen Ängste und Wünsche seiner Zeitgenossen sollte der Dichter eine Antenne haben. Ob es Broch gelungen ist, diese Intention in seinem Erstlingsroman zu verwirklichen, sei vorläufig dahingestellt. Daß diese Absicht hinter dem Roman stand, kann aber nicht bezweifelt werden, was auch Elias Canetti bestätigt. Er bescheinigt Broch, daß er es in den *Schlafwandlern* unternommen habe, die disparatesten Erwartungen seiner Zeit einzufangen, die »pralle und entsetzensvolle Spannung«[13] seiner Epoche zu vermitteln.

Worin aber besteht die von Broch intendierte zeitkritische Leistung eines nach dieser Theorie angelegten Romans? Sie resultiert aus der im Roman als Konflikt angelegten Beziehung zwischen Subjektsphäre und Objektsphäre, d. h. zwischen den individuell subjektiven Intentionen der Romanfiguren und der geschilderten gesellschaftlichen Realität. In der Sprache von Brochs Werttheorie[14] heißt das im Aufsatz »Das Böse im Wertsystem der Kunst«: »Der Wert konstituiert sich am Unwert, das Wertsystem konstituiert sich am ,Bösen', das es überwindet, von dem es sich fortentwickelt« (6,334). An den Mängeln einer als Zwang empfundenen sozialen Realität entzünden sich die subjektiven »Wünsche" und »Befürchtungen« der Romangestalten. D. h., in den vorhandenen Wünschen und Ängsten der Zeitgenossen werden die bestehenden Verhältnisse kritisch gespiegelt. Jetzt wird deutlich, warum es für Broch wichtig war, auf den »Realitätsvokabeln« als dem Material zur Gestaltung der Subjektsphäre zu bestehen: Es ist immer die gegebene Realität, von der sich das Subjekt »fortentwickelt«, die es »überwindet«. Indem der Roman dieses Sich-Absetzen der Subjekte von der Objektwelt gestaltet, ist er »expression of the human needs« (6,263), besitzt damit zeitkritische Qualität und erfüllt die ihm von Broch zugelegte Funktion. Da sich der Konflikt des Subjekts mit der ihm vorgegebenen Realität nie beruhigen kann — wiederum eine Konsequenz der Brochschen Werttheorie[15] —, kommt den von den Subjekten artikulierten oder auch nur empfundenen Wünschen und Befürchtungen echte utopische Qualität zu. Denn Utopien wollen ja immer historisch bereits »erreichte Stufen ‚transzendieren‘, geistig und womöglich auch praktisch überholen«.[16] Über die Intention der positiven Utopie im Roman heißt es denn auch bei Broch: »Die Dichtung ... hat in dem Wunschbild, das sie gibt, die Unendlichkeit des ethischen Wollens aufleuchten zu lassen.« (6,236). Ebensowenig wie die »Wünsche« beruhigen sich auch die »Befürchtungen«, denn sie sind nur negativer Ausdruck dessen, was sich in den »Wünschen« positiv äußert: des Willens, die bessere Alternative zur gegebenen mangelhaften Realität zu finden. Indem Broch dergestalt Wunsch und Furcht sich nie beruhigen läßt, steht dem Optimismus der möglichen Wunscherfüllungen immer der Pessimismus des möglichen Scheiterns gegenüber. Diesen negativ-utopischen Aspekt seiner Romanproduktion hatte Broch im Auge, als er erklärte: »Dichtung ... wird zur ethischen Warnung geschrieben« (6,246).[17]

Bevor die Verifizierung von Brochs zeitkritischer Dichtungstheorie in seinem Roman *Die Schlafwandler* thematisch untersucht wird, seien zunächst die erzähltechnischen Mittel geprüft, deren er sich bei der Realisierung seiner Intentionen im Roman bedient.

2. Die Romantechnik: Das Erzähl-Ich und seine Abspaltungen

Bei dem Versuch, einen möglichst hohen Objektivitätsgrad seines Erzählens schon durch dessen Form zu erreichen, war Broch in seiner ersten veröffentlichten Erzählung, der »Methodologischen Novelle«, auf den Einfall gekommen, ein »Erzähl-Wir« einzuführen. Gemäß dem Grundsatz »Dichten heißt, Erkenntnis durch die Form gewinnen wollen, und neue Erkenntnis kann nur durch eine neue Form geschöpft werden« (8,78), sieht er sich auch bei der Anlage seines Erstlingsromans nach neuen, seinen zeitkritischen

Intentionen gemäßen Erzählformen um. Kein neuerschienener Roman von Rang, der nicht von Broch auf seine neuen Techniken hin geprüft wurde. Musil[18], Dos Passos[19], Gide, Joyce, Thomas Mann, Huxley[20], Robert Neumann[21] und andere werden in seiner damaligen Korrespondenz und in seinen Vorträgen kritisch diskutiert.

Eine der Kernfragen der Romantheorie »Wer erzählt den Roman?«[22] beschäftigt auch Broch. Offenbar von Gide[23] beeinflußt, läßt er *Die Schlafwandler* von einem Schriftsteller (einem dichtenden Philosophen und philosophierenden Dichter) in der ersten Person Singular erzählen. »Bertrand Müller, Dr. phil.« (2,431) ist der einzige Ich-Erzähler im Roman. Er führt sich zunächst im dritten Teil der Trilogie nur als Verfasser der stark lyrisch durchsetzten »Geschichte des Heilsarmeemädchens in Berlin« ein, dann aber auch als Autor des »Zerfalls der Werte« (2,467). Im Epilog des »Zerfalls«, in dem die gesamte Romanhandlung zusammenläuft, wird deutlich, daß Bertrand Müller als das Erzähl-Ich der ganzen Trilogie vorzustellen ist.[24] Da Müller eine so zentrale Funktion im Roman eingeräumt wird, muß man sich näher mit ihm als Erzähler beschäftigen.

Steht nicht die Einführung eines Schriftstellers als »Erzähl-Ich« und »sovereign subject«[25] des Romans im Widerspruch zu Brochs eben vorgeführter zeitkritischer Romantheorie? Diese besagt ja, daß sich im Roman gerade nicht — oder auf jeden Fall nicht nur — eine wie immer geartete Subjektivität eines Schriftstellers entfalten solle, daß vielmehr darin die objektiven, die Gegenwart prägenden Zeittendenzen so weit wie möglich durch ihre eigenen typischen Vertreter selbst zu Wort kommen sollen. Von diesem Standpunkt aus polemisierte Broch auch gegen »sovereign subjects« von der Art des »an Geistigkeit alles überragenden Mannes ohne Eigenschaften Musils« (6,221). Eine vorläufige Lösung dieses Widerspruchs zwischen romantheoretischem Vorsatz und romantechnischer Praxis könnte dahingehend lauten, daß es sich bei diesem Erzähler gar nicht um das altbekannte »sovereign subject«, um den souverän-olympischen Erzähler handelt. Und tatsächlich stellt sich Bertrand Müller — wir nennen ihn in der Folge bei seinem Vornamen — keineswegs als Erzählolympier vor, sondern als ein Autor, der die Eigenständigkeit und Unbeeinflußbarkeit der Schicksale, die er erzählt, hervorhebt. Über die Romanpersonen Nuchem und Marie, von denen er direkt berichtet, schreibt er: »Besitzen Nuchem und Marie eine Eigenexistenz? sicherlich nicht, denn kein Wesen führt ein Eigenleben. Aber die Instanzen, welche die Geschicke bestimmen, liegen weit außerhalb meiner Macht- und Denksphäre« (2,591). Warum aber wird dann überhaupt ein Erzähler eingeführt, dem letztlich doch alle Erzählfäden des Romans in die Hand gegeben werden? Da Broch kaum eines seiner Romanprobleme nicht auch theoretisch behandelt hat, läßt sich die Antwort von seinem Standpunkt aus finden: Wie im vorigen Abschnitt bereits kurz ausgeführt (S. 71), postuliert Broch, daß zu den beiden bereits genannten objektiv-naturalistischen und subjektiv-psychologischen Darstellungsebenen die »erkenntnistheoretische Ebene«, die »Ebene des Kommentars«, als die »eigentliche Ebene des Autors« (10,193) zu treten habe. Broch will also im Roman zwar keine Welt nach seinen subjektiven Vorstellungen schaffen, aber er räumt sich das Recht ein, die in ihrer Objektivität vorgestellte Gegenwart zu werten, zu »kommentieren«. In den *Schlafwandlern* nimmt diese Kommentar-Ebene mit dem philosophischen Traktat »Zerfall der Werte« einen großen Raum ein. Indem Broch die Essays über den Wertezerfall Bertrand zuschreibt, schafft er sich im Roman die Instanz, die seine eigene Meinung vertritt.[26] Offenbar aus Gründen der ästhetischen Geschlossenheit der Trilogie scheute sich Broch, seine eigene theoretische Analyse der historischen Situation romantechnisch unvermittelt einzubauen. Ganz ohne Schwierigkeiten und Widersprüche ging diese Identifikation Brochs mit einer Romanfigur aber nicht ab. So schreibt er denn auch zu diesem Problemkomplex: »Daß der ‚Zerfall‘ mit dem Ich des ‚Heilsarmeemädchens‘ in einen gewissen Zusammenhang gebracht wurde, ist fast eine Konzession, legitimiert sich aber an der inneren Architektonik aller drei Bücher« (10,320).[27] Einerseits betont Broch immer wieder, daß im »Zerfall der Werte« »der Autor selber spricht, ohne daß er sich hinter eine seiner Personen versteckt« (8, 321), andererseits weist er es als »schweren Irrtum« zurück, ihn »mit dem ‚Ich‘ aus dem Heilsarmeemädchen zu identifizieren« (10,32). Diese Widersprüche sind wohl nicht restlos aufzulösen. Immerhin wird aber deutlich, daß Bertrand in seinen theoretischen Äußerungen mit Broch zu identifizieren ist und als fiktiver Erzähler der Trilogie dem Autor ähnelt: Beide sind Dichterphilosophen. Darüber hinaus aber repräsentiert Bertrand als eigenständige Romanfigur einen Berliner Intellektuellen der letzten Kriegsmonate von 1918, der der dortigen sozialen Realität verhaftet ist und nicht mit dem Individuum Hermann Broch gleichgesetzt werden kann. Broch ist also nicht mit Bertrand identisch, aber er begibt sich als Autor des Romans beim Erzählen in die Rolle Bertrands. Auch auf die Beziehung Brochs zum Ich-Erzähler Bertrand trifft zu, was Wolfgang Kayser allgemein zum Verhältnis von Autor und Erzähler ausführt: »Der Erzähler (ist) in aller Erzählkunst niemals der bekannte ... Autor, sondern eine Rolle, die der Autor erfindet oder einnimmt.«[28]

75

Bevor wir näher auf die romantechnische Funktion dieses Ich-Erzählers in den *Schlafwandlern* eingehen können, zwingen uns Thesen aus der Sekundärliteratur dazu, die Identität Bertrands noch genauer zu untersuchen. Mandelkow, Geißler und Cohn[29] — um nur die gewichtigsten Stimmen für diese These zu nennen — sind der Auffassung, daß Bertrand Müller mit Eduard von Bertrand aus dem *Pasenow*-Teil identisch ist. Namens-, Gedanken- und Motivverwandtschaften[30] werden als Indizien dafür geliefert, daß der durch Selbstmord geendete Eduard nach einer Art Wiedergeburt oder Seelenwanderung als »mysterious figure«[31] in Gestalt des Bertrand Müller weiterlebe. Die These ist umstritten und wird von Ziolkowski, Kreutzer und Steinecke[32] abgelehnt. Auch wir können uns der mystifizierenden Spekulation von der Wiedergeburt nicht anschließen, da nach Abwägung der Argumente für eine Identität von Bertrand Müller mit Eduard von Bertrand nur noch die Namensähnlichkeit übrigbleibt. Sie ist sicherlich von Broch bewußt gewählt, und eine gewisse Ähnlichkeit zwischen den beiden Romanfiguren — beide sind intellektuelle Zeitkritiker — soll nicht geleugnet werden. Der entscheidende Unterschied zwischen ihnen besteht aber darin, daß Bertrand mit seiner Zeitkritik ethische Intentionen verbindet und von sich sagen kann »ich bin kein Ästhet« (2,418), während er über den egozentrischen Ästheten Eduard den Stab bricht: »Da gab es einen, der flüchtete vor seiner eigenen Einsamkeit nach Indien und Amerika. Er ... war ein Ästhet und deshalb mußte er sich umbringen ... Der ästhetische Mensch stellt innerhalb des Romantischen das böse Prinzip dar.« (2,571/572). Abgesehen von diesen Unvereinbarkeiten können auch die Gedanken- und Motivverwandtschaften, die in einzelnen Erzählpassagen über Bertrand und Eduard auffallen, nicht als Argumente für die Identität dieser Romanfiguren angeführt werden, denn derlei Ähnlichkeiten tauchen u. a. auch in Abschnitten über Pasenow, Esch, Huguenau und Jaretzki auf. Wie etwa Pasenow kurze Zeit nach der ersten Begegnung mit Ruzena feststellt, daß »ihr Bild völlig verblaßt war« (2,35), so hat auch Bertrand die Heilsarmee-Marie schon bald »völlig vergessen« (2,416). Auffallend ist auch eine Parallele zu Huguenau, wenn Bertrand sinniert: »... mein Leben verdämmert hinter mir, und ich weiß nicht, ob ich gelebt habe oder ob es mir erzählt worden ist« (2,591), und es später von Huguenau heißt: »... und schließlich wußte er nicht mehr, ob er jenes Leben gelebt hatte oder ob es ihm erzählt worden war.« (2,669). Wie der Deserteur Huguenau fürchtet Bertrand, »für einen Deserteur« (2,399) gehalten zu werden. Oder wenn Bertrand sarkastisch äußert: »... wir wollen Rum in den Tee hineintun, Kriegsrum, Heldenrum, Ersatzrum, um unsere Einsamkeit zu betäuben«

(2,527), dann nimmt er eine jener pessimistisch-hoffnungslosen Sentenzen des kriegsverwundeten Leutnant Jaretzki vorweg: »... geben Sie mir irgendeine ... neue Besoffenheit, meinetwegen Morphium oder Patriotismus oder Kommunismus oder sonstwas, das den Menschen ganz besoffen macht ... geben Sie mir etwas, damit wir wieder zusammengehören ...« (2,599). Kuhlenbecks Phrase »Krieg ist Krieg« (2,501 und 2,546) tauchte vorher bereits in Bertrands »Zerfall der Werte« auf (2,475). Die Beispiele lassen sich fortsetzen. All diese Stellen belegen, daß Bertrand nicht nur Züge Eduards, sondern aller Romanfiguren trägt, und sie bringen uns auf die Spur der tatsächlichen Funktion dieses Ich-Erzählers.

Es stellt sich nämlich heraus, daß nicht nur Gide, sondern auch Joyce mit seinem *Ulysses* Einfluß auf die Gestaltung der Figur Bertrand hatte. 1928 war im Rhein-Verlag (München-Zürich) die deutsche Übersetzung des *Ulysses* erschienen. Broch las den Band während seiner Arbeit am *Pasenow,* war beeindruckt von der neuen Romantechnik und wünschte seinen eigenen, in der Entstehung begriffenen Roman *Die Schlafwandler* ebenfalls im Rhein-Verlag zu publizieren. Wie der Briefwechsel aus dem Jahre 1930 mit dem Leiter des Rhein-Verlages, Daniel Brody, zeigt, legte Broch großen Wert darauf, daß in der Reklame für den *Pasenow*-Band seine Romantrilogie ständig mit dem *Ulysses* von Joyce verglichen wurde.[33] Brochs intensive theoretische Auseinandersetzung mit Joyce fällt in die Zeit der Umkonzipierung des *Huguenau*-Teils der Trilogie, in das Jahr 1931. Im Sommer 1930 hatte Broch erstmals mit seinem Verleger den Plan besprochen, einen Einleitungsband für die Joyce-Gesamtausgabe des Rhein-Verlags zu schreiben.[34] Georg Heinrich Meyer, der Mitarbeiter Brodys, kam am 19. Dezember 1930 auf diesen Plan zurück und ermutigte Broch, die Sache bald in Angriff zu nehmen.[35] In seiner Antwort auf dieses Schreiben teilt Broch mit, daß er »für diese Joycearbeit eine ganze Menge Material vorbereitet habe«[36], und kündigt gleichzeitig die Umkonzipierung des *Huguenau* an. Die Einführung des Ich-Erzählers Bertrand Müller fällt also genau in die Zeit der intensivsten Auseinandersetzung mit Joyce. Broch arbeitete dann in den folgenden Monaten parallel an der Fertigstellung des *Huguenau* und der ersten Fassung des Joyce-Essays. Am 20. April 1931 schreibt er an Brody, daß »das erste Kapitel für die Joyce-Einführung« abgeschlossen und »der Huguenau ... in Rohschrift so ziemlich fertig« sei.[37] Anfang 1932 waren schließlich *Huguenau* und Joyce-Essay etwa zu gleicher Zeit fertig. In einem Brief Brochs vom 3. April 1932 teilte er seinem Verleger mit, daß er die »Rede zu Joyces 50. Geburtstag« am »22. in der Volkshochschule« Ottakring in Wien als Vortrag halten werde, und daß er am 29. April dort »aus Huguenau« vorlesen wolle.[38]

Diese ausgesprochene Gleichzeitigkeit von Brochs Beschäftigung mit dem Werke Joyces' und der Entstehung der *Schlafwandler,* speziell die zeitliche Simultaneität der Konzipierung des Joyce-Essays und der Umarbeitung des *Huguenau* legt es nahe, die »Abspaltungstheorie«, einer der Hauptgedanken der Abhandlung Brochs über den *Ulysses,* für die Klärung der Theorie seines eigenen Romans fruchtbar zu machen. Bloom nämlich, die zentrale Figur des Joyce'schen Romans, kann in ihrer romantheoretischen Konzeption — wie Broch sie verstand — als weiteres Vorbild der Bertrand-Figur aus dem *Huguenau* betrachtet werden. Im Joyce-Essay fragt sich Broch, wie Joyce das »technische Problem« (6,193) gemeistert habe, eine solche »Totalität des Lebens« (6,194), eine »Kosmogonie von solchem Schichtenreichtum und solcher Komplexität« (6,193) im *Ulysses* zu gestalten. Er sucht nach dem Schwerpunkt, der dem Romanganzen das Gleichgewicht gibt, nach dem Bindenden, das alle Teile »in unlöslicher Ganzheit« (6,194) zusammenhält. Er analysiert die Funktion der verschiedenen Protagonisten des Romans wie Dädalus, Molly und Bloom und findet heraus,

daß alle diese Personen zur Einheit zusammenfließen, daß ihr Eigenleben als solches wohl vorhanden ist, daß sie aber trotzdem in unlöslicher Ganzheit zusammengehören. Und diese Ganzheit wird durch Bloom repräsentiert... Wenn man will, kann man von Abspaltungen Blooms sprechen, von Abspaltungen, die sich wie im Traum gegenseitig repräsentieren... So ist Blooms Gattin Molly mit ihrem nackten Triebleben die Konkretisierung seiner dunkelsten tierischesten Menschlichkeit, während sich Blooms Ratio in Dädalus als Inkarnation des geistigen Sohnes darstellt. In den Bordellszenen wird dies völlig klar: hier... identifiziert (er) sich mit allen seinen imaginären konkreten Abspaltungen..., die leitmotivische Verknotung ist zur höchsten Dichtigkeit gesteigert. (6,194).

Wie nach Broch die »Ganzheit« im *Ulysses* »durch Bloom repräsentiert« wird, indem alle Romangestalten — trotz »Eigenleben« — letztlich »Abspaltungen« Blooms sind, so soll in den *Schlafwandlern* die Einheit des Romanganzen durch den Erzähler der Trilogie, Bertrand, repräsentiert werden. Auch bei Broch sind die einzelnen Romangestalten letztlich »Abspaltungen«[39] dieses Erzähl-Ichs.[40] Die Parallele läßt sich fortsetzen: Was die Bordellszene im Ulysses, das ist — vom romantechnischen Standpunkt aus betrachtet — der »Epilog« in den *Schlafwandlern.* In beiden Erzählabschnitten wird die »Verknotung« aller Leitmotive »zur höchsten Dichtigkeit gesteigert«, in beiden Fällen lassen die Zentralfiguren die Totalität ihres fiktiven Lebens (hie die Romanhandlung, da die Phantasiewelt Blooms) Revue passieren.

Was hat es aber mit einer solchen Figur auf sich, die derart vielseitig ist, daß sie sich in mehrere Haupt- und Nebenprotagonisten »abspalten« muß, um in ihrer »komplexen« Fülle und »Totalität« nicht auch den stärksten Romanrahmen zu sprengen? Wird hier nicht doch wieder, sozusagen durch die erzähltechnische Hintertür, einem erzählerischen Olympier bzw. dem »an Geistigkeit alles überlegenen« Helden Einlaß ins »Weltbild des Romans« gewährt, aus dem Broch ihn doch verbannen wollte? Eine solche Frage stellen heißt im Grunde, die Diskussionsebenen verwechseln, bedeutet, die »Abspaltungs«-Theorie von der Ebene der Romantheorie wegzuziehen auf die der konkreten Darstellung. Daß Bloom in concreto eine Durchschnittsfigur des Dubliner Alltagslebens ist, bedarf keiner weiteren Diskussion, und daß Bertrand als praktischer Erzähler kein souveräner Schöpfer, sondern »Geschöpf statt eines Schöpfers«, kein Erzähllolympier, sondern ein »entthronter Gott« (2,553) ist, wurde bereits beim Hinweis auf sein Verhältnis zu Nuchem und Marie angedeutet. Broch unterstreicht dagegen die »erkenntnistheoretische Bedeutung« der Abspaltungstheorie, will sie also auf der sogenannten »dritten Hauptebene der Darstellung«, der »erkenntnistheoretischen Ebene« (10,193) angesiedelt wissen.

Wie geht die »Ich-Abspaltung« auf dieser Ebene vor sich? Wie ist die Schaffung der Romanfiguren aus diesem Prinzip heraus zu verstehen? Da es sich um eine »Abspaltung« auf der »erkenntnistheoretischen Ebene« handelt, ist sie entsprechend abstrakt erklärt. Nach Brochs Romantheorie, wie er sie im Joyce-Aufsatz darlegt, soll das »Darstellungssubjekt« des Romans, das Broch den »Erzähler als Idee« oder den »idealen Beobachter«[41] nennt, als »Darstellungsmedium« (6,197) mit zur Beschreibung gehören: Der »Beobachter« müsse sich und seine Arbeit gleichzeitig mit ihr dar(stellen) (6,198). Da der »Ich-Erzähler« Bertrand der einzige Akteur auf der »erkenntnistheoretischen Ebene« ist, können wir ihn mit Fug als den »idealen Beobachter«, als den »Erzähler als Idee« bezeichnen.[42] Wo aber im Roman legt dieser »ideale Beobachter« die Technik seines Erzählens, seine »Abspaltungs«-Theorie, bloß? Entsprechend der »erkenntnistheoretischen Ebene« des Problems wird es im »erkenntnistheoretischen Exkurs« des Romans abgehandelt. Da heißt es nämlich in der etwas esoterischen Sprache von Brochs idealistischer Werttheorie[43] zunächst ganz allgemein, »die Welt« sei »Setzung des intelligiblen Ichs«. Die durch das intelligible Ich gesetzten »Werte« könnten allerdings nicht als Absoluta eingeführt werden, denn die Welt sei »nicht unmittelbare Setzung des Ichs«, sondern »dessen mittelbare Setzung«, sei »Setzung von Setzungen« »in unendlicher Iteration« (2,596). Der Bezug dieser erkenntnistheoretischen Aussage zur Romantheorie wird dann von Broch sogleich hergestellt.

»Methodologisch betrachtet« stelle nämlich die »Setzung der Setzung« »nichts anderes« dar als »die Introduzierung des ideellen Beobachters in das Beobachtungsfeld« (2,597). Hier wird deutlich, daß Broch mit der »Ich-Abspaltung« erkenntnistheoretisch nichts anderes meinte als den Akt der »Setzung« von »Wertsubjekten« von seiten des »ideellen Beobachters«. Den Begriff der »Ich-Abspaltung« prägte er, weil nach seiner idealistischen Erkenntnistheorie alle »gesetzten« Wertsubjekte »ihrerseits die Struktur des intelligiblen Ichs wiederspiegeln« (2,596). Einmal »gesetzt«, nehmen die »Wertsubjekte« dann »ihrerseits ihre eigenen Weltformungen vor« (2,596). Wiederum auf den Roman angewandt, würde das bedeuten, daß der »ideale Beobachter« der Trilogie — also der im Ich-Erzähler Bertrand inkarnierte »Erzähler als Idee« — seinerseits »ideale Beobachter« »setzen« kann, die ihrerseits »Weltformungen« vornehmen, also Romanhandlung in Szene setzen. Genau das geschieht, nach diesem Konzept, daß der ideale Ich-Erzähler Bertrand sich in drei weitere »Erzähler als Idee« »abspaltet«, ist die Trilogie strukturiert. Diese weiteren »Erzähler als Idee« heißen »Romantik«, »Anarchie« und »Sachlichkeit«, und sie nehmen in den nach ihnen benannten Trilogieteilen ihre eigenen »Weltformungen« vor.

Wie das nun im einzelnen geschieht, braucht nicht weiter vorexerziert zu werden, denn es ist von Leo Kreutzer[44] bereits detailliert beschrieben worden. Kreutzer übersieht aber die Existenz des übergeordneten »Ich-Erzählers« Bertrand und kann deshalb die zusammenfassende und urteilende Perspektive, wie sie im dritten Band deutlich wird, aus dem Roman selbst heraus nicht erklären. Er destilliert zwar Brochs Theorie des erkenntnistheoretischen Romans aus Brochs romantheoretischen Essays, aber er erkennt nicht die erkenntnistheoretische Ebene im Roman selbst. Die eigenen Romanhandlungen der »gesetzten« »Erzähler als Idee«, »Romantik«, »Anarchie« und »Sachlichkeit« spielen nur auf den beiden ersten Romanebenen, der »naturalistischen« und der »psychologischen«, während die dritte als die »Ebene des Autors« und des »Kommentars« dem Ich-Erzähler Bertrand vorbehalten bleibt. Die »gesetzten« »Erzähler als Idee« zeigen »die Welt wie sie wirklich ist« und wie sie »gefürchtet wird«, also die Welt in ihrer »äußeren« und »inneren« Faktizität, während der übergeordnete Ich-Erzähler diese Realität »kommentiert«, d. h. aber im Falle der *Schlafwandler* zeitkritisch wertet.

Nun ließe sich sagen — und es wird in der Sekundärliteratur auch behauptet — daß zumindest die beiden ersten Romanteile bestimmt würden von einer »Technik der perspektivischen Aufsplitterung der Wirklichkeit in einzelne subjektive Segmente«[45], daß hier die Existenz eines »objektiven Erzählers« »als greifbare Person mit eigener

Perpektive«[46] nicht auszumachen sei. Dem aber ist entgegenzuhalten, daß, wenn auch selten, sowohl im »Pasenow« wie im »Esch« ein Erzähler mit einer den Einzelperspektiven übergeordneten Perspektive auftaucht. In eingeworfenen Wendungen wie etwa »Zwar wußte Elisabeth nicht, daß...« (2,73) wird die Eigenperspektive der Romanfigur Elisabeth durchbrochen. Es macht sich hier eine Stimme bemerkbar, die keinem der Protagonisten aus dem »Pasenow« zugehört. Ganz deutlich setzt sich am Schluß des ersten Trilogieteils der Kommentar von der Romanhandlung ab, und zwar mit einer Deutlichkeit, wie sie in der »Methodologischen Novelle« nicht stärker sichtbar wurde:

Nichtsdestoweniger hatten sie [Joachim und Elisabeth] nach achtzehn Monaten ihr erstes Kind. Es geschah eben. Wie sich dies zugetragen hat, muß nicht mehr erzählt werden. Nach den gelieferten Materialien zum Charakteraufbau kann sich der Leser dies auch allein ausdenken. (2,170)[47]

Auch im »Esch« wird die Einzelperspektive der Handlungsfiguren häufig »kommentierend« begleitet, so in Bemerkungen wie »So dachte Esch sicherlich nicht...« (2,242). Von Anfang an also wird dem Romanleser deutlich gemacht, daß es sich bei dem herrschenden Perspektivenchaos um ein »geordnetes« Chaos handelt, daß letztlich nämlich doch das erzählte Geschehen von einem fixen Standpunkt aus beobachtet wird. Wozu aber dann das anfängliche Versteck-Spiel des Erzählers? Was ist der Sinn einer Erzähltechnik, die anfangs den Erzähler verbirgt, um ihn schließlich gegen Ende mit desto stärkerer Vehemenz in konkreter Person — und keineswegs nur als deutlicher werdende abstrakte »Erzählhaltung« — zu präsentieren, ihm in den »Aphorismen« (2,571—573) wertende Urteile über die wichtigsten Romanfiguren in den Mund zu legen und ihm im »Zerfall der Werte« eine geschichtstheoretische Analyse der durch die Romanpersonen verkörperten Epoche vortragen zu lassen? Die Antwort auf diese Frage ergibt sich wiederum aus der Grundintention des Romans, seiner zeitkritischen Absicht: Während die Zeit zwischen 1888 und 1903 *fast* völlig immanent, von innen heraus im Selbstverständnis ihrer Repräsentanten vorgeführt wird, wird über die mit 1918 einsetzende Erzählgegenwart verstärkt aus der Perspektive des Erzählers berichtet. Während sich nämlich die Merkmale der voraufgegangenen Epochen bereits konturiert haben und überschaubar vorliegen, haftet der Gegenwart (neben der deutlicher werdenden Komponente Vergangenheit) immer die Komponente Zukunft, d. h. Ungewißheit an. Die Gegenwart kann nicht völlig aus sich selbst heraus und für sich selbst sprechen, sondern fordert zu Thesen und Prognosen, zu Prophezeiungen heraus, die sich aus »Wünschen« und »Ängsten« des Augenblicks ergeben. Soll

Zeitkritik im Roman einen Sinn haben, dann muß sich der Autor in ihr für die Gegenwart engagieren, muß sich bekennen zu einem Pro und einem Kontra. Die Vergangenheit kann er zwar zum besseren Verständnis der Gegenwart vorstellen, ansonsten aber auf sich beruhen lassen. Als nicht mehr veränderbar kann sie in ihrer Faktizität vorgeführt werden. Damit ist aber zugleich auch die Frage beantwortet, ob es sich beim Erzähl-Ich Bertrand nicht doch um einen olympisch erzählenden Superman handelt. Die einmal von ihm »gesetzten« »Erzähler als Idee« »Romantik«, »Anarchie« und »Sachlichkeit« entfalten ein Eigenleben, das sich der Einflußnahme entzieht, weil sie historisch Vergangenes vorführen. Bertrand erzählt also diese Romanteile nicht direkt, sondern er »setzt« die drei »Erzähler als Idee«, die dann unabhängig von ihm eine Romanwelt schaffen. Seine vornehmliche Aufgabe ist nicht die der Schaffung von Romanhandlung, sondern ist die ihm als »Autor« zugedachte Aufgabe des »Kommentars«; seine Funktion ist nicht primär eine schöpferische, sondern eine kritische.

3. Die philosophische Intention:

a) Zeitkritische Wertung und »Relativität«

In der Sekundärliteratur ist öfters die Auffassung vertreten worden, daß sowohl in den dichterischen wie den philosophischen Partien der Schlafwandler die Relativität aller Normen, Einstellungen und Handlungsweisen (oder in Brochs Sprache die Relativität aller »Werte«) durchsichtig gemacht werde[48]: In der Romanhandlung werde sie durch die völlige Perspektivenaufsplitterung deutlich, und im »Erkenntnistheoretischen Exkurs« sei sie theoretisch nachgewiesen. Beides stimmt nur sehr bedingt und ist letztlich nicht richtig. Wie schon gezeigt werden konnte, gibt es in der Trilogie durchaus eine übergeordnete Gesamtperspektive, und die Ausführungen im »Erkenntnistheoretischen Exkurs« strafen diese Relativitätsthesen Lügen. Dort heißt es zwar: »Es gibt nur endliche Setzungen. Wo ein konkretes, von vornherein endliches Wertsubjekt vorhanden ist, also eine konkrete Person, ist die Relativierung der Werte, ihre Abhängigkeit vom introduzierten Subjekt völlig durchsichtig« (2,594), und Broch stellt konsequenterweise die entscheidende Frage: »Bedeutet dies Relativierung aller Werte?« (2,595), aber er beantwortet diese Frage negativ. Zwar gibt er im materialen Sinne die »relativistische Organisierung« (2,596) der durch die »Setzung der Setzung« zustande gekommenen Werte zu, aber »trotzdem« bleibe »der Form nach« die »ethische Forderung«, die an die »Wertsubjekte gestellt« werde, als eine »absolute« »ungemindert bestehen« (2,596).

Was für eine formale ethische Forderung läßt Broch hier als absolut gelten? Er gibt darauf eine sehr präzise Antwort: Er besteht nämlich auf der »Forderung nach dem ‚guten Willen‘«[49] (2,595), und er bekennt sich zur »autonomen Gesetzlichkeit des Ichs«, das »unbeeinflußt von jeglicher Dogmatik« (2,596) bleiben müsse. Beides, den »guten Willen« und die »Autonomie« versteht Broch ausdrücklich »im Kantschen Sinne« (2,596). Wieder also, wie schon in dem über ein Jahrzehnt früher entstandenen Aufsatz »Konstruktion der historischen Wirklichkeit«, ist es der Zentralbegriff der Kantschen Ethik, der »gute Wille«, auf den Broch sich bezieht. Der Kantsche »gute Wille« aber, das sei nochmals in Erinnerung gerufen, ist die Voraussetzung zur Erfüllung des kategorischen Imperativs.[50] Und das Prinzip der menschlichen Autonomie ist für Kant das »oberste Prinzip der Sittlichkeit«.[51] Im materialen Sinne gilt für Broch tatsächlich nur die Relativität aller »Wertsetzungen«, aber er erkennt doch als »absolut« einen »formalen« Maßstab an zur Beurteilung von Handlungen, Normen und Institutionen, von »effektiven« und »fiktiven Wertsubjekten« (2,596), wie Broch sie nennt. Dieser Maßstab ist — wie schon im »Ethik«-Essay von 1913 und wie in seinem frühen geschichtsphilosophischen Aufsatz von 1918 — das formale Kantsche Sittengesetz. Daß es Broch nicht um eine materiale Ethik — wie etwa bei Max Scheler[52] — geht, vielmehr um formale Prinzipien der Sittlichkeit, hat er immer wieder betont. In einer der Vorarbeiten[53] zum »Zerfall« heißt es in enger Anlehnung an die Unterscheidung von Ethik und Moral in Kants *Grundlegung zur Metaphysik der Sitten*[54]:

Weltanschauungen geben Inhalte, Moralen, Verhaltungsmaßregeln: Philosophie und Ethik geben die »Formen« der möglichen Inhalte, die Formen der Moral überhaupt — Formen, die ... allerdings nicht leer sind, da sie eben aussagen, was für Inhalte überhaupt »möglich« sein können ... Moralen sind von empirischen Erfahrungen abhängig ... Ethik hat aber mit guten und schlechten Erfahrungen nichts zu tun ... Die Würde des Menschen, seine Freiheit und Unsterblichkeit sind — 100 Jahre nach Kant darauf hinzuweisen, ist fast Binsenweisheit ... — eine erkenntnis-theoretisch-deduktive Angelegenheit und keine praktisch-induktive.

Auch zwanzig Jahre nach der Arbeit an den *Schlafwandlern* bekennt Broch: »Humanität muß sich des Relativismus aller inhaltlichen Feststellungen bewußt bleiben.« (9,409). Bei allem aber, was der einzelne Mensch unter historisch und gesellschaftlich noch so unterschiedlichen Bedingungen unternehme, habe er sich im Sinne des Kantschen Sittengesetzes aus sich selbst zu bestimmen und müsse »unbeeinflußt von jeglicher Dogmatik« bleiben, d. h., Kantisch gesprochen, er dürfe sich in seinen Handlungen nicht durch »Heteronomie«, den »Quell aller unechten Prinzipien der Sittlichkeit«[55]

leiten lassen. Durch den Rekurs auf das Kantsche Sittengesetz in den *Schlafwandlern* sichert sich Broch den ethischen Maßstab, an dem er das gesellschaftliche Leben seiner Zeit mißt. Wie ihm der kategorische Imperativ bereits 1913 als »soziologisches Gesetz« galt, so bezieht er ihn auch hier auf die gesellschaftliche Praxis. Die ist nach Broch aber bestimmt durch die Existenz der »Partialwertsysteme«, die den Menschen zum puren Rollenträger[56] degradieren. Je stärker die Identifikation des einzelnen mit seiner Rolle ist, die ihm das Partialsystem aufzwingt, desto geringer wird seine Autonomie und desto größer seine Bestimmtheit durch Heteronomie. »Wenn der Wille«, so heißt es bei Kant, »irgend *worin anders,* als in der Tauglichkeit seiner Maximen zu seiner eigenen allgemeinen Gesetzgebung, mithin, wenn er ... in der Beschaffenheit irgend eines seiner Objekte das Gesetz sucht, das ihn bestimmen soll, so kommt jederzeit Heteronomie heraus. Der Wille gibt alsdann sich nicht selbst, sondern das Objekt durch sein Verhältnis zum Willen gibt diesem das Gesetz.«[57] Während mit der Autonomie die Freiheit des menschlichen Willens verbunden ist[58], zieht Heteronomie Unfreiheit nach sich. Broch hat die Heteronomie und damit Unfreiheit implizierende Fremdorientierung der Individuen an Verhaltens-Codices der Partialwertsysteme aufs schärfste angegriffen. Geistlosigkeit und Brutalität spreche aus ihren völlig verdinglichten Phrasen wie »Krieg ist Krieg«, »in der Politik gibt es keine Bedenken«, »Geschäft ist Geschäft« und »l'art pour l'art«. Statt des Menschen sei die Rolle, der »Einzelwert«, der »Beruf« (2,477) zur Autonomie aufgestiegen: Jedes einzelne Wertgebiet werde als »autonom« betrachtet, »ein jedes in seiner Autonomie ,entfesselt'« (2,477). Der Mensch werde »aufgefressen von der radikalen Logizität des Wertes, in dessen Fänge er geraten ist« (2,477). Wie schon in seinen frühesten ethischen Reflexionen geht es Broch auch in den *Schlafwandlern* nicht um ein abstraktes Moralisieren, nicht um philosophisches Gejammer um Autonomieverlust, sondern um konkrete Zeit- und Gesellschaftskritik. Die liest sich in ihrer unmißverständlichen Schärfe so:

Zur Logik des Soldaten gehört es, dem Feind eine Handgranate zwischen die Beine zu schmeißen; zur Logik des Militärs gehört es überhaupt, die militärischen Machtmittel mit äußerster Konsequenz und Radikalität auszunützen und wenn es nottut, Völker auszurotten, Kathedralen niederzulegen, Krankenhäuser und Operationssäle zu beschießen; zur Logik des Wirtschaftsführer gehört es, die wirtschaftlichen Mittel mit äußerster Konsequenz und Absolutheit auszunützen und, unter Vernichtung aller Konkurrenz, dem eigenen Wirtschaftsobjekt, sei es nun ein Geschäft, eine Fabrik, ein Konzern oder sonst irgendein ökonomischer Körper, zur alleinigen Domination zu verhelfen; zur Logik des Malers gehört es, die malerischen Prinzipien mit äußerster Konsequenz und Radikalität bis zum

Ende zu führen, auf die Gefahr hin, daß ein völlig esoterisches, nur mehr dem Produzenten verständliches Gebilde entsteht; zur Logik des bürgerlichen Faiseurs gehört es, mit absoluter Konsequenz und Radikalität den Leitspruch des Enrichissez-vous in Geltung zu setzen ... (2,474/475).

Wäre es Broch bloß um den Aufweis der Relativität aller Handlungen und Normen gegangen, er hätte die hier zum Ausdruck kommende Kritik am Militarismus, an ökonomischer Ausbeutung, am Konkurrenzdenken und am verantwortungslosen Ästhetizismus in der Kunst gar nicht äußern können, denn sie setzt einen klaren ethischen Standpunkt voraus. Den bezieht Broch durch seinen Rekurs auf das Kantsche Sittengesetz. Und vom Standpunkt dieser sittlichen Norm aus werden auch die Handlungen der Romanfiguren beurteilt, so, wenn der Ästhet Eduard getadelt wird: »Der ästhetische Mensch stellt innerhalb des Romantischen das böse Prinzip dar« (2,572), oder wenn es über Huguenaus Verbrechen heißt: »Mord bleibt Mord, Bösheit bleibt Bösheit, und die Philistrosität eines auf das Individuum und seine irrationalen Triebe eingeschränkten Wertgebietes ... bleibt ... der invariant absolute Nullpunkt, der allen Wertskalen ... ungeachtet ihrer gegenseitigen Relativität gemeinsam ist.« (2,683) Brochs Überlegungen laufen nicht auf den Nachweis der Relativität aller Werte hinaus, sondern kreisen im Gegenteil um das Problem, einen neuen ethischen Maßstab zu finden.

b) Die neue »Wir«-Ethik: Der Mangel der Gegenwart, das mittelalterliche Wertmodell, das Möglichkeitsmodell für die Zukunft

Was sagt Broch in den *Schlafwandlern* über die von ihm inaugurierte und erhoffte neue Ethik aus? Die Verdeutlichung seiner ethischen Zielvorstellungen vollzieht er in drei Denkschritten: Zunächst geht er von den Verhältnissen seiner Gegenwert aus, legt die faktische Inhumanität seiner Zeit bloß, indem er analysiert, wie der Mensch in der Zeit der für Broch gegenwärtigen »Sachlichkeit« selbst als Sache aufgefaßt wird, wie er in Rollen- und Sachzwänge gerät, wie er verdinglichten Wertvorstellungen nachhängt und dadurch seine sittliche Autonomie einbüßt. In einem zweiten Gedankenschritt wendet er den Blick zurück in die Vergangenheit und führt das Modell des mittelalterlichen Menschen- und Weltverständnisses vor Augen, um von diesem Modell aus die andere ethische Situation der Gegenwart zu verdeutlichen. In einem dritten Schritt schließlich versucht er, eine prognostische Aussage über die zukünftige Ethik in einem Weltbild von morgen zu machen.

Brochs Kritik an der Gegenwart, sein Sich-Absetzen von der sittlichen Praxis im politischen, wirtschaftlichen und künstlerischen Leben seiner Zeit ist bereits kurz skizziert worden. Um den gesellschaftskritischen Impetus dieser Kritik zu verdeutlichen, muß sie in ihrer Vollständigkeit erfaßt werden. Sie setzt ein mit einer Kritik an der »Ideologie des Krieges« (2,402). Die Sinnlosigkeit des Krieges wird unmißverständlich bloßgestellt:

Eine Zeit ... ersäuft in Blut und Giftgasen, Völker von Bankbeamten und Profiteuren werfen sich in Stacheldrähte, eine wohlorganisierte Humanität verhindert nichts, sondern organisiert sich als Rotes Kreuz und zur Herstellung von Prothesen, Städte verhungern und schlagen Geld aus ihrem eigenen Hunger, bebrillte Schullehrer führen Sturmtrupps, Großstadtmenschen hausen in Kavernen, Fabrikarbeiter und andere Zivilisten kriechen als Schleichpatrouillen, und schließlich, wenn sie glücklich wieder im Hinterland sind, werden aus den Prothesen wieder Profiteure. (2,401)

Broch fragt sich, wie »die Ideologie des Krieges ... überhaupt Platz finden« (2,402) konnte. Wie bereits die Analyse seines zeitkritischen Gedichts »Cantos 1913« zeigte, gehört Broch nicht zu den Schriftstellern, die den Ersten Weltkrieg anfänglich in blinder Begeisterung bejubelten, um dann nach den bitteren Erfahrungen der Kriegsjahre ein Lamento anzustimmen. So überrascht es nicht, daß Brochs anklagendes Pathos in den *Schlafwandlern* dem der »Cantos 1913« bis in die Diktion hinein gleicht. Hatte er in dem Frühwerk schon die »dämonische Dummheit« gebrandmarkt, die »des Menschenleids nicht mehr achtet« (S. 8) und tatenlos zusieht, wenn »Delinquenten am Pfahle erwürgt« (S. 3) werden, so greift er auch jetzt »jene Gleichgültigkeit« an, »die den Bürger ruhig schlafen läßt, wenn im nahen Gefängnishof einer unter der Guillotine liegt oder am Pfahl erwürgt« wird (2,402). Diese Gleichgültigkeit brauche bloß »multipliziert zu werden«, damit »es von denen daheim keinen anficht, wenn Tausende in Stacheldrähten hängen!« (2,402). Die Erklärung für »diese an Wahnsinn grenzende Gleichgültigkeit gegen fremdes Leid« (2,683) versucht Broch mit seiner ethischen Geschichtstheorie zu liefern. »Zerfall der Werte« heißt für ihn ja nichts anderes als Aufsplitterung der menschlichen Lebenswirklichkeit in immer kleinere Rollen mit immer mehr sich verengendem Horizont. Die je für sich bereits isolierten beruflichen Rollen des Kaufmanns, des Politikers, des Künstlers oder des Militärs etc. kennen in sich nochmals Rollenaufteilungen, die schließlich nach Brochs Theorie so weit fortschreiten, bis jeder Einzelmensch nichts Verbindendes mehr zum Nebenmenschen kennt:

Letzte Zerspaltungseinheit im Wertzerfall ist das menschliche Individuum. Und je mehr es auf seine eigene empirische Autonomie gestellt ist, ... desto unfähiger wird diese, irgendwelche Werte außerhalb ihres engsten

individuellen Bereiches zu erfassen: was außerhalb des engsten Wertkreises vor sich geht, kann nur noch unverarbeitet, ungeformt, m. e. W.
dogmatisch hingenommen werden.« (2,664)

Broch bedient sich bevorzugt der Symbolsprache der Mathematik[59]
und bezeichnet diesen auf seine pure Subjektivität verwiesenen
Menschen als den Menschen der »Nullpunktsituation« (2,683). Bei
Brochs Kennzeichnung des Menschen in der »Nullpunktsituation«
ist der Einfluß Kants völlig durchsichtig: Es ist der Mensch, der
»den guten Willen verloren« (6,340) hat, der statt dessen »voll des
bösen Willens sich selbst in Blut ersäuft und in Giftgasen erstickt«
(2,684), der das »soziologische Gesetz« des kategorischen Imperativs
nicht mehr kennt, der also nicht mehr so handelt, daß seine Maximen Prinzipien einer allgemeinen Gesetzgebung sein können, dessen Horizont vielmehr über das nackte Eigeninteresse nicht hinaus-
reicht. Die »empirische Autonomie«, d. h. ein schrankenloser Individualismus und ein purer Subjektivismus sind an die Stelle des Kantschen Sittengesetzes getreten, das ja ohne seine soziale Komponente,
ohne den Einschluß der allgemeinen Prinzipien undenkbar ist. Mit
diesem Verlust der sittlichen Autonomie ist aber, das wird von
Broch deutlich herausgestellt, gleichzeitig Heteronomie, d. h. Abhängigkeit von äußeren, nicht selbst gegebenen Vorschriften verbunden.
In der Nullpunktsituation fallen völliger Subjektivismus, also
»empirische Autonomie«, und völlige Fremdorientierung, d. h. Heteronomie, zusammen. Kantisch ausgedrückt: Die »Freiheit im negativen Verstande« hat die »Freiheit im positiven Verstande«[60] verdrängt. Da dieser Mensch völlig auf sich selbst gestellt ist, kann er
alles, was nicht seinen »engsten individuellen Bereich betrifft, nicht
erfassen, kann das, »was außerhalb des engsten Wertkreises vor sich
geht«, lediglich »unverarbeitet, ungeformt«, d. h. aber von seinem
eigenen sittlichen Willen unabhängig, eben nur »dogmatisch« (2,665)
hinnehmen.

Mit dieser Analyse glaubt Broch die Antwort auf die Frage nach
der Herkunft der »Gleichgültigkeit gegen fremdes Leid«, wie es sich
in der »Ideologie des Krieges« manifestiert, gefunden zu haben:
Der völlig auf die eigene egoistische Subjektivität zurückgeworfene,
»einsam wertfreie Mensch« (2,674) vermag nicht über sich hinaus-
zugehen und Notsituationen des Nebenmenschen zu erkennen. Diese
Gleichgültigkeit sieht Broch als Voraussetzung, wenn auch nicht
letztlich als Ursache, der Kriegsideologie an. Ihre eigentliche
Ursache sieht er darin, daß sich der einzelne, befangen in der
Sphäre seiner Privatwelt, den Blick versperrt für das »Gesamtgeschehen« (2,401) und die Urteile darüber von den »Redakteu-
ren« (2,314), »Ingenieuren und Demagogen« (2,676)[61] nur »un-

verarbeitet« und »dogmatisch« annehmen kann. So ist denn die Kriegsideologie keine subjektive Überzeugung, sondern — eben als Ideologie — propagandistisch motivierte falsche Aussage über die Wirklichkeit des Krieges, eine Aussage allerdings, der der Subjektivist weder moralisch, noch erkenntnismäßig etwas entgegenzusetzen hat. Er erlebt zwar die Diskrepanz zwischen seinem Eigeninteresse und dem faktischen Verhalten, wozu der Krieg ihn zwingt, aber er vermag diese Diskrepanz weder in seinem Denken noch mit seiner Sittlichkeit zu überbrücken. Für sein Privatleben, sein »Einzelschicksal«, vermag er »mit Leichtigkeit einen logischen Motivenbericht (zu) liefern«, das »Gesamtgeschehen« aber »empfindet« er als »wahnsinnig«, als »Alpdruck« (2,401).

Am Fall der »Kriegsideologie« exemplifiziert Broch ganz allgemein, welches ethische Manko der Gegenwart er ins Bewußtsein heben und überwinden will und was für ethische Zielvorstellungen ihm vorschweben. Er will die moralische und die bewußtseinsmäßige Schizophrenie beseitigen helfen, die resultiere aus der völligen Isolation des Einzelmenschen, dem das »übergreifende Geschehen« (2,684) seiner geschichtlichen Situation undurchsichtig und unverständlich geworden ist. In der Sprache seiner Werttheorie: Broch will die vorhandenen Partialwertsysteme wieder füreinander transparent machen und auf den allen Wertsystemen gemeinsamen Nenner verweisen. Genau an der Stelle seiner Reflexionen im »Zerfall der Werte«, an der er die faktische Verabsolutierung der einzelnen Partialwertsysteme und ihrer verschiedenen Berufsrollen kritisiert, weist er auf ein Modell hin, in dem die Partialwertsysteme füreinander durchsichtig und auf einen »Zentralwert« hin orientiert waren. Es ist das Modell eines mittelalterlichen Wertsystems, das er zur Verdeutlichung der ethischen Situation seiner Gegenwart vergleichend anführt. Es ist aber ein Mißverständnis[62] anzunehmen, Broch führe das Modell als für unsere Zeit vorbildlich und nachahmenswert ein. Das widerspräche der gesamten Brochschen Werttheorie, nach der es »unethisch« ist, auf »Wertrealisate« der Vergangenheit zurückzugreifen, nach der es »reaktionär« ist, sich »an überlebte Formen (zu) klammern, das Ästhetische für das Ethische nehmend, wie jeder Konservatismus es tut« (2,685). Ganz unmißverständlich beginnt Broch seine Äußerungen über das mittelalterliche Wertmodell mit dem Hinweis darauf, daß er nicht im geringsten daran denke, die »heile Welt« des Mittelalters als probates Mittel gegen den Wertezerfall seiner Gegenwart anzubieten: »Wer die Erkenntnis fürchtet, ein Romantiker also, dem es um Geschlossenheit des Welt- und Wertbildes geht, und der das ersehnte Bild in der Vergangenheit sucht, er wird mit gutem Grund auf das Mittelalter hinblicken« (2,475). Er unterstreicht, daß er das Mittelalter-Bild nicht aus einer »rücksehnenden Sentimentalität« heraus vorführe, daß es ihm also keineswegs um »verklärende Rückschau auf vergangene Epochen« (2,418) gehe. »Es nützt nichts«, so fährt er fort, in »alten romantischen Formen einen Schutz vor der Unsicherheit« (2,678) zu suchen. Derlei Konservatismus empfindet er nur als »ärgerliche und ermüdende Komik« (2,417).[63] Auch muß klargestellt werden, daß es Broch nicht darum geht, ein Bild des historischen Mittelalters[64] zu vermitteln. Wie schon ein Terminus wie »ideales Wertzentrum« andeutet, geht es Broch um ein idealtypisches Modell im Sinne Max Webers.[65] »Ein Idealtypus« aber, so schreibt Weber, »wird gewonnen durch einseitige *Steigerung* eines oder einiger Gesichtspunkte ... In seiner begrifflichen Reinheit ist dieses Gedankenbild nirgends in der Wirklichkeit empirisch vorfindbar, es ist eine Utopie.«[66] Wie bei jeder Utopie werden der komplexen historischen Wirklichkeit also Teilaspekte entnommen und zu Ende gedacht. Die Methode dabei ist die der isolierenden Abstraktion.[67] Sowohl Brochs Mittelalterbild als auch die Vorstellung von der vorher besprochenen »Nullpunktsituation« sind Modelle in diesem idealtypischen, die konkret-historischen Situationen auf Kosten ihrer Komplexität vereinfachenden Sinne. Um den Blick für die ethische Wirklichkeit seiner Gegenwart zu schärfen, konfrontiert Broch sie mit dem idealtypischen Wertmodell des Mittelalters:

Das Mittelalter besaß das ideale Wertzentrum ..., den Glauben an den christlichen Gott. Sowohl die Kosmogonie war von diesem Zentralwert abhängig ... als auch der Mensch selber ... Es war ein im Glauben ruhendes, ein finales, kein kausales Weltganzes ... Der Glaube war der Plausibilitätspunkt, bei dem jede Fragekette endigte. (2,475/476).

Soviel zu Brochs »geschlossenem« Mittelalter-Modell. Wodurch unterscheidet sich nach ihm die ethische Struktur der Moderne von diesem Bild von der Vergangenheit? Nachdem in der »protestantischen Revolution« (2,677) der »Schritt vom Monotheistischen ins Abstrakte gewagt« (2,476) worden sei, sei der Mittelpunkt des mittelalterlichen Weltbildes, (der »immerhin noch anthropomorphe Gott«) »in die wahre abstrakte Unendlichkeit hinausgeschoben« (2,455) worden. »Die Frageketten«, meint Broch, »münden nicht mehr in dieser Gottesidee, sondern laufen tatsächlich in die Unendlichkeit« (2,455). Für die Gegenwart sei demnach das ehemals ethische Zentrum Gott verlorengegangen. Die »Situation des europäischen Geistes« sei nach dem Verlust der alten »Einheit« (dem »Nicht-mehr«) und dem Ausbleiben einer neuen Einheit (dem »Noch-nicht«) gekennzeichnet durch die »herrschende Unsicherheit« (2,677/678).

So wie Broch idealtypisch eine ethische Utopie der Vergangenheit skizziert, so umreißt er in groben Strichen auch die »Kontur« einer ethischen Utopie der Zukunft: Was sich dabei abzeichne, sei

die Kontur einer ... dogmenfreien ‚Ethik an sich‘ ... es ist jene positivistische Doppelbejahung weltlicher Gegebenheit und rigoroser Pflichtaskese, wie sie Luther ... schon eigentümlich war und die ... zu einer neuen Einheit von Denken und Sein hinstrebt, zu einer neuen Einheit ethischer und materialer Unendlichkeit ... Denn am Ende der endlosen Fragekette, die zu solcher Plausibilität hinführt, steht die ... Idee des reinen Pflichtorganons, die Idee des rationalen gottfreien Glaubens ... (2,676/677).

Zwei Denker vor allem hätten diese Entwicklung erkannt und ihr Rechnung getragen: Kant in seinen ethischen und Kierkegaard in seinen theologischen Reflexionen. Im »kategorischen Imperativ« hätte Kant den »protestantischsten Gedanken« (2,555) formuliert, denn mit ihm habe er den Weg zu der inaugurierten »dogmenfreien ‚Ethik an sich‘« gewiesen, Kierkegaard sei so konsequent gewesen, radikal mit den anthropomorphen Gottesvorstellungen des Mittelalters zu brechen. Er habe »das letzte Ziel« der »protestantischen Revolution«, den »abstrakten Geist Gottes« (2,677), das »Absolute«, in dem »Gott ‚trauernd thront‘« (2,556), bedacht. Für den »christlichen Menschen« der Gegenwart, der nach einer ethischen Basis suche, gibt es nach Broch »bloß zwei Möglichkeiten«: Entweder er begibt sich zurück in den »mütterlichen Schoß der Kirche«, in die nur »vorläufig noch vorhandene Geborgenheit des katholischen Allwerts«, oder er besitzt den »Mut, mit einem absoluten Protestantismus das Grauen vor dem abstrakten Gott auf sich zu nehmen« (2,558). Broch selbst bekennt sich eindeutig zur zweiten Alternative, denn die Flucht in mittelalterliche Glaubensvorstellungen hat er von vornherein als reaktionär abgelehnt. Auch hat er sich mit seinem Bekenntnis zum Kantschen Sittengesetz für die künftige »dogmenfreie ‚Ethik an sich‘« entschieden. Aus dieser grundsätzlichen Entscheidung heraus entwickelt Broch dann später seine Theorie des »irdisch Absoluten«.[68]

Aber noch ist für Broch die »Idee des rationellen gottfreien Glaubens«[69] pure Utopie, die Gegenwart sei gekennzeichnet durch die »Unsicherheit« einer Übergangszeit zwischen dem »Nicht-mehr« des alten und dem »Noch-nicht« des neuen Glaubens. Doch auch die glaubensmäßig ungesicherte Gegenwart müsse — unabhängig von einer Theologie — in der Lage sein, eine allgemein anerkannte ethische Basis zu finden. Bei der Suche nach dieser Basis knüpft Broch im »Zerfall der Werte« an Überlegungen an, die er erstmals in seinem Aufsatz »Der Kunstkritiker« (s. o.) aus dem Jahre 1920 entwickelte. Hier wie dort geht es ihm um die Fundierung einer »Wir«-Ethik. In seinem frühen Essay definierte Broch den »‚Wir‘-

Begriff« als »Idee des Menschen« und postulierte: »Kein Mensch ist so niedrig, daß er dieses ,wir'-Begriffs nicht teilhaftig wäre, daß er nicht in ihm und durch ihn die Würde des Menschen trüge.«[70] »Jenes ,wir'«, so fährt er fort, »kennt nur ein einziges Bindeglied zum realen Menschen und den Äußerungen seines ,Lebens': das ethische.«[71] Die ethische Basis ist also bereits hier eine durchaus säkulare: die »Idee des Menschen« selbst. Um das Verbindende, nämlich die allen Menschen gemeinsame »Würde des Menschen« herauszustellen, bedient sich Broch des »,wir'-Begriffs« als eines Fundamental-Terminus seiner Ethik. Im »Zerfall der Werte« deduziert Broch diesen ,wir'-Begriff aus erkenntnistheoretischen Überlegungen. In der »Setzung der Setzung« sieht er die »Bedingung möglicher Erfahrung« für das »Faktum der Verständigung zwischen Mensch und Mensch, zwischen Einsamkeit und Einsamkeit«, die »Gewähr für die Einheit des Menschen und seiner Menschlichkeit« (2,598). Was Broch mit dem ,wir'-Begriff umschreibt, hat starke Ähnlichkeit mit dem, was sein Bekannter Max Adler das »Sozialapriori« nannte. Wie Broch in der »Setzung der Setzung«, so sieht Adler im »Transzendentalsozialen« den »Ursprung der Beziehung des Individuums auf das Nebenindividuum überhaupt gelegen«.[72] Beide, Broch und Adler, betonen »Übersubjektivität im Bewußtsein«[73] des Menschen. »Die Realität«, schreibt Adler ganz ähnlich wie Broch, »gewinnt ihren objektiven Charakter nur, weil sie zwar aus der Gesetzlichkeit des Ichbewußtseins hervorgeht, die aber zugleich eine solche ist, in der das Ich die Bezogenheit auf fremde Iche zu seinen eigenen personalen Erfahrungsbedingungen hat.« Der »Charakter der Realität« werde so zum Korrelat der »Eingebundenheit des Einzelbewußtseins in ein geistiges System einer Vielverbundenheit von Subjekten«.[74] Und beide ziehen aus dieser erkenntnistheoretischen Einsicht eine ethische Konsequenz, indem sie sich zum übersubjektiv-gültigen formalen Sittengesetz Kants bekennen.

Der in diesem ethischen Sinne zu verstehende ,wir'-Begriff spielt nicht nur in Brochs Philosophie, sondern auch in seiner Dichtung eine zentrale Rolle, wie schon die Untersuchung der »Methodologischen Novelle« gezeigt hat. Die bedeutendsten Aussagen im »Huguenau«-Teil der *Schlafwandler* sind in der ,wir'-Form ausgedrückt. So ist vom »Hoffen« die Rede, daß »wir dereinst ... uns nähern werden« (2,661), oder daß »wir wieder alle zusammengehören« (2,599). Und schließlich endet der Roman mit dem biblischen Paulus-Wort, das leitmotivartig den Schluß der Trilogie durchzieht[75]: »Tu dir kein Leid! denn wir sind alle noch hier!« (2,687). Deutlich wird hier, daß dieses zuversichtliche Schlußwort keineswegs künstlich aufgesetzt ist, sondern daß es konsequent folgt aus dem Roman, besonders aus dem »Zerfall der Werte«. Es ist erkenntnistheoretisch vorbereitet durch die »Setzung der Setzung« und ethisch fundiert durch die mit der »Setzung der Setzung« ermöglichte ‚wir'-Ethik. Schaut man sich diese Brochsche ‚wir'-Ethik, d. h. die aus der »Setzung der Setzung« gefolgerte »ethische Forderung« genauer an, so ist sie identisch mit dem übersubjektiv gültigen Kantschen Sittengesetz. Denn als konstituierend betrachtet Broch im »Zerfall der Werte« für die Ethik die sittliche »Autonomie« und den »guten Willen«, beides ausdrücklich »im Kantschen Sinne«. Den ethischen Maßstab zur Beurteilung der gesellschaftlichen Praxis der Gegenwart bezieht der Broch der *Schlafwandler* wie schon der junge Broch also von Kant. Worin aber besteht der Unterschied zwischen Brochs inaugurierter »neue Ethik« und dem Kantschen Sittengesetz? Das »kommende Ethos«[76] der von Broch in der Zukunft angesetzten und noch utopischen »Ethik an sich«, einer »Religion an sich« (2,677) und eines »gottfreien Glaubens« wird das Kantsche Sittengesetz radikalisieren und aus seinen, den religiösen Vorstellungen der Aufklärungszeit verhafteten Bindungen lösen.

Der Hinweis auf diese utopische Ethik ist eine der wichtigsten Aussagen der Trilogie, aber sie ist nur eine der vielen utopischen Gedankengänge, die sich für Broch aus der Gegenwart seiner Zeit heraus entwickeln und die er verfolgt.

c) *Die Romanhandlung als Phänomenologie des Utopischen*

Erstellte man eine Wortkonkordanz zu den *Schlafwandlern,* so würde sich wahrscheinlich herausstellen, daß unter den Abstrakta der Substantive Begriffe wie »Sehnsucht«, »Traum«, »Erlösung«, »Heimat«, »Ferne«, »gelobtes Land«, »Fremde«, »Angst« und »Hoffnung« am häufigsten vorkommen. Das allen diesen Vokabeln Gemeinsame besteht darin, daß mit ihnen eine bestimmte utopische Erwartungshaltung, eine positive oder eine negative, bezeichnet wird. Träger dieser utopischen Vorstellungen sind die verschiedenen Romanfiguren. Schon der Gebrauch dieses der utopischen Metaphorik verpflichteten Vokabulars macht deutlich, daß Broch in den *Schlafwandlern* seine zeitkritische Romantheorie in die Praxis umsetzt: Aus der Kritik der Protagonisten an einer schlechten Gegenwart resultieren ihre negativ-utopischen Befürchtungen und ihre positiv-utopischen Wünsche. Was Broch aufzuzeichnen versucht, ist eine Art Phänomenologie und Enzyklopädie von utopischen Erwartungen der Menschen seiner Zeit aus den verschiedenen Generationen und Sozialschichten. Es sind die Ängste und Träume, die Broch in seiner Geschichtstheorie zurückführt auf die »herrschende

Unsicherheit« in einer Zeit der »Auflösung der alten Werthaltungen« (8,18), in der das »kommende Ethos« noch nicht sichtbar geworden ist. Aber hier soll Brochs Roman nicht — wie es schon allzu oft geschehen ist — lediglich in Brochs Geschichtsphilosophie aufgelöst und damit in seiner Eigenständigkeit übergangen werden. Sowohl der Stachel der jeweiligen utopischen[77] Haltungen, nämlich die konkrete Gesellschaftskritik, als auch die Utopien selbst müssen danach beschrieben und analysiert werden, wie sie sich in der Romanhandlung manifestieren.

Der Auslösungsfaktor der Ängste und Wünsche der Romanfiguren ist durchgängig das Erlebnis der Entfremdung. Eduard fühlt sich in seiner Freiheit eingeschränkt, verläßt die Militärakademie und sucht seine Freiheitsträume auf Reisen zu erfüllen; Joachim erscheint das Militär plötzlich als Zirkus, er flüchtet in Liebesabenteuer und schließlich in die Konvention zurück; Eschs Initialerlebnis ist die Entdeckung des »Buchungsfehlers« in der Welt, woraufhin er sich in Tagträume rettet und in Erlösungshoffnungen und chiliastische Erwartungen steigert; am Anfang von Huguenaus Freiheitserlebnis als Deserteur steht ein als sinnlos erfahrenes Fronterlebnis; der Kriegsverwundete Jaretzki wird mit den Aussichten auf Frieden und einer Arbeit in der bürgerlichen Welt nicht mehr fertig und sucht Trost im Alkohol; Hanna Wendling schließlich verwischen sich vollends die Konturen der Realität, sie flüchtet in erotische Träume. In jedem Falle steht die Wirklichkeit anfänglich als verwirrend fremde und selbständige, den Einzelinteressen und dem Verständnis der Protagonisten entgegenstehende Faktizität und Macht gegenüber. Die bewußtseins- und empfindungsmäßige Kollision mit der Realität führt in keinem der Fälle zu einem intellektuellen Bewältigen der Wirklichkeit, nie zu einem Durchschauen der realen gesellschaftlichen Verhältnisse, mit denen sie in Konflikt geraten, sondern zur Flucht in eine entfremdete Externalität. Bei den Reflexionen, die in dieser selbstgeschaffenen, entfremdeten Welt angestellt werden, handelt es sich um falsches Bewußtsein insofern, als der tatsächliche Prozeß, durch den es selbst geschaffen wurde, vergessen ist und nicht durchschaut wird. Bei den theoretischen Formulierungen, die dieses falsche Bewußtsein durch die verschiedenen Protagonisten des Romans erfährt, handelt es sich um Mystifizierungen[78] der Realität. Aber wenn auch die Romanfiguren aufgrund ihres verdinglichten Denkens die Wirklichkeit nur ideologisch verzerrt zu sehen vermögen, so artikuliert sich in ihren Mystifizierungen doch ein Protest gegen die faktische Gegenwart, und in diesem Protest zeichnet sich die Realität dessen ab, wogegen protestiert wird, gleichzeitig aber auch das Bild dessen, was erstrebt wird, das Bild von einer besseren Zukunft. Auch in den scheinbar abwegigsten Utopie-Phantasien der Protagonisten vom Anderen, Besseren, verbirgt sich der Kampf gegen die schlechte Wirklichkeit. Bei dem im Roman geschilderten Initialkonflikt zwischen dem einzelnen und seiner Umwelt geht es grundsätzlich immer um Freiheit und Unfreiheit. Eduard, Joachim, Esch, Huguenau, sie alle fühlen sich durch die gegebenen Verhältnisse eingeengt und suchen auf mehr oder weniger irreale Weise ihren Freiheitsbereich zu erweitern: Eduard durch einen Berufswechsel, Joachim durch erotische Abenteuer, Esch durch einen Stellenwechsel und Huguenau durch Desertion. In diesem Fortbewegen von einem alten Zustand drückt sich ein Protest im Namen der Freiheit gegen das Bisherige und ein Votum für einen Zustand größerer Freiheit in der Zukunft aus. »In allem und jedem«, so kommentiert Broch dieses Verhalten der Romanfiguren, »kommt es auf das Verhältnis zur Freiheit an . . . selbst die kleinste und engste Theologie . . . eines Huguenau . . . dient noch der Freiheit.« Die »Freiheit« als »Ursprung« und »Ziel« (2,681) sei das »Deduktionszentrum« für die Ängste und Hoffnungen aller Protagonisten in den *Schlafwandlern*. Da sich aber erst in den konkret beschriebenen »Wünschen« und »Befürchtungen« der Figuren die Negation der Unfreiheit und die Bejahung zukünftiger, noch ausstehender Freiheit äußert, wird Utopie zur Kernkategorie des Romans. Utopie ist das Agens der kritischen Unruhe aller Aktion in der Trilogie. Sie äußert sich dabei »nicht nur in der Weise rationalen Denkstils, ja darin vielleicht noch am seltensten«[79], sondern in Aktionen, deren Anlässe häufig nur vage empfunden werden, in Sehnsüchten, Ekstasen, in Tagträumen, scheinbar unerklärlichen Verfolgungsängsten, paranoiden Ideen, Sektierertum, schwärmerisch-prophetischen Visionen, kurz: in Ängsten und Hoffnungen. Daß utopische Intention am direktesten zugleich als »Prinzip Angst« und als »Prinzip Hoffnung« auftritt, hat Ernst Bloch herausgearbeitet. Blochs Philosophie der Hoffnung, die Broch außerordentlich hochschätzte[80], soll hier in der Folge zur Verdeutlichung herangezogen werden.

Wie Broch unterscheidet Bloch zwischen einer »negativen« und einer »positiven« Utopie[81], entsprechend auch zwischen »positiven« und »negativen Erwartungsaffekten«[82]. Die »Angst« nennt Bloch den »ersten und grundlegenden negativen Erwartungsaffekt«[83], die »Furcht« den zweiten und die »Verzweiflung« den »absolut negativen Erwartungsaffekt«[84]. Ihnen gegenüber stellt er die »positiven Erwartungsaffekte« »Hoffnung« und »Zuversicht«. Die »Zuversicht« korrespondiere der »Verzweiflung« und die »Hoffnung« der »Furcht«. »Hoffnung« versteht er als zugleich »aufziehend mit der Angst«, doch sei es ihre Funktion, die »Angst« zu »ersäufen«.[85] Dies könne die Hoffnung leisten, weil sie über das bloß »Stimmungshafte« der Angst hinaus »zu logisch-konkreter Berichtigung und Schärfung« fähig sei. »Hoffnung« bezeichnet Bloch auch als »Sehnsuchtsaffekt«.[86] Die unabdingbare Interrelation von Furcht und Sehnsucht, von Angst und Hoffnung wird von Bloch herausgestellt: »Es (gibt) keine Hoffnung ohne Angst und keine Angst ohne Hoffnung, sie erhalten sich gegenseitig noch schwebend.«[87] Ähnlich wird der Zusammenhang von Angst und Hoffnung bzw. Furcht und Sehnsucht auch von Broch gesehen. »Nichts«, so schreibt er 1933, »geschieht auf dieser Welt, das nicht der Bekämpfung der Angst diente« (6,231).[88] Die »Befreiung von der Angst« sei erst erreicht, wenn die »Sehnsucht des Menschen befriedigt« (6,234) sei.

Die Darstellung dieser Interrelation von Furcht und Sehnsucht, von Angst und Hoffnung ist eines der zentralen Themen der *Schlafwandler*. Bei Joachims erstem Ausbruchsversuch aus den Fesseln der Konvention, bei seinem erotischen Erlebnis mit Ruzena, schwankt seine Gemütsverfassung zwischen »Bangigkeit« (2,39/40) und »Sehnen« (2,38). Ein Konnex zwischen »Hoffnung« bzw. »Hoffnungslosigkeit« und »Sehnsucht«, zwischen »Hoffnung« und »Einsamkeit« wird in der »Geschichte des Heilsarmeemädchens« deutlich, wenn es dort heißt:

> Um diese Zeit ist vieles hoffnungslos und krasser:
> Wer mag auf Freude hoffen oder daß er
> Sich diesen Tag verewigt und verschönt?
> Daß er an diesem Tag, der einsam angebrochen,
> Die Freundschaft schließe, die er sich ersehnt? (2,412)

Bei Huguenaus erster Begegnung mit dem Major von Pasenow wird seine »Sehnsucht zu Furcht« und seine »Furcht wird zu Sehnsucht« (2,391). Variiert kehrt das Thema — mit weniger konkretem Sinngehalt — auf einer allgemeineren Ebene des Romans wieder. »Ahasver«, Verkörperung des »schicksalhaft unethischen« (2,685), »verlorenen Geschlechts« (2,684) der »Nullpunktsituation«, ist »im Sehnen verzehrt« (2,505) nach der positiven menschlichen Freiheit. Er kennt nur die mit Angst verbundene negative »Freiheit des Gehetzten« (2,684). »Fände er«, so heißt es im »Ahasver«-Gedicht »jene Stimme... wieder, wäre er geläutert« (2,504). »Jene Stimme« aber, das wird beim Wiederaufnehmen des »Ahasver«-Motivs im »Epilog« deutlich, ist die »Stimme« der »Hoffnung«, die »Stimme des Menschen« (2,687) im Sinne des humanen Menschenbildes von Brochs »Wir«-Ethik. Agens von Ahasvers »Sehnen« ist sein »Gehetztsein«, der Antrieb zu seiner »Hoffnung« sein »Zweifel«. In allen diesen Fällen üben in einem »Gegenzug gegen das schlecht Vorhandene«[89] Angst und Hoffnung zugleich ihre utopische Funktion aus, sind Agens des »utopischen Gewissens«, das »sich mit Schlecht-Vorhandenem nicht abspeisen«[90] läßt.

Nicht minder deutlich als in diesen Beispielen, in denen das uto-pische Grundvokabular selbst verwendet wird, wird die utopische Intention des Romans in den Szenen, wo Chiffren utopischer Erwartung verwendet werden. »Heimat« und »Ferne« oder »Heimat« und »gelobtes Land« sind solche »Sehnsuchts«-Chiffren. Bei der Beschreibung der »Nullpunktsituation« ordnet Broch dem »Nicht-mehr«, also dem Vergangenen, »Heimat« zu, während er das »Noch-nicht« mit »Ferne« benennt: »Unwiederbringlich ist die Heimat verloren, uneinbringlich liegt die Ferne vor uns« (2,611). Dem Bild der »Heimat« nachzuhängen, oder — in Brochs Geschichtsphilosophie zu sprechen — dem Weltbild des Mittelalters nachzutrauern, wäre »reaktionär«, die Aufgabe bestehe vielmehr darin, die »Ferne« auszumachen. »Heimat« ist also das Ziel einer konservativen Utopie, die ihr Idealbild aus einer vergangenen Epoche bezieht, während »Ferne« das echt-utopische Noch-Nicht-Vorhandene bezeichnet.[91] Im »Reisekapitel« und im »Kolonisten-kapitel« des »Esch« hat Broch den Unterschied, aber auch die Nähe dieser verschiedenen utopischen Richtungsorientierungen verdeut-licht und die Möglichkeiten herausgestellt, daß die vergangenheits-gerichtete in die zukunftsorientierte Utopie (bzw. umgekehrt) um-schlagen kann: »Der Reisende«, heißt es da, »der ... in weiter Ferne ... sich sehnt ... nach seiner Heimat, ist wie einer, dem das Augenlicht zu versagen beginnt und den eine leise Angst über-kommt, er könnte erblinden« (2,318/319). Schon in diesem kurzen Zitat sind alle Utopie-Motive wieder versammelt: »Angst« und »Sehnsucht«; und mit »Ferne« und »Heimat« die beiden verschie-den gerichteten Hoffnungen. Die Gefahr der Verkehrung von Fern-weh in Heimweh, von einer nach vorwärts zu einer nach rückwärts gerichteten Erwartungshaltung wird dann als möglich angenom-men, wenn sich die Zukunft völlig verbirgt, wenn man ihr wie ein Blinder gegenübersteht und allein auf das Gewesene verwiesen ist. Mit ähnlicher Metaphorik umschreibt auch Bloch die Schwierigkeit, zukünftige Positionen auszumachen: »Das Dunkel verstärkt sich, sobald ... wir uns also dem *Zukünftigen* zuwenden, das selber ... logisch neu ist.«[92]

Es ist kein Zufall, daß Broch den möglichen Umschlag von Fern-weh in Heimweh am »Reisenden« exemplifiziert, denn der »Rei-sende« steht für den Menschen, der zwar seinen alten Standort ver-läßt, der bereits »auf einer kleinen, erstmaligen Staffel der Sehn-sucht« (2,319) steht, der aber noch keinen neuen Fixpunkt gefunden hat: »Noch ist er nicht sehr überhöht« (2,319) gegenüber seinem alten Standort. »Die Reisenden«, so heißt es bezeichnenderweise, »die die Brücken hinter sich verbrennen, wissen nicht mehr, wie es um sie steht ..., sie hassen das Menschenwerk in den staatlichen und technischen Einrichtungen, allein sie wagen nicht, sich gegen das jahrtausendealte Mißverständnis aufzulehnen und die schreckliche Revolution der Erkenntnis heraufzubeschwören ... Denn niemand ist da, ... in dessen Schoß sie ihr Haupt legen können.« Sie »sind wie Menschen, die man allzufrüh aus dem Schlaf und zur Freiheit geweckt hat« (2,318). Dem Bild des »Reisenden« wird das des »Kolonisten« gegenübergestellt. »Kolonist« ist derjenige, der sich — wie der Reisende — aus den alten Verhältnissen gelöst hat und sich gleichzeitig — anders als der Reisende — zu einem neuen Standort begibt und damit seine utopische Intention konkretisiert. Während beim »Reisenden« immer die Gefahr besteht, daß sein »Fernweh« sich in »Heimweh« wandelt, wird am Beispiel des »Kolonisten« vorgeführt, wie die vergangenheitsgerichtete Sehnsucht nach der »Heimat« in die zukunftserfüllte Sehnsucht nach der »Ferne« (oder deren Äquivalent, dem »gelobten Lande«) umschlagen kann. Dazu ein Zitat aus dem »Kolonisten«-Kapitel: Es »verwandelt« sich die »Sehnsucht nach der Heimat ... in die Sehnsucht nach dem gelobten Land«. »Und wenn auch sein Herz von dunkler Bangigkeit voll ist«, fährt Broch in seiner zuweilen etwas unnötig raunenden Tonart fort, »bangend um die Nacht ruhender wartender Heimat, so sind seine Augen doch schon erfüllt von einer unsichtbaren Helligkeit«. Die »einzige Führerin« der Kolonisten sei dann »ihre unerfüllbare Sehnsucht«, und diese »Sehnsucht ist Fernweh« (2,326/327) und gilt dem »ewigen Morgen« (2,326). Um vor der Dunkelheit, in die die Zukunft sich hüllt, nicht gleichsam zum »Blinden« zu werden, muß die »Helligkeit«, d. h. die Zuversicht und die Hoffnung, im Menschen selbst liegen. Nicht die Zukunft liegt im Hellen, sondern die »Augen« des Kolonisten sind »erfüllt von einer ... unsichtbaren Helligkeit«. Der Kolonist besitzt diese Zuversicht, dem Reisenden kann sie fehlen. Wenn sie ihm fehlt, wird er sich wieder der »Heimat« zuwenden. Auch Bloch sieht es so, daß »gerade das Hoffen dieses ist, in dem sich das Dunkel lichtet«.[93] Allerdings soll man auch »Kolonisten gesehen haben ..., die mit den Händen vor dem Gesicht geschluchzt haben, als ob sie an Heimweh litten«, und zwar deshalb, weil »ihr unstillbares Fernweh so groß geworden, daß es notwendig wieder zum Gegenteil ... zurückschlagen mußte« (2,328). Immer dann also, wenn utopische Intention zum Utopismus pervertiert, wenn das »Fernweh« als grundsätzlich »unstillbares« zum Selbstzweck wird und damit seine kritische Funktion gegenüber der schlechten Gegenwart verliert, kann auch der »Kolonist«, der den Schritt in die Zukunft gewagt hat, einem reaktionären Zurücksehnen zur Vergangenheit verfallen. Ansonsten aber sind die »Kolonisten« voller positiver Zukunftserwartung und zu vergleichen mit »Moses, da er das gelobte Land schaute« (2,327).

Da wir Brochs Utopie-Vorstellungen öfters vergleichen mit Blochs Philosophie der Hoffnung, muß an dieser Stelle auf den unterschiedlichen Gebrauch des Begriffs »Heimat« bei Broch und Bloch aufmerksam gemacht werden. Während für Bloch die »Welt als Heimat« Synonym für die Vollendung des Menschen innerhalb der Geschichte ist und das utopische Intentum seiner Hoffnungs-philosophie überhaupt meint, nämlich die Aufhebung jeglicher Selbstentfremdung im Marx'schen[94] Sinne, ist der Heimat-Begriff bei Broch wesentlich negativer akzentuiert. Zwar besitzt er auch bei ihm eine gewisse utopische Qualität, aber es handelt sich dabei um eine Zielvorstellung, die sich an Idealbildern der Vergangenheit (etwa dem Mittelalter) orientiert und damit letztlich – im Sinne Brochs – dem Verdikt reaktionärer Philosophie verfällt. Echte utopische Qualität kommt wegen ihrer Zukunftsorientierung dem-gegenüber Vorstellungen von der »Ferne« oder dem »gelobten Land« zu. Die »Sehnsucht nach der Heimat« im Sinne Brochs er-weist sich als Verliebtheit in das Vergangene und damit als »Ro-mantik«, »Sehnsucht nach der Ferne« dagegen als »Mut«, neues und ungesichertes Terrain zu betreten, die »Konturen« des »Noch-nicht« der zukünftigen Welt herauszuarbeiten.

d) »Schlafwandeln« als Utopie-Metapher:
Parallelen: Hermann Broch und Ernst Bloch

In den Szenen des Romans, wo von »Angst« und »Hoffnung«, von »Furcht« und »Sehnsucht«, »Heimat« und »Ferne« die Rede ist, kommt auch die »Schlafwandel«-Metapher ins Spiel. Ihren Stel-lenwert[95] innerhalb dieser Utopie-Begriffe gilt es auszumachen. Mit dem Attribut »schlafwandelnd« (2,39) wird zuerst das von »Ban-gigkeit« und »Sehnen« erfüllte Paar Joachim und Ruzena vor ihrer Liebesbegegnung charakterisiert. Der Weg zu ihrer erotischen Ver-einigung wird beschrieben als ein Weg in die Dunkelheit.[96] Die Requisiten ihres Liebesnestes werden als »dunkel« beschrieben: »dunkel« sind »Treppe« und »Vorraum«, das Ganze geht »im Dunkel« vor sich; »dunkel« sind schließlich auch Ruzenas »Stim-me« und »Achselhöhle«. Kein Zweifel, daß mit dieser Art von so beschriebenem »Schlafwandeln« nicht die Antizipation oder das Sich-Nähern eines künftigen positiven utopischen Zustandes charak-terisiert wird. Ähnlich wie der »Reisende« löst sich Joachim zwar vorübergehend aus beklemmend-engen, seine Freiheit einschränken-den Verhältnissen (der militärischen Konvention), aber das »An-dere«, in das er sich begibt, ist kein qualitativ Besseres, sondern der zufällige Ort einer orientierungslosen »Flucht«. Das sieht er selbst

ein, wenn er — entsprechend seiner Ideologie falsch verallgemei-
nernd — behauptet: »Liebe heißt, von seiner Welt in die des anderen flüchten . . .« (2,51). Pasenows Intentionen sind durchgehend
konservativ, ihr Ziel ist »Heimat«. Er fühlt sich »heimatlos« und
will durch seine Beziehungen zu Frauen »Heimat« zurückgewinnen.
Was ihn zur Ehe mit Elisabeth treibt, ist die Hoffnung, sich bei ihr
wieder »heimatlich« (2,32) fühlen zu können. Daß auch die Zuneigung zu Elisabeth der Angst vor der »Heimatlosigkeit« entspringt, daß sie resultiert aus dem Willen zur »Flucht« in die »Geborgenheit« (2,32), d. h. in nicht selbsterworbene, sondern vorgegebene, bestehende Sicherheit, wird deutlich, wenn Joachim das
Haus der Baddensen zum »wahren Refugium« (2,33) erklärt.

Nach dieser Beschreibung von Joachims »Schlafwandeln« könnte
man vorläufig allgemein festhalten: »Schlafwandeln« steht für ein
Sich-Lösen aus schlecht Gegebenem, doch geht die Fortbewegung in
eine Richtung, in der die intendierte Erweiterung der Freiheit nicht
gefunden werden kann. Mit ihm wird nicht das vorläufige Dunkel
zur noch verborgenen Helligkeit der Zukunft durchschritten, sondern sich begeben in die vorläufige und »falsche Helligkeit« (2,64)
des verborgenen Dunkels der Vergangenheit. Es ist zu untersuchen,
ob diese Art des »Schlafwandelns«, wie sie bei Joachim auftritt,
lediglich »a notable exception to the illuminated sleepwalk« der
anderen Romanfiguren ist, wie es ein Kritiker[97] behauptet.

Die »Sehnsucht« nach der »Frau« wird in den *Schlafwandlern*
durchgehend mit der »Sehnsucht« nach der »Heimat« gleichgesetzt:
Von einem »Mann«, bzw. dem »Reisenden«, der »in weiter Ferne
nach seiner Frau sich sehnt . . . oder auch . . . nach der [seiner] Heimat« (2,314/318), ist gleich an zwei kurz aufeinander folgenden
Stellen die Rede. Und sowohl von diesem »Mann« als auch von dem
»Reisenden« heißt es, daß er »am Beginn des Schlafwandelns«
(2,314/319) stehe. Die Gleichartigkeit dieses »Schlafwandelns« mit
dem Joachims ist nicht zu übersehen. Wie Joachim sehnen sich der
»Mann« (mit dem offensichtlich August Esch gemeint ist) und auch
der »Reisende« ganz allgemein nach der »Frau« bzw. der »Heimat«
und werden aufgrund dieser so orientierten Sehnsüchte als »Schlafwandler« bezeichnet. Die These, daß »Schlafwandeln« nichts weiter
als ein konservatives Zurücksehnen in eine als heil vorgestellte Vergangenheit bedeutet, scheint sich zu bestätigen. Sie wird noch er-
härtet durch zwei weitere Textstellen. In der ersten ist wieder von
der »Sehnsucht« besagten »Mannes« die Rede: Im »Schlafwandeln«
dieses Mannes »vergehe« die »Welt«, »zerfalle« in dem »Erinnern
an die Nacht des Weibes« und sei »schließlich nur mehr ein schmerz-
licher Hauch des Einstigen« (2,328). Was auffällt, ist die Metaphorik der Dekadenz: Die »Sehnsucht« des »Schlafwandlers« ist

auf das »Einstige« gerichtet; die gegenwärtige Welt »vergeht« und »zerfällt« ihm im »Erinnern« an dieses »Einstige«. In der zweiten Textstelle wird der »Weg« des »Schlafwandlers« ganz in diesem Sinne als »schmal und abseitig« decouvriert, als ein »Weg..., der in die geöffneten Arme der Heimat führt...« (2,364). Wenn schließlich das »Schlafwandeln« auch mit Huguenau in Verbindung gebracht wird und der Erzähler die »schlafwandlerische Sicherheit« konstatiert, mit der er sich aus der »Gefahrenzone fortbewegte« (2,374), dann scheint sich unsere bisherige Deutung des »Schlafwandler«-Begriffs vollends zu bestätigen. Sicher ist jedenfalls, daß Joachims »Schlafwandeln« keine Ausnahme, sondern das Beispiel einer allgemeinen Geistesverfassung verschiedener Protagonisten der Trilogie ist.

Indes, gegen Ende des Romans taucht der »Schlafwandler«-Begriff als Träger einer anderen Bedeutung auf — zunächst im Kontext der Geschichte vom »Kind« Marguerite, dann bei der Selbstcharakterisierung des Ich-Erzählers Bertrand. Vom »Kind« heißt es, daß ihm »mit einem Male klar« werde, »daß es kein Ziel gibt«, sondern »höchstens das Unendliche selber Ziel sein kann«, woraufhin es sich »in die Fremdheit... stürzt«. Mit dieser Einsicht sei »das Schlafwandeln der Unendlichkeit... über sie [Marguerite] gekommen« (2,629/630). Das »Kind« — für Broch zweifellos ein »Kind seiner Zeit« — ist völlig orientierungslos geworden, es kennt überhaupt kein Ziel mehr, weder ein in die Vergangenheit noch ein in die Zukunft weisendes. Es akzeptiert den Zustand der Entfremdung als endgültigen und seine Sehnsucht, die ihm qua Menschsein zu eigen ist, gilt einer abstrakten, gar nicht auszumachenden und damit in Hinsicht auf Veränderung wirkungslosen »Unendlichkeit«. Was hat aber ein »Schlafwandeln« in diesem Sinne noch gemein mit dem wie oben beschriebenen? Das wird deutlich bei der Interpretation einer Textstelle, in der »Schlafwandeln« noch eine weitere Bedeutung erhält. Bertrand, der Erzähler des Romans, bezeichnet nicht nur seine Romanfiguren, sondern auch sich selbst als »Schlafwandler«. Aber sein Schlafwandeln unterscheidet sich doch erheblich von dem der Protagonisten des Romans. Er erlebt an sich »eine Art Schwebezustand zwischen Nochnicht-Wissen und Schon-Wissen«, und diesen Zustand bezeichnet er als »ein Schlafwandeln, das ins Helle führte, Angst, die sich aufhob und sich doch wieder aus sich selbst erneuerte« (2,609). Im Gegensatz zum Schlafwandeln Joachims, Eschs und Huguenaus ist Bertrands Schlafwandeln nicht vergangenheits-, sondern zukunftsgerichtet, und anders als das Marguerites nicht ziellos, sondern nähert sich im »Schon-Wissen« einem Ziel. Diese Zukunftsorientierung basiert auf Hoffnung, und diese ist in der Lage, »Angst«, die sich aus dem Fortbewegen vom Jetztzustand ergibt, »aufzuheben«. Da der Zielzustand nicht erreicht ist, sondern nur angestrebt wird, bleibt der gegenwärtige »Schwebezustand« mit Angst behaftet. Sie »erneuert« sich »aus sich selbst«, wird aber auch permanent wieder von der Hoffnung überwunden. Was das Ziel ist, das der Ich-Erzähler anstrebt, wird von ihm selbst in aller Klarheit im »Epilog« des »Zerfalls der Werte« dargelegt: Es bietet sich ihm in den »Konturen« einer neuen »Ethik« und eines neuen Welt- und Menschenbildes, das an die Stelle eines sich endgültig auflösenden mittelalterlich-katholischen Wertorganons tritt.

Es stellt sich die Frage, was das allen »Schlafwandlern« Gemeinsame ist. Im Grunde nur das »Wandeln«, das Sich-Fortbewegen vom schlechten Jetztzustand. Aber das ist auch die entscheidende Aktion beim Versuch, ein Neues, Anderes, Besseres ausfindig zu machen. Die Richtung allerdings, in die die »Wandler« sich dann begeben, sind gegensätzlich und werden vom Ich-Erzähler verschieden gewertet. Reaktionäre und Romantiker wie Joachim haben nur ein erklärtes Ziel: Geborgenheit im Gestern der »Heimat«. Auch die Schwärmer, Sektierer, Apokalyptiker und Anarchisten wie Esch sind vorwiegend vergangenheitsorientiert, sind wie die »Reisenden« »Heimat«-fixiert. Aber wenn auch nicht in ihren Taten, so sind sie doch in ihren Träumen »Kolonisten«, die sich nach dem zukünftigen Ganz-Anderen, dem Noch-nicht-Gewesenen sehnen. Die Profiteure und Halsabschneider, die »Sachlichen« wie Huguenau sind ganz der Gegenwart verfallen. Ihr Fortbewegen vom schlecht Gegebenen ist bestimmt durch eine »kurzatmige Logik« (2,401), ist durch keinerlei über den Zustand des Jetzt hinausgehende Utopie bestimmt, ist immer nur punktuelle Veränderung im Gegenwärtigen, ein hoffnungs- und angstloses carpe diem. Das »Kind« Marguerite, das sich zu Huguenau hingezogen fühlt, repräsentiert ebenfalls diesen Typus. Über sie heißt es denn auch: »Es gibt nichts Hoffnungsloseres als ein Kind« (2,572). Erst auf der »erkenntnistheoretischen Ebene« des Romans, der »Ebene des Kommentars«, führt das »Schlafwandeln« ins »Helle«, setzt in der Zukunft sein Ziel und beschreibt es. Erst auf dieser Ebene gelangt es zu seiner vollen utopischen Entfaltung. Was sich im Schlafwandeln der übrigen Romanfiguren nur vage-empfindungsmäßig in den verworrensten Träumen und Sehnsüchten ausdrückte, wird hier auf den Begriff einer echt utopischen Zielvorstellung gebracht. »Schlafwandlerisch«, schreibt Broch in einem Kommentar zur Trilogie, »wirkt im Traumhaften die Sehnsucht nach ... erkenntnismäßiger ... Erweckung aus dem Schlaf« (8,17). Damit aber wird deutlich, daß im »Schlafwandeln« selbst immanent teleologisch von Anfang an das Erkenntnisziel — wie es schließlich vom Ich-Erzähler formuliert wird — enthalten ist. Der Theorie nach ist »Schlafwandeln« ganz grundsätzlich dieses echt utopische Intentum zu eigen, auch wenn dieser utopische Gehalt im praktischen Vorkommen des »Schlafwandelns« häufig bis zur Unkenntlichkeit entstellt oder gar pervertiert wird. Seine reinste Erfüllung findet der »Schlafwandler«-Zustand also dort, wo sein eigentliches Telos, die von Hoffnung getragene, zukunftshaltige Utopie versucht wird zu verwirklichen. Alle anderen Schlafwandler-Zustände, wie sie oben beschrieben wurden, bezeichnen nur Abirrungen von oder halbe Wege zu diesem eigentlichen Zustand. Potentiell aber liegt in allen diesen pervertierten oder unentwickelten Schlafwandler-Zuständen die Möglichkeit zur vollen Entfaltung im Sinne des in ihnen angelegten Telos. Aufgrund dieser Möglichkeit sind diese scheinbar so gegensätzlichen Haltungen und Zustände mit dem gemeinsamen Attribut »schlafwandlerisch« belegt.

Was für eine Beziehung besteht zwischen dem »Schlafwandeln« und dem übergreifenden geschichtlichen Geschehen? Der eigentliche »Schlafwandler«-Zustand wird vom Ich-Erzähler erlebt als »Schwebezustand zwischen Nochnicht-Wissen und Schon-Wissen«. Damit wird deutlich, daß sich im »Schlafwandeln« der Protagonisten individuell der Geisteszustand ausdrückt, der allgemein charakteristisch für die Epoche ist, in der sie leben. Denn die Situation seiner Epoche wird vom Ich-Erzähler als die »zwischen dem Noch-nicht und dem Nicht-mehr« (2,678) charakterisiert. Gerade diese Epochensituation sei reif für utopische Entwürfe. Broch spricht die »Ahnung« aus, daß der »Ausgangspunkt zu einem neuen geistigen Zusammenschluß« gerade in dem geschichtlichen »Zwischenstadium des Nicht-mehr und des Noch-nicht« liege, in einem Stadium also, »in dem die Verwirrung des Untergangs sich mischt mit der Verwirrung des Suchens« (6,313). Auch die übrigen — unvollkommenen — Schlafwandlerzustände bilden die individuell-geistigen Korrelate zur Epochensituation. Der konservative Leutnant Pasenow »wandelt« auf den Wegen der »Romantik« (im Brochschen Sinne), die Geistesverfassung des Schwärmers Esch bietet das »anarchische« Bild einer Kollision von ideologischen mit echt utopischen Tendenzen seiner Zeit, und in Huguenaus Profiteuren-Intellekt sind »sachlich« die utopischen Wünsche und Ängste seiner Generation zurechtgestutzt auf das zukunftslose Bild eines besseren Jetzt. Warum wählte Broch zur Kennzeichnung dieser Geistesverfassung den Begriff »Schlafwandeln«, einen Begriff also, mit dem Bewußt-loses assoziiert wird? Er verwandte ihn deshalb, weil sich die von ihm beschriebenen Romanfiguren in einem geistigen Raum bewegen, der von den Polen des »Nicht-Wissens« bis zum »Schon-Wissen«, von der ideologischen »Verwirrung« bis zur utopischen »Ahnung«

reicht, in dem aber nie klares und definitives Wissen artikuliert wird, sondern sich bestenfalls die »Konturen« der zukünftigen Entwicklung abzeichnen.

Zusammenfassend läßt sich definieren: Als seinsmäßig Vorhandenes ist »Schlafwandeln« ein Zustand, in dem — bewußt oder unbewußt — gegen schlecht Gegenwärtiges protestiert wird, sich von diesem fortbewegt wird auf ein Ziel hin, in dem sich subjektiv das Bessere abzeichnet. In diesem Sich-Absetzen vom Gegebenen liegt der utopische Keim des »Schlafwandelns«, das grundsätzlich positiv Aktive. Die Richtung, in die in der Folge »gewandelt« wird, kann jedoch die aufkeimende utopische Intention verändern in eine ideologische, sei es durch Orientierung an vergangen Überholtem oder durch Fixierung auf bloße Gegenwart. Im Durchhalten des utopischen Anfangs jedoch, im steten Versuch, die Dunkelheit der Zukunft zu lichten, gelangt das »Schlafwandeln« zur Erreichung seines utopischen Telos, dem Ausmachen der »Konturen« der zukünftigen historischen Entwicklung. In der Trilogie ist »Schlafwandler« in diesem eigentlichen und positiven Sinne nur der Ich-Erzähler Bertrand, also der Vertreter der »erkenntnistheoretischen Ebene« des Romans.

Um die utopische Qualität des ‚Schlafwandel‘-Begriffs noch deutlicher herauszuarbeiten, sei wiederum eine Parallele zwischen Brochschen und Blochschen Utopiebegriffen gezogen. ‚Schlafwandeln‘, auch in seinen nur rudimentären Formen, haftet immer zugleich ein bewußtseinsmäßig Dunkles an (da Zukünftiges noch nicht klar bestimmbar ist« als auch eine bewußtseinsmäßige Aufhellung[98] (da zukünftige Entwicklungen umrißhaft deutlich werden). Insofern ist ‚Schlafwandeln‘ genau die Doppelqualität zu eigen, die Bloch dem »Dunkel des gelebten Augenblicks«[99] zuschreibt. Bei beiden, bei Broch und bei Bloch, ist das utopische Ziel dem ‚Schlafwandeln‘ respektive dem »Dunkel des gelebten Augenblicks« inhärent. Diese Anwesenheit des Utopischen, das Wissen um das Gewünschte, läßt bei beiden den Menschen verlangen nach einer Wirklichkeit, die seinem wahren Sein entspricht. »Das Dunkel des gelebten Augenblicks«, schreibt Bloch, »zeigt genau dieses Sich-Nicht-Haben des *Verwirklichenden* an. Und es ist eben dieses noch Unerlangte im Verwirklichenden, welches primär auch das Jetzt und Da eines Verwirklichenden überschattet.«[100] Um diese Ambivalenz des »Dunkel des gelebten Augenblicks« zu beschreiben, bedient sich auch Bloch einerseits der »Schlaf«-Metapher, um das Nichtwissen zu charakterisieren und andererseits des »Noch-Nicht«-Terminus, um die Zukunftshaltigkeit zu verdeutlichen: »Wer aber treibt in uns an? Einer, der sich selbst nicht innehat, noch nicht hervorkommt. Mehr ist auch jetzt nicht zu sagen, dieses Innen schläft ... Im Fluß der

Dinge ... gibt es ein Noch und Noch-Nicht ..., das heißt, aus nie so Gewesenem bestehende Zukunft.«[101] Broch hat die Zukunfts-haltigkeit des schlafwandlerisch erlebten Augenblicks vor allem im »Reisekapitel« des *Esch* verdeutlicht, wenn er ausführt: »In dem dahinbrausenden Zug ist alles Zukunft, weil jeder Augenblick einem anderen Orte schon angehört« (2,317). Zukunft liegt also beim ‚Schlafwandeln' und im »Dunkel des gelebten Augenblicks« nicht verschwommen im nebelhaften Vor-uns, sondern, wenn auch ver-borgen, im Jetzt. Zwar ist der Augenblick noch dunkel, es fehlt an völliger Klarsicht, aber in der erhofften Zukunft wird das Dunkel sich lichten. Die Dunkelheit, der Schlaf, verbirgt keinen Abgrund, kein Nichts im Sinne eines »Überhaupt-Nichts«, sondern läßt Neues, bisher Verborgenes, entstehen.

Da im ‚Schlafwandeln' und im »Dunkel des gelebten Augen-blicks« das Dunkel des Jetzt sich mischt mit der Helligkeit der Zu-kunft, stehen für Broch und Bloch Tagträume im Mittelpunkt ihres dichterischen bzw. philosophischen Interesses. Ein Kritiker[102] be-merkt treffend, daß die Vorausahnungen der Helden in den *Schlaf-wandlern* »occur primarily in the form of halfconscious promptings and day-dreams«, wofür das Kapitel »Der Schlaflose« im Esch (2,334-340) nur eines der vielen Beispiele ist. Esch, der »Traum-hafte«, »Halbwache« (2,269) erlebt im Tagtraum seine Begegnung mit Eduard von Bertrand (2,319-326), die überschrieben ist mit dem Motto »Zwischen geträumtem Wunsch und ahnendem Traum schwebt alles Wissen ... vom Reich der Erlösung« (2,319). Bei Esch nimmt die in Tagträumen sich artikulierende Utopie die Form der Sehnsucht nach »Erlösung« an. Wenn diese Sehnsucht auch – so etwa bei Esch – in concreto ideologische Formen annehmen kann, so wertet Broch – wie übrigens auch Bloch – diese Sehnsucht doch grundsätzlich als positiv utopisch. Er führt an, »daß in jedem Traum ein Lichtstrahl höherer Angstbefreiung fällt, daß über jeden Traum ein durchsichtiges Netz der Erlösung gebreitet ist, ein Licht, aufleuchtend aus der Abgeschiedenheit des Schlafes« (6,234). Die grundsätzlich positiv utopische Qualität des Tagtraums wird auch von Bloch herausgestellt: »Der Träger der Tagträume ist erfüllt von dem bewußten, bewußt bleibenden, wenn auch verschie-dengradigen Willen zum besseren Leben, und der Held der Tag-träume ist immer ... das Leitbild dessen .., was ein Mensch uto-pisch sein und werden möchte ...«[103] Wie Broch die unterschiedli-chen ideologischen Verformungen dieses grundsätzlich positiv-uto-pischen Ansatzes in den Tagträumen an verschiedenen Romanfigu-ren exemplifiziert (Esch, Lohberg, Heilsarmee-Marie), so bezieht auch Bloch die Möglichkeit der Verkehrung des Positiv-Utopischen in Ideologie in seine Reflexionen ein: »Tagträume ... kommen allemal von einem Mangel her und wollen es abstellen, sie sind allesamt Träume von einem besseren Leben. Kein Zweifel, unter ihnen gibt es ... Fluchtträume, mit lauter Ersatz ... wie das am stärksten aus den Vertröstungen aufs bessere Jenseits erhellt.«[104] Zusammenfassend betont Bloch auch beim Tagtraum die zukunftsgerichtete »Noch-Nicht«-Komponente: »Jeder solide Tagtraum ... ist die noch ungefundene, die erfahrene Noch-Nicht-Erfahrung in jeder bisher gewordenen Erfahrung.«[105] Das »Noch-Nicht-Bewußte« setzt Bloch gleich mit der »Dämmerung nach Vorwärts«[106] und bedient sich damit einer Metapher, die der des ‚Schlafwandelns‘ auch sprachlich nahe verwandt ist. Auf dieses Erfassen, auf das Begrifflichmachen des »Noch-Nicht-Gewußten«, der »Noch-Nicht-Erfahrung« der »Dämmerung nach Vorwärts« kommt es sowohl Broch wie Bloch letztlich an. Im »Epilog« der *Schlafwandler* wird deutlich, daß der gesamte Roman geschrieben wurde, um die »Konturen« des »Noch-Nicht« deutlich zu machen. Und Bloch umschreibt im »Vorwort« zum *Prinzip Hoffnung* das Konzept seiner Philosophie als Bewußtmachung des Noch-Nicht-Bewußten: »Das Noch-Nicht-Bewußte, Noch-Nicht-Gewordene, obwohl es den Sinn aller Menschen und den Horizont alles Seins erfüllt, ist nicht einmal als Wort, geschweige als Begriff durchgedrungen. Dies blühende Fragengebiet liegt in der bisherigen Philosophie fast sprachlos da.«[107] Genau auf diese gemeinsame Intention spielte Ernst Bloch an, als er im amerikanischen Exil einmal an Hermann Broch schrieb: »Jeder von uns [beiden ist] um das bemüht, was für sich spricht, indem es schweigt.«[108]

‚Schlafwandeln‘ und ‚Dämmern nach Vorwärts‘ sind also Metaphern eines Utopischen, das grundsätzlich positiv ansetzt, das sich allerdings im Verlauf seines Wirklichwerdens ins Ideologische wandeln kann. Die beiden Metaphern kennzeichnen somit eine ausgesprochene Ambivalenz privater Wunschhaltungen und Erwartungen, weil die Erfüllung des in ihnen angelegten positiv-utopischen Telos nie gesichert ist. Diese Ambivalenz[109] der Hoffnungen auf der individualpsychologischen Ebene hat bei beiden Denkern ihr Pendant auf der alle privaten und einzelnen Tendenzen in sich begreifenden Ebene der Geschichtstheorie. Ganz seiner Romantheorie entsprechend, nach der er die negativ- und positiv-utopischen Tendenzen seiner Zeit gestalten will, schließt Brochs »Epilog« in den *Schlafwandlern* mit einem negativ- und positiv-utopischen, geschichtstheoretischen Ausblicks. Zwar wird die »Hoffnung« ausgedrückt, daß sich — wie Hermann Hesse es in seiner *Schlafwandler*-Besprechung ausdrückte — die vorhandenen »Keime zu ... einer neuen Menschlichkeit«[110] entfalten werden, aber es wird auch die Möglichkeit einer chaotischen Entwicklung und Dehumanisierung gesehen. Nun besteht allerdings die Ambivalenz dieser Zukunftsperspektive nicht darin, daß beide Entwicklungsmöglichkeiten sozusagen neutral in ein geschichtstheoretisches Kalkül einbezogen würden, vielmehr ist die negativ-utopische Sicht das ständige Agens zur Arbeit an der Durchsetzung der positiv-utopischen Sicht. Hier sei nochmals daran erinnert, daß nach Broch »Dichtung zur ethischen Warnung geschrieben« wird.

Derart ambivalent ist auch Ernst Blochs geschichtstheoretische Zukunftsperspektive. Im »Nicht« des »Noch-Nicht« liegt auch für ihn ungeschieden einmal die Möglichkeit zu einer besseren Welt, aber auch die der völligen Katastrophe. Sein »Prinzip Hoffnung« setzt die »Zuversicht ins Gelingen«, ist nötig, um der Katastrophe zu entgehen, gewährt aber keine letzte Gewißheit. Agens der »Hoffnung« ist auch für ihn die »Angst« vor der Katastrophe.[111]

Nachdem bisher die utopischen Implikationen der zentralen Metapher des ‚Schlafwandelns‘ vornehmlich im Konnex mit der im »Zerfall der Werte« dargelegten Wert- und Geschichtstheorie untersucht wurden, gilt es jetzt, die konkreten negativen und positiven utopischen Vorstellungen der Romanfiguren im Konflikt mit der vorgegebenen gesellschaftlichen Realität zu analysieren.

4. ‚Pasenow‘: eine Bestandsaufnahme romantischer Ideologien

a) Eduard von Bertrand: Kommerz und Gefühlskitsch

Nach Kenntnis der *Cantos 1913* ist es einsichtig, daß Broch die Jahreszahl 1888, die er in den ‚Pasenow‘-Titel einfügte, absichtsvoll mit der Ideologie des Wilhelminismus in Verbindung brachte. 1888 begann mit der Thronbesteigung des neunundzwanzigjährigen Wilhelm II. ein Kapitel hektischer und romantisch-verbrämter deutscher Politik. Eine Kritik an der Person und am Regierungsstil des Kaisers selbst lieferte Broch bereits bei Ausbruch des Ersten Weltkrieges, ein kritisches Porträt typischer Vertreter des Wilhelminismus aus Geschäftswelt und Offiziersadel stellt er im *Pasenow* vor. Broch kennt grundsätzlich zwei »Romantik«-Definitionen. Zur ersten führt er aus: »Die Aufrechterhaltung einer überwundenen Ideologie ist ‚romantisch‘, sie ist nicht zeitgerecht.«[112] »Romantiker« in diesem Sinne, das wurde bereits ausgeführt, fliehen[113] vor der Gegenwart in Wunschvorstellungen, die sich an Idealbildern vergangener Epochen entzünden. Ihre Wünsche und Ziele sind als ideologisch und nicht als utopisch zu bezeichnen, denn es fehlt ihnen an Zukunftsorientierung. »Romantiker« im zweiten Sinne ist der »Pathetiker«. Dessen Kennzeichen sei ein »Pathos«, mit dem er seine »Wirklichkeit zum Absoluten emporschrauben« will. »In der Endlichkeit der empirischen Gegebenheit vorgefunden« werde dabei ein »subjektiver Wert« in seiner »Relativität zur Absolutheit«, in seiner »Endlichkeit zum Unendlichen« zu steigern versucht. Gerade weil das »Pathos« stets nur »subjektive Wertverleihung« sei, sei es »wie jede beweislose Behauptung im tiefsten Sinne unmoralisch«. Durch »induktive Verallgemeinerung der handgreiflichen Beispiele, wie sie ihm der empirische Mensch« biete, glaube dieser »Romantiker« im Pathos »zum Ethos zu gelangen«. Das Verdikt über die Verabsolutierung des Wirklichen und Endlichen wird hier wieder vom Kantianer Broch ausgesprochen, der in der Praxis der Lebenswirklichkeit — gleichgültig ob im privaten oder im gesellschaftlichen Bereich — nur allgemeine ethische Prinzipien, nicht aber je private Gefühle oder Meinungen als absolut gelten läßt. Nirgendwo hat Broch sich so expressis verbis zur formalen Kantschen Ethik bekannt und sich gegen jede Art ‚romantischer Pathetisierung‘ von subjektiven, »weltanschaulichen« Moralen ausgesprochen, wie in der hier zitierten zweiten Version des »Pamphlets gegen die Hochschätzung des Menschen«[114], die zur Zeit der Niederschrift der *Schlafwandler* entstand. Die Kenntnis dieser Kantischen Unterscheidung Brochs zwischen subjektiv-weltanschaulicher Moral und prinzipiell-formaler Ethik ist die Voraussetzung für das Verständnis der »ethischen Konstruktion in den *Schlafwandlern*«.[115] Die Handlungen der Romanpersonen werden danach positiv oder negativ beurteilt, ob sie sich aus autonomen oder heteronomen Grundsätzen ableiten.

Die zentrale Figur im *Pasenow* ist der Geschäftsmann Eduard von Bertrand. Nach der ursprünglichen Konzeption der Trilogie sollte er »als der eigentliche Held des gesamten Romans zu gelten haben«.[116] In der bisherigen Sekundärliteratur wurde Eduard meistens als Nicht-Romantiker, als Rationalist und damit gleichzeitig als Gegenfigur zum Romantiker Joachim verstanden.[117] Den Vertretern dieser These hätte aber schon ein eigener Kommentar Brochs zur Figur Eduard zu denken geben müssen.

Sein [Eduards] äußeres Leben ist ... das des modernen Menschen, Finanzmann großen Stils. Er weiß, worauf es ankommt und will radikale Lösungen. Doch in seine Zeit gebunden, kommt auch er von ihren traditionsgemäßen Wertfiktionen nicht fort und bleibt ... im Materialismus befangen. Die Radikalisierung der erotischen Fiktion ... muß scheitern ... ebenso wie es scheitern muß, wenn er den Zug ins Unendliche durch Reisen materialisieren will. Was übrig bleibt, ist die nicht minder zeitgebundene Resignation eines Ästheten und der Mut zur Konsequenz des Selbstmordes. Er symbolisiert also in seinem Schicksal ... das Fiasko der alten Werthaltungen ... [118]

Eduard ist in vieler Hinsicht ein typisches Kind des Wilhelminismus: Einerseits ist er der kühl-berechnende und materialistische Geschäftsmann der Gründerzeit, der im expandierenden Handel wesentlich bessere Karrierechancen erblickt als in der Offizierslaufbahn oder in der Verwaltung von Landgütern, andererseits ist er infiziert von verschwommen-romantischen Ideen, die sich bei ihm in Reisewut und pervertierte Liebessehnsüchte umsetzen. Daß Eduard Materialist und Geschäftemacher ist, geht nicht nur aus Brochs Kommentar, sondern eindeutig aus dem Roman selbst hervor. Schon ganz zu Anfang der Trilogie heißt es über seine Freude an den Geschäftserfolgen aus der objektiven Perspektive des Romanerzählers (und nicht etwa aus der je verzerrenden Sicht anderer Protagonisten des Romans):

... im Grunde wußte er [Eduard], daß seine gute Laune doch bloß von den Erfolgen herrührte, die er nun schon seit Jahren bei allen seinen Aktionen hatte und daß er andererseits diese gute Laune brauchte, um Erfolg zu haben ... jene messingene Tafel am Steinweg in Hamburg ‚Eduard v. Bertrand, Baumwollimporte'. Und daß nunmehr eine ebensolche Tafel in der Rolandstraße in Bremen und beim Cotton Exchange in Liverpool zu sehen war, machte ihn geradezu stolz. (2,26).

Tautologisches Gefühlsleben: Aktion um der guten Laune willen und die gute Laune als Voraussetzung für die Aktion — das ist die ganze Sinngebung von Eduards Leben als Geschäftsmann. Ersatz für den »Sinn« dieses Lebens, für die »Tiefe« des ansonsten im Business verbrauchten Gefühls wird gesucht im ästhetischen Genuß der »Schönheit« ferner Länder und in eingebildeten Absolutheitserfahrungen beim Verzicht auf reale Liebesbegegnungen. Eduard ist Geschäftsmann und Ästhet in einem und unterscheidet sich insofern von Ästheten, wie sie etwa vom frühen Thomas Mann geschildert werden.[119] Während bei Mann — etwa im »Tristan« oder »Tonio Kröger« — Geschäftswelt und Ästhetentum kontradiktorisch geschildert werden, verbinden sich diese beiden Lebensbereiche in der Person Eduard zu einer psychologisch durchaus plausiblen Synthese.

Zur Rechtfertigung und Verbrämung dieser sinnentleerten kaufmännischen Aktionen hat Eduard sich eine Ideologie, eine — nach Brochs Worten — »Weltanschauung« zurechtgelegt, die genauso hohl ist wie sein ganzer Charakter: »Die einzige Realität des Lebens« sei »ja das Spiel doch« (2,58). Mit derlei leeren Phrasen, seinem »ironischen Zug um den Mund« (2,27) und der für ihn typischen Gestik der »leichten« (2,21) bzw. »verächtlichen Handbewegung« (2,155) verunsichert[120] er den konservativen Pasenow, dem dieser flotte Nihilismus der Gründerzeitler »mephistophelisch« (2,71) vorkommt. Eduard ist »Spieler«. Geschäftserfolge geben ihm die Befriedigung des gewonnenen Spiels, und politisch spielt er sich auf die jeweils gewinnversprechende Seite. Man verfolge Eduards Argumente in seiner Diskussion mit Joachim über die Kolonialpolitik und vergegenwärtige sich, daß Deutschland 1884 die ersten Kolonien erworben hatte (Südwestafrika, Kamerun, Togo), daß ein Jahr später die Erwerbung Deutsch-Ostafrikas folgte und daß als Reaktion auf diese expansive deutsche Kolonialpolitik der englische Premierminister Salisbury 1888 den Grundsatz des Zweiflottenstandards verkündete: Die britischen Seestreitkräfte sollten stärker sein als die beiden nächstfolgenden größten Flotten der Welt zusammengenommen. Angesichts dieser Sachlage äußert sich Eduard kritisch zur deutschen Kolonialpolitik: »Nun ja, was soll dabei herausschauen? Ein bißchen Kriegsspaß und Kriegsruhm für die unmittelbar Beteiligten ... Was soll sonst wirklich dabei heraussehen, außer Romantik? ... ich (lege) überflüssige Kapitalien immer noch lieber in englischen Kolonialpapieren an als in deutschen« (2,28). Die deutsche Kolonialpolitik wird in ihrem Irrationalismus von Eduard durchschaut, seine Äußerungen haben den Anschein der Progressivität, da ihm Nationalismus oder Chauvinismus offensichtlich fremd sind. Aber was sich als Weltoffenheit geriert, entpuppt sich wiederum als die Ideologie des Gewinnspielers: Nationale Gesinnung wird dann verleugnet, wenn sie den Einsatz gefährdet, sie wird flugs hervorgeholt, wenn sie die Gewinnchancen sichert. 1888 will der »Weltbürger« Eduard beim potentiellen Kriegsgegner investieren, 1903 flattert zur Stabilisierung seiner Kurse von seinem »prächtigen Schloß« die »Fahne schwarz-weiß-rot« (2,298).

Eduards charakterliche Hohlheit[121], Standpunktlosigkeit und seine Phrasendrescherei werden von ihm selbst ideologisch vertuscht und mystifizierend aufgeputzt. Auch dieser Zug an ihm ist typisch für jene eigenartige Mischung aus zynischer Geschäftemacherei und je privat zurechtgelegtem »mißverstandenem Nietzscheanismus« (2,399)[122], wie sie für den Wilhelminismus[123] bezeichnend war. Besonders deutlich wird das bei seinem Theoretisieren über sein Reisefieber und über die Liebe, ein Gefühl, das er realiter gar nicht erlebt und gar nicht erleben will. Zur Erklärung seiner Reisewut, die vom Erzähler des Romans als Flucht vor der eigenen Leere decouvriert wird[124], muß sein wie immer gearteter innerer »Dämon« herhalten: »... ich reise gern. Man soll bekanntlich immer das tun, wozu einen der Dämon treibt ...« (2,27). Dieser »Dämon« ist aber nichts anderes als ein mystifiziertes, im Grunde völlig banales, privates und sich änderndes Lustgefühl, dem nachgehangen wird. Es handelt sich um die Absolutsetzung einer individuellen Leidenschaft — hier der Reiselust — somit um eine »romantische« Haltung und damit um das Gegenteil dessen, was der Kantianer Broch unter einer ethischen Einstellung versteht. Eduard verficht nichts als einen naiven und rücksichtslosen Subjektivismus, wenn er postuliert: »Nur wer sich frei und gelöst dem Befehl seines Gefühls und seines Wissens unterwirft, kann zur Erfüllung kommen« (2,103/104). Diese im Sinne Kants unethische, weil asoziale, auf die bloß subjektiv-willkürliche Moral beschränkte Einstellung hat Broch auch in einem Kommentar zu Eduard kritisiert: ».. . er ... versucht sein Leben, unter weitgehender moralischer (nicht ethischer) Autonomie ins rein Ästhetische zu retten« (8,26). Brochs Kritik an Eduard geht so weit, daß er ihn in die Ahnenreihe Huguenaus stellt: Er sei »vielfach Vorläufer des sachlichen (Menschen), aber nicht wertbefreit, sondern wertnegierend« (2,18).

Gerade Eduard, der seine Zeitgenossen in Militär, Politik und Wirtschaft als »Romantiker« diffamiert, ist selbst ein Romantiker par excellence. Er, der ironisch distanziert erklärt, daß »es immer Romantik ist, wenn Irdisches zu Absolutem erhoben wird« (2,19), vollzieht ständig romantisch-metaphysische Kurzschlüsse. Bei diesem Widerspruch handelt es sich aber keineswegs um ein von ihm selbst durchschautes Paradoxon; vielmehr ist dieser Widerspruch offensichtlich Indiz für inkonsequentes Denken. Denn auch sein »Philosophieren« ist nicht ernst und auf intellektuelle Redlichkeit gerichtet, sondern wie alles an ihm ein »Spiel« seiner egozentrischen Subjektivität. Hat er sich durch seine abstrusen Ideen in eine spannungsvolle Situation manövriert, so »rettet« er sich jederzeit »ins Spaßhafte« (2,146). Die Kritik des Ich-Erzählers an dem »Philosophieren«, das »zu einem ästhetischen Spiel geworden« sei, zu »einem Spiel ... für Bürger, die sich des Abends langweilen« (2, 590), ist wohl auch auf Eduard gemünzt. An solchen »Abenden der Langeweile« gibt er sich auch seinem »ästhetischen Spiel« mit der Liebe hin, dessen intellektuell wie psychologisch ausgeklügeltes Raffinement nur schwerlich eine ans Groteske reichende Komik verschleiert. Eduards Pathos ist dem Pathos, von dem er sich absetzt, durchaus gleich, und seine Romantik ist die seiner Zeitgenossen, lediglich mit anderen Vorzeichen versehen: Dem üblichen Pathos stellt er das »wirkliche Pathos« (2,102) gegenüber, und das romantisch-absolute Liebeserleben will er ex negativo erfahren. Das geht aus seinem Exkurs über die »wirkliche Absolutheitserfahrung« der Liebe hervor:

Es gibt nur ein wirkliches Pathos und das heißt Ewigkeit. Und weil es keine positive Ewigkeit gibt, muß es negativ werden und heißt Nie-wieder-sehen. Wenn ich jetzt abreise, ist die Ewigkeit da; dann sind Sie ewigkeitsfern und ich darf sagen, daß ich Sie liebe ... ich glaube, daß nur in einer fürchterlichen Übersteigerung der Fremdheit, erst wenn sie sozusagen ins Unendliche geführt ist, sie in ihr Gegenteil ... umschlagen ... kann ... wenn die Spannung einer unbeschreiblichen Sehnsucht so scharf wird, daß sie die Welt zu zerschneiden droht, dann besteht die Hoffnung, daß die armen Einzelschicksale des Menschen sich herausheben aus dem Wust des Zufalls, aus einer ... zufälligen Vertrautheit. (2,102/105)

Elisabeth, der diese Eröffnungen gemacht werden, kann solchen Finessen zwar intellektuell nichts entgegensetzen, aber zu Recht kommt ihr »dies alles sonderbar unnatürlich und abseitig vor« (2,103). Sie durchschaut — wenn auch nicht völlig klar — Eduards leeres Ästhetenspiel und erkennt, daß sich hinter der Maske des Absolutheitshungrigen der vereinsamte Egozentriker verbirgt. »Sie sind sehr arm«, entgegnet sie ihm, »ich fühle, daß Sie bemitleidenswerter sind als die anderen ...« (2,104). Es ist einleuchtend, daß man in einer Welt, in der die konkreten Einzelschicksale der Menschen als »Wust des Zufalls« verachtet werden, nicht zu leben vermag. Dieser »Wust« kann Eduards potenzierten Sehnsüchten nicht Genüge tun, und sie verbrauchen sich durch angebliche Vorstöße ins »Absolute«, die realiter Stöße ins Leere sind. Die Konsequenz dieser Art von Ästhetizismus, dieses Ungenügens an der konkreten Welt, ist der Selbstmord, den Eduard schließlich begeht. Mit ihm widerlegt sich seine Pseudophilosophie, die in nichts anderem als der Absolutsetzung rein subjektiver Fiktionen bestand. Mit dieser Absolutsetzung beging er nach Broch den typischen Sündenfall des Romantikers, durch sie wurde sein Handeln heteronom bestimmt und damit unethisch.

Soviel zur »ethischen Konstruktion« der Figur Eduard, soviel zu ihrem Immoralismus. Worin aber besteht Brochs Zeitkritik, wenn er eine Figur wie die Eduards als typisch für die Gründerjahre ansieht? Sie ist eben vor allem moralischer Art, besteht in der Aufdeckung des Immoralismus einer bestimmten führenden Schicht aus der Finanzwelt, in der geschäftlicher Egoismus und Expansionstrieb ideologisch verbrämt werden mit subjektivistischen und mystifizierenden Philosophemen. Dies ist der zweifellos wichtigste Aspekt der implizierten Gesellschaftskritik. Allerdings ist Eduard nicht die nur-negative Verkörperung seiner Zeit. In seiner frühesten Aktion, von der der Romanleser erfährt, drückt sich auch ein Protest gegen die bestehenden Verhältnisse aus: Er verläßt die Offiziersschule, deren Zwänge und überholtes Standesethos er nicht mehr zu akzeptieren bereit ist. Überhaupt ist seine Kritik an der feudalen Standeskonvention, die uns im nächsten Abschnitt beschäftigen wird, berechtigt. Nur besteht sein eigener denkerischer und moralischer Mangel darin, daß er dem Kritisierten nichts entgegenzusetzen hat als einen extremen und daher unverbindlichen Subjektivismus. Dieses Dilemma Eduards — und damit eines Großteils seiner Generation — wird noch deutlicher, wenn wir uns Brochs zeitkritische Romantheorie in Erinnerung zurückrufen und nach den positiven und negativen utopischen Tendenzen fragen, die im Schicksal der Figur Eduard konkretisiert werden: Die grundsätzlich positiv-utopische Unruhe, die ihn nach größerer Freiheit ausgreifen ließ und ihn von der Offiziersschule drängte, erlahmt sehr bald in einem völligen Akzeptieren des hic et nunc. Das geht aus der Befriedigung, der »guten Laune« hervor, die ihm die Geschäftswelt verschafft. Alles, was an potentieller Utopie noch in ihm steckt, wird zugunsten der in ihrem Sosein akzeptierten Gegenwart auf eine »Absolutheitsebene« verlegt, die aber auch rein gar nicht mit der gegebenen Realität in Konflikt geraten kann. Romantisch aufgeputzt, wird konkret Utopisches in eine fiktive »Absolutheitserfahrung« ex negativo verkehrt. Die Gegenwart wird so belassen, wie sie ist, ihr gilt keine Angst — denn das Geschäft floriert — und keine Hoffnung, denn die Geschäfte laufen »in freundlichem Gleiten« (2,26) automatisch. Die geschichtliche Gegenwart ist für Eduard ein im wörtlichen Sinne hoffnungs-loser Fall, ein Raum, in der er keine Sehnsüchte kennt. »Hoffnung« kennt er nur dann, wenn er sich auf romantische Weise in eine »unbeschreibliche Sehnsucht« steigert, die so groß sein muß, »daß sie die Welt zu zerschneiden droht« (2,105). Hoffnung und Sehnsucht sind bei ihm pervertiert zu Gipfelpunkten ästhetisch-spielerischer Gefühlsexaltationen und haben keinerlei gesellschaftskritische Kraft mehr. Gerade in dem Nicht-Vorhandensein seiner auf das konkrete Leben bezogenen Hoffnungen und Sehnsüchte dokumentiert sich seine extreme Lebensferne, die im Selbstmord ihren adäquaten und keineswegs tragischen Ausdruck findet.

b) Joachim von Pasenow: Militär und Idealphrase

Nach Brochs eigener Aussage geht es ihm darum, im Pasenow den »Abbau alter Kulturfiktionen« zu verdeutlichen. Er will klarmachen, daß »es den Menschen nichts nützt« (8,18), ihr Leben »im Sinne der herrschenden Fiktionen«[125] zu gestalten, d. h. »sich an die absterbenden Wertformen zu halten« (8,18), die bereits zu »Moral-Dogmen« erstarrt und »zur ,Romantik'« (8,26) geworden seien. Die »eigentliche Romantik dieses Zeitalters« des Wilhelminismus aber, so läßt er Eduard treffend diagnostizieren, sei »die der Uniform« (2,19). An Joachim wird exemplifiziert, wie das Bewußtsein eines jungen Menschen im Sinne dieser reaktionären Ideologie, dieser »herrschenden Fiktion«, verformt wird. Als Jungherr nämlich, d. h. vor dem Besuch der Offiziersschule, ist er alles andere als ein Uniform-Ideologe. »Ihm war das Eiserne Kreuz gleichgültig«, und er hält es für »eine lächerliche Einrichtung, daß der Erstgeborene zum Landwirt, der Jüngere aber zum Offizier bestimmt werden mußte« (2,10). Seine Eltern, die ihm die Freude am Offiziersberuf

einzureden versuchen und nicht sehen wollen, daß er dieser Laufbahn keinen Geschmack abzugewinnen versteht, hält er für »Heuch-
ler und Verräter« (2,12). Im Laufe seiner Offiziersausbildung wird
aber sein Bewußtsein derart radikal umgeprägt, daß er gerade denjenigen, nämlich Eduard, der Kritik übt am Militär und seiner Konvention, einen »Verräter« (2,14) nennt. Mittlerweile nimmt Joachim »die Uniform als das Naturgegebene« (2,22) hin, ist »von dem
Bewußtsein gesättigt . . ., die eigentliche Lebensform seiner Zeit und
damit auch die Sicherheit seines eigenen Lebens zu erfüllen« (2,19).
In seiner Identifikation mit der preußisch-militärischen Konvention
wird er unterstützt durch seine Eltern und seinen Bruder, der ihn
»um die militärische Laufbahn beneidet«, weil sie »ein Dienst an
etwas Größerem (sei), als man selber ist« (2,41). Dieser Buder Hel-
muth hat den Ehrenkodex seines Standes derart verinnerlicht, daß
er um der »Ehre« willen ein Duell eingeht, aus dem »lebend heraus-
zukommen« ihm »fast gleichgültig« (2,41) ist. Die Ideal-Phrase[126]
von der Standes-Ehre ertönt in gestelzter Diktion zum erstenmal
im Abschiedsbrief dieses Bruders: »Ich begrüße das Faktum, daß es
so etwas wie einen Ehrenkodex gibt, der in diesem so gleichgültigen
Leben eine Spur höherer Idee darstellt, der man sich unterordnen
darf . . .« (2,41). Als der Bruder im Duell dann tatsächlich gefallen
ist, wiederholt Pasenow Senior die Phrase vom Ehrentod so häufig,
daß es den Anschein hat, als könne er sich damit über den Verlust
des Sohnes hinwegtrösten: »Er fiel für die Ehre, für die Ehre seines
Namens« (2,42). Irgendwie spüren auch die Pasenows, daß diese
Konventionalismen, würde man sie auf ihren Kern hin überprüfen,
hohl und leer erschienen. Das wird deutlich, wenn der alte Herr
Pasenow allzu krampfhaft sich an diese Ehren-Phrase klammert und
wiederholt: »Es ist leer geworden, ja leer geworden . . . aber . . . natürlich muß man die Ehre hochhalten!« (2,46), und nochmals repe-
tiert er: »‚Er starb für die Ehre‘, als wollte er es auswendig lernen
und als wünschte er, daß auch Joachim es täte« (2,43). Das tut denn
Joachim auch. Er hat jetzt gelernt, daß man »eine Unehrenhaftig-
keit . . . bloß durch eine Pistolenkugel auslöschen« kann, daß er
»nicht feig« sein darf, und daß er »sich ruhig vor die Pistole des
Gegners stellen oder gegen den französichen Erbfeind ins Feld
ziehen« (2,61) muß. Joachim ist ein Kind seiner Zeit geworden, ein
widerspruchs- und konfliktloses Produkt seiner preußisch-militärischen Erziehung. Die Identifikation mit diesem militärischen Ehrenkodex trägt Züge der Verstocktheit und Beschränktheit. Als er später im Weltkrieg Dienst tut, sieht er nicht ein, daß gerade eine
Ideologie, die dazu verpflichtete, »gegen den französischen Erbfeind
ins Feld zu ziehen«, den Boden zur Ausführung von Kriegsgreueln
bereitet hatte. Statt den direkten Zusammenhang zwischen dieser

Ideologie und dem Gaskrieg zu erkennen, behauptet er absurder-
weise, daß gerade diese Ideologie den Gaskrieg vermieden hätte:
»Ehre ist keine bloße Konvention ... früher wäre Giftgas als Waffe
verpönt gewesen ...« (2,464). Wie in seiner Jugend beim Tod des
Bruders, so beruhigt er sich jetzt angesichts der Gaskriegstoten mit
der Ideal-Phrase von der ‚Ehre‘. Um aber allen Konflikten mit
seinem Ehrenkodex zu entgehen, unterdrückt er in seinen Gesprä-
chen lieber die Tatsache des Gaskriegs überhaupt, so etwa, wenn
er sich mit Leutnant Jaretzki unterhält: »Beide dachten daran, daß
auch Deutschland solch unritterliche Waffe in Verwendung habe.
Aber sie sprachen es nicht aus« (2,474).

Nachdem der Bruder beim Duell ums Leben gekommen ist, soll
Joachim den elterlichen Gutshof übernehmen. Der Abschied von
der Sicherheit, die ihm die »herrschende Fiktion« der militärischen
Konvention vermittelt hat, fällt ihm offensichtlich schwer: »...
jede Mahnung zur Quittierung des Dienstes und zur Übersiedlung
in die Heimat war wie ein Hinabzerren ins Zivilistische und Halt-
lose, nicht viel anders, als wollte man ihn eines Schutzes berauben
und ihn nackt hinausstoßen in die Gegend des Alexanderplatzes«
(2,61). Erst nach Eduards Zynismen über die Uniform-Romantik
der Zeit erscheint es ihm ungewiß, ob denn das Militär wirklich
»Sicherheit« und »Heimat« bieten könne. Allmählich geht ihm »das
Zirkusmäßige des Dienstes« (2,120) auf, »er mußte an Clowns denken und verstand plötzlich, daß Bertrand einst sagen konnte: das
Vaterland wird durch einen Zirkus verteidigt« (2,118). Derart verunsichert, fällt es ihm nicht schwer, die »Heimat« Militär gegen die
»Heimat« Grundbesitz auszutauschen, zumal beide Konventions-
bereiche in konfliktlosem Nebeneinander zu den »herrschenden Fiktionen« des Wilhelminismus zählen. Als der »eine Pfeiler des Lebens brüchig geworden« (2,31) ist, sucht er »Festigkeit, Sicherheit
und Ruhe« (2,31) der »Heimat« im preußisch-feudalen Landleben.
Über seine Ankunft bei der Brautwerbungsreise in Stolpin heißt es
denn bezeichnenderweise: »Als er beim Herrenhaus abstieg, war er
mit einem neuen Heimatgefühl ausgestattet« (2,77). Verkörperte
sich die »Sicherheit« des militärischen Ständesystems in der »Uniform«, so ist das Kennzeichen der neuen »Heimat« der »Park«. In
seinen Träumen, die dieser neuen Heimat gelten, wird Elisabeth
konstant in einem Park vorgestellt (2,25;51;74). Die Tatsache, daß
er diesen Park als Idylle und als »wahres Refugium« (2,33) empfindet, enthüllt seine ganzen neuen Absichten als aus einer Flucht heraus motiviert. Flucht ist auch die Bewegung zu der neuen »Christlichkeit«, die er mit der Gründung des feudalen Hausstandes mit
übernehmen will. Eine der geistigen Säulen dieses Feudalismus ist
der Protestantismus. Sind seine Gedanken einmal nicht »in der

Trägheit seiner romantischen Phantasie« (2,66) versunken, dann »ahnt« er, daß »in einem christlichen Hausstand die rettende Hilfe« (2,168) zu finden ist. Aber auch derlei Überzeugungen erweisen sich als krampfhafte Selbstüberredungsversuche, denn er weiß durchaus, daß »sie die Christlichkeit verloren hatten« (2,47). Bei seinem Kirchenbesuch, der offensichtlich als »Erfüllung der dekorativen ... Verpflichtungen« (2,9) seines Standes zu betrachten ist, steht für Joachim »die Verlockung, auch dies einen Zirkus zu nennen ..., in furchterregender Nähe« (2,121). Nur in romantischen Gefühlsekstasen kann er die intellektuelle Distanz zum Christentum überbrücken, so, wenn ihm wie in einer Entrückung beim Anhören des Chorals die Vision eines Marienbildes aus seiner Kindheitserinnerung (2,122) vorschwebt. Derlei mystische Eskapaden können aber nicht darüber hinwegtäuschen, daß von einer praktischen Christlichkeit bei Joachim nicht die Rede sein kann. Der typische Charakterzug sowohl Joachims als auch seiner Eltern ist der der »Gleichgültigkeit« und der »Trägheit des Gefühls« (2,34;44;66), der »Gewohnheit ..., den Nebenmenschen zu übersehen« (2,34), ein Charakterzug, der seinen verbalen Ausdruck in Pasenow Seniors ständiger Redewendung »ist ja egal« (2,90 etc.) findet. Broch führt Pasenows Gleichgültigkeit gegenüber dem Nebenmenschen — für den sozial denkenden Ethiker Broch sozusagen das kapitale menschliche Vergehen schlechthin — zurück auf »die kastenmäßige Abgeschlossenheit seines Lebens« (2,34), sieht sie also bedingt durch den sozialen Stand, dem Joachim angehört. Aufgrund dieser gleichermaßen vorurteilsbeladenen wie privilegierten Isoliertheit erscheinen Joachim Mitglieder des sogenannten ,vierten Standes‘, die Arbeiter, nur als ein »exotisches rostiges Volk« (2,62) und ihr Arbeitsplatz als »Pfuhl« (2,135). Neben dieser sozialen Konsequenz seiner »kastenmäßigen Abgeschlossenheit« gibt es auch eine private, seine grundsätzliche Schwierigkeit nämlich, Kontakt zu Menschen zu finden. Eine geradezu absurde Form nimmt diese Isoliertheit in der Hochzeitsnacht an. Joachim spürt nur »Einsamkeit« (2,152) um sich. Die Worte seiner Frau Elisabeth vernimmt er als »Stimme in der Leere« (2,152), schließlich wird er von der »verschärften Angst« heimgesucht, Elisabeth »wäre ein Ding, eine tote Sache« (2,163). Der romantische Versuch schließlich, eine christlich-sakrale Liebe ausgerechnet in der Hochzeitsnacht zu praktizieren, schlägt um ins Komische.[127] Broch versäumt nicht festzustellen, daß Joachim und Elisabeth »nichtsdestoweniger ... nach achtzehn Monaten ihr erstes Kind« (2,170) hatten. Bereits ein Jahrzehnt früher hatte Broch die hier von ihm gestaltete »neurotische Verzweiflung eines Mannes, der seine geliebte Frau nicht körperlich begehren kann, allerdings mit der Hoffnung, daß es schließlich doch glücken werde«, den

»Seelenkonflikt einer bürgerlichen Kultur« genannt, »die in sich zwecklos wurde und sich anschickt, zur bourgeoisen zu entarten.«[128] Dieser Kommentar läßt an Brochs negativer Sicht der durch Pasenow repräsentierten sozialen Schicht keinen Zweifel und unterstreicht die gesellschaftskritische Intention des Romans.[129]

Mißt man auch hier wiederum mit den Brochschen Maßstäben von Utopie und Ideologie, so kann man feststellen, daß Pasenows utopische Ziele eine allzu kurze Strecke verfolgt werden, um sie überhaupt als solche bezeichnen zu können. Das augenblickhaft aufleuchtende Telos von der Freiheit außerhalb des Militärs verdunkelt sich zu rasch und erhellt keine neuen Wege. Militärisches Stände-Ethos und gutsherrliche Christlichkeit sind im Wilhelminismus gleich offizielle und gleich konservative Ideologien, bei Joachim zusätzlich verbrämt mit romantischen Vorstellungen. In dieser Ideologie befangen, ist er unbewußter Mitvollzieher einer geschichtlichen Entwicklung, die auf das Chaos des Ersten Weltkrieges hinausläuft.

5. ‚Esch‘: Protokolle anarchischen Bewußtseins

a) *Martin Geyring: Gewerkschaft zwischen Revolutionsideologen und Industriebaronen*

»Der Held des zweiten Teils, Esch«, so kommentiert Broch die Hauptfigur dieses Trilogieabschnittes, sei »äußerlich bereits kommerzialisiert und dem Lebensstil der kommenden Sachlichkeit angenähert«, doch sei er »innerlich noch den traditionellen Werthaltungen verhaftet«. Da aber die »religiösen Formen« der Tradition »nur mehr rudimentär vorhanden« seien, äußerten sie sich bei ihm »teils verdummt, teils versandet in einem sterilen Mystizismus«.[130] Wie Broch im *Pasenow* der Hauptfigur Joachim den bewußtseinsmäßig fortgeschritteneren Eduard entgegensetzt, so konfrontiert er hier Esch, in dessen Bewußtsein alles nur »dunkel und dumpf ... rumort«[131], mit dem Gewerkschaftsfunktionär Geyring, der seine eigene gesellschaftliche Situation wesentlich klarer durchschaut. Die zentrale Bedeutung Geyrings innerhalb des zweiten Romanteils ist bisher von allen *Schlafwandler*-Interpreten übersehen worden. Geyring ist der Mann, der sich einschränkungslos für die Interessen der unterprivilegierten Arbeiter einsetzt. Für die Emanzipation der Arbeiterschicht kämpft er taktisch klug, aber ohne Fanatismus und Klassenhaß. Man könnte ihn einen »friedlichen Revolutionär« nennen, also einen sozial Engagierten, der mit aller Kraft an der Umstrukturierung der Gesellschaft, in der er lebt, arbeitet, ohne dabei zu Mitteln der Gewalt oder der Intrige zu greifen.

Wie Broch selbst, so bezeichnet auch Geyring den Buchhalter August Esch als »verdummt«. Seine ständigen Warnungen an Esch lauten dahingehend, daß er »keine Dummheiten« (2,312; 329) machen solle. Geyring trifft Esch nach dessen Entlassung als Buchhalter. Entsprechend der Devise »Arbeitslose muß man unterstützen« (2,175) hilft der Gewerkschaftssekretär ihm sofort und vermittelt ihm eine neue Arbeitsstelle, ohne Rücksicht darauf, daß »er [Esch] nicht von den unseren« (2,182), also einer von den gewerkschaftlich Organisierten, ist. Überhaupt ist Geyring ein völlig unorthodoxer Gewerkschaftler. Nicht ein ideologisches Bekenntnis oder kämpferisches Einheizen zählt für ihn, sondern nur die permanente Arbeit an faktischer Verbesserung der sozialen Lage der Arbeiter. Er ist so unorthodox, daß Esch sich zuweilen fragt: »Hat also Martin eine sozialistische Überzeugung oder hat er keine?« (2,252). Zu der Frage besteht auch Anlaß, denn »über die sozialistischen Zeitungen« macht Geyring sich zuweilen lustig (2,252). Seine Kritik an diesen Blättern ist die des pragmatischen Gewerkschaftlers: »Ich ärgere mich selber genug über die Zeitungsschmierer ... unsereiner kann die Arbeit leisten und die schmieren Unsinn zusammen ... machen uns mit ihrem revolutionären Geschwätz die Leute verrückt und wir sollen es dann draußen auslöffeln« (2,196). Geyring, dessen Haltung durchweg als »anständig« (2,213; 252; 266)[132] bezeichnet wird, ist aufgrund seines persönlichen Einsatzes für die Sache der Arbeiter so geachtet, daß er, »der von jedem Betriebsportier hinauszuweisen war, sich doch immer wieder Eintritt verschaffte und in aller Öffentlichkeit und mit aller Seelenruhe auf seinen Krücken sich durch die Arbeitsstätten dahinschwang, von niemandem aufgehalten, von vielen gegrüßt ...« (2,213). Seinen pragmatischen Idealismus und sein taktisches Geschick stellt er unter Beweis, als es gilt, einen gewerkschaftlichen Streik zu verhindern, ohne dabei die gewerkschaftlichen Interessen zu vernachlässigen. In Mannheim, also dort, wo Eschs neue Arbeitsstelle ist, wollen die Transportarbeiter gegen den Willen der Gewerkschaft streiken. Nach Geyrings Ansicht wäre »ein Streik der Transportarbeiter ... heute der helle Wahnsinn«. »Wir sind eine arme Gewerkschaft«, so fährt er fort zu argumentieren, »und von der Zentrale ist kein Geld zu kriegen ... es wäre ein Zusammenbruch, der sich gewaschen hat« (2,214). »Ohne Bitterkeit« stellt er fest, daß er aufgrund seiner Opposition gegen den Streik als Freund der Reeder verleumdet werde: »Jetzt schreien sie schon wieder hinter mir her, daß ich von den Reedern bezahlt werde« (2,214). Geyring ist sicher, daß »die Reeder ein paar Provokateure hinschicken werden«, da er weiß, daß sie »alles Interesse daran (haben), daß so ein wilder Streik in Gang kommt« (2,215). In der anschließenden Sitzung, in der man über den Streik debattiert, wird Geyring denn auch als »Kapitalistensöldling« und »kaiserlicher Sozialist« (2,216) verschrien. Mit der »Routine des gewiegten Versammlungsleiters« (2,216) läßt er diese Verunglimpfungen über sich ergehen. Für alle Anwesenden überraschend, unternimmt er nichts, als der erwartete agent provocateur seine staatsfeindlichen und majestätsbeleidigenden Parolen losbrüllt. Im Gegenteil, er setzt sich für dessen Redefreiheit ein. Die Konsequenz ist, daß die Versammlung aufgrund ihres nunmehr gesetzwidrigen Charakters von der Polizei aufgelöst und die Gewerkschaftsfunktionäre, darunter Geyring, verhaftet werden. Als Esch erfährt, daß ausgerechnet Geyring, der doch gegen den Streik war, verhaftet worden ist, ist er »fassungslos, eigentlich fassungsloser als er sich's eingestand. Er wußte bloß, daß er Wein trinken müsse, um Ordnung in die Welt zu bringen« (2,218). Esch, von Geyring beiläufig als »alter Wirrkopf« (2,313) tituliert, durchschaut nicht den politischen Schachzug. Denn Geyring verwandelt dadurch, daß er indirekt die polizeiliche Auflösung der Versammlung herbeiführt, die bevorstehende Niederlage in der Kampfabstimmung über den Streik in einen propagandistischen Sieg für die Sache der Gewerkschaft. Der Redakteur der sozialistischen Zeitschrift *Volkswacht* klärt Esch über die Hintergründe auf: »Der Streik in Mannheim war urdumm ... wir (können) jetzt froh sein, daß die drei Monate Geyrings uns Agitationsmaterial abgeben« (2,247). Geyring erreicht noch mehr. Die Transportarbeiter treten in einen »wilden«, die leeren Kassen der Gewerkschaft nicht strapazierenden Streik, der allerdings nicht — wie die Reeder es wünschten — das Fanal zu einem Bruch mit der Gewerkschaft wird, sondern vielmehr als Sympathiekundgebung für Geyring gleichzeitig die Verbindung zur Gewerkschaft neu verfestigt: »Man hörte, daß die Verlader und Schiffer mit Hinblick auf die Verhaftung des Gewerkschaftssekretärs Geyring die Arbeit eingestellt hatten« (2,219).

Esch, für den das »Opfer« (2,226) des »Märtyrers« (2,252) Geyring ein einziges großes mystisches Faszinosum bedeutet, sieht es als seine Pflicht an, Geyring im Kerker zu besuchen und Rachepläne für dessen Haft zu schmieden. Als Haßobjekt findet er Eduard von Bertrand, nunmehr vom Baumwollhändler zum Reeder avanciert und als Inhaber der »Mittelrheinischen Reederei« Eschs Arbeitgeber. Als Esch bei seinem Besuch in der Zelle Geyring eröffnet, daß er von Bertrand besuchen will, um ihm seine Schuld an Geyrings Kerkerhaft klarzumachen, und daß er sich bei ihm für Geyrings Befreiung einsetzen will, winkt der Gewerkschaftssekretär mit »ironischer Freundlichkeit« (2,329) ab und entläßt ihn mit der Mahnung: »Mach keine Dummheiten, August, belästige den Mann nicht ... Wenn du irgend etwas angestellt hast, sind wir miteinander fertig . . .« (2,312; 329). Esch, ohnehin »ein Mensch impetuoser Haltungen« (2,210; 456; 510; 571), weiß nun überhaupt »nicht mehr, was schwarz und was weiß ist«; »alles geht« ihm »durcheinander« (2,248); er glaubt, in einem »anarchischen Zustand der Welt« zu leben, »in der keiner weiß, ob er rechts oder links . . . steht« (2,248): »Nichts ist eindeutig, dachte Esch voll Zorn, nichts ist eindeutig« (2,215). Aber gerade dieser Zorn gibt dem August Esch neue Kraft, die »Eindeutigkeit« in der Welt wiederherzustellen. Wenn ihm Geyring dabei nicht behilflich ist, muß er sich Schützenhilfe bei anderen Kapitalistengegnern andingen. Die Redaktion der *Volkswacht* scheint ihm da der rechte Verbündete zu sein: »Im Grunde war die Haltung des sozialistischen Blattes lobenswert«, räsoniert Esch, »da gab's wenigstens ein Links und ein Rechts, gab's eine reinliche Scheidung zwischen bürgerlicher und proletarischer Weltanschauung« (2,285). Esch verfaßt einen »bissigen Bericht, in welchem er klarlegte, daß der verdiente Sekretär Geyring einer teuflisch-demagogischen Intrige der Mittelrheinischen Reederei und der Mannheimer Polizei zum Opfer gefallen sei. Diesen Artikel trug er schnurstracks in die Redaktion der sozialistischen ,Volkswacht'« (2,245). Aber auch der dortige Redakteur, der genausowenig rachelüstern und revolutionär gesonnen ist wie Geyring, enttäuscht ihn. Nachdem er Eschs Pamphlet überflogen hat, bemerkt er zu den Ereignissen in Mannheim nur: »Meines Wissens ist dort nichts Besonderes vorgefallen . . . Wenn's nach Ihnen ginge, und alle Fabrikchefs, die gegen uns sind, wären eingesperrt, so gäbe das höchstens eine Industriekrise, und für die würden wir uns bedanken, nicht?« (2,246–247). Erst als Esch »bockbeinig wütend« auf seiner Forderung »Trotzdem gehört er eingesperrt« (2,247) besteht, glaubt der Redakteur Eschs Motive zu erkennen: »Ach, jetzt verstehen wir uns, Sie meinen, weil er ein warmer Bruder ist . . . Na, über diesen Punkt kann ich Sie beruhigen: er macht es in Italien unten ab. Und überhaupt sperrt man einen solchen Herrn nicht so leicht ein wie einen Sozialdemokraten« (2,247). Daraufhin sucht Esch mit der ganzen Energie, die ihm seine Zwangsneurose, die »Eindeutigkeit« der Welt wiederherzustellen, verleiht, Beweise für den Verkehr von Bertrands mit Homosexuellen. Als er von dessen ehemaligem Lustknaben Harry und dem Musiker Alfons Details darüber erfahren hat, entschließt er sich, von Bertrand in seinem Schloß bei Badenweiler zur Rede zu stellen. Das »Bild«, das Esch sich vom Reeder Bertrand macht, ist »kaum erfaßbar, dennoch überlebensgroß« (2,281), ist verwaschen und unbestimmt wie sein ganzes Bewußtsein und macht trotzdem vorübergehend das Zentrum von Eschs neurotischer Phantasie aus. Die Begegnung zwischen dem Reedereipräsidenten und dem Buchhalter findet nicht real statt, sondern während einer seiner Tagträume nur in Eschs Einbildung.[133] Die Zuneigung, die Esch während der traumhaften Begegnung für von Bertrand empfindet, ist schnell wieder verflogen. Er zögert nicht, beim Polizeipräsidium anzuzeigen, daß »Herr Eduard v. Bertrand ... mit Personen männlichen Geschlechtes in unzüchtigen Beziehungen steht«, und ist bereit, dies als »Zeuge zu beweisen« (2,342). Broch spielt hier deutlich auf die Hintergründe des Selbstmordes von Friedrich Alfred Krupp an. Krupp beging Ende 1902 Selbstmord, nachdem sich sozialistische Blätter über die homosexuellen Orgien in seiner italienischen Villa verbreitet hatten. Die sachlichen und zeitlichen Parallelen dazu im Roman sind offensichtlich. Wie Krupp ist Eduard von Bertrand Vertreter des wilhelminischen Geldadels, wie er geht er seiner homosexuellen Passion in Italien nach und begeht 1903 Selbstmord, nachdem Esch einen Skandal anzettelt, der durch die Information eines sozialistischen Blattes verursacht wird.[134]

Nachdem die Zeitungen die Anzeige verbreitet haben, setzt von Bertrand »durch einen Revolverschuß seinem Leben ein Ende« (2,348). Als Esch davon erfährt, ist er »voll eines befreiten Glückes« (2,348), »denkt ... an Martin und daß ihm der nun nicht mehr mit seinen harten Krücken nachlaufen und ihn bedrohen würde« (2,349). Die »Sühne« für Martins Haft scheint abgeleistet, das »Gleichgewicht« der Welt für Esch wiederhergestellt zu sein. Es scheint hier, als finde Esch aus seinem banalen »Gleichgewichtsdenken« keinen Ausweg, als sei er rettungslos seiner primitiven »Buchhalterideologie« verfallen. Geyring wäre dann nur eine Kontrastfigur zu Esch, ohne irgendeinen bewußtseinsmäßig-formenden Einfluß auf ihn zu haben. Wie aber Eduard Joachims Verhalten beeinflußte, so prägt auch Geyring Eschs Bewußtsein. Was Esch nämlich schließlich doch noch lernt, ist die Einsicht, daß »im Realen niemals Erfüllung sein kann« (2,363), sondern, »daß wir hier auf Erden alle auf Krücken unsern Pfad zu gehen haben« (2,365). Genau diese Einsicht hatte Martin Geyring ihm vorgelebt. Geyring schaffte die Durchsetzung der Interessen, die er verfocht, ohne Diffamierung und Mord, vielmehr mit persönlichem Einsatz, Kompromißbereitschaft und taktischer Klugheit. Er ist tatsächlich derjenige, und dies eben nicht nur in einem konkret-körperlichen Sinne, der »auf Krücken« seinen Weg geht. Esch übernimmt Geyrings Maximen aber nicht als bloß abstrakte Lebensweisheit, sondern — jedenfalls vorübergehend — durchaus mit ihren sozial-kritischen Implikationen. Der Esch nämlich, dem man im *Huguenau* wiederbegegnet, ist ein sozial gesonnener »Rebell« (2,398; 444) geworden, der sich als Zeitungsredakteur für die Ausgebeuteten, Unterprivilegierten und Hilflosen einsetzt und gegen die staatliche Zensur ankämpft. Esch führt jetzt einen »Kampf gegen die Behörden, die es nicht duldeten, daß ... von den Mißständen im Felde und im Hinterland, von Matrosenaufständen und von Unruhen in den Munitionsfabriken die Öffentlichkeit benachrichtigt« (2,398) werde. Die Machenschaften des Profiteurs Huguenau durchschaut er sofort: »Sie wollen also die Leute hier auspowern? spricht sich wohl schon herum, das Elend unter unseren Weinbauern ... Jetzt kommen schon die Aasgeier über die armen Leute ...« (2,383—384). Was Esch aber nicht von Geyring lernt, ist politische Klugheit und taktisches Geschick. Von diesen Tugenden besitzt sein Gegner Huguenau ein beträchtliches Quantum mehr, eine Tatsache, die Huguenau gleich instinktiv herausspürt und hemmungslos bis zur Ermordung Eschs ausnützt. Zwischen diesen beiden Figuren, zwischen dem naiv hilfsbereiten Esch und dem standpunktlosen Taktiker Huguenau steht Geyring, der ethische Prinzipien und soziales Engagement zu verbinden versteht mit politischer Klugheit. Als einzige in jeder Hinsicht positiv gezeichnete Figur des Romans verkörpert er das politische Ideal des Gesellschaftskritikers Hermann Broch.[135]

Geyring ist »konkreter Utopist« im Sinne Brochs: Sein utopisches Intentum, die Beseitigung der Ausbeutung der Arbeiter, schwebt nicht in einem unerreichbaren paradiesischen Irgendwo, sondern wird täglich in Kleinarbeit mehr und mehr real verwirklicht. Im Gegensatz zu den egoistischen Figuren Eduard und Joachim drückt Geyring nicht private Wünsche und Ängste aus, sondern er nimmt die negativen und positiven Tendenzen seiner Schicht wahr und macht sie fruchtbar zur Erreichung seines gewerkschaftlichen Ziels. Die Tatsache, daß er dabei auf unorthodoxe Weise verfährt, macht deutlich, daß ihm weniger an der strikten Befolgung einer Ideologie als an der Verwirklichung der realen Interessen der Arbeiter gelegen ist.

b) August Esch: Kleinbürgerlicher Hoffnungsersatz durch »sterilen Mystizismus«

Geyrings Einfluß auf den Kleinbürger[136] Esch ist aber nur ein temporärer, denn sowohl vor als auch nach Eschs Einsicht, »daß wir hier auf Erden alle auf Krücken unsern Pfad zu gehen haben«, verfällt er hohlen Utopismen von einem Traumland Amerika[137] bzw. biblischen Visionen, deren konkret-gesellschaftliche Realisierung er erwartet. Eschs gesamte Amerika-Phantastereien sind der Ausdruck seiner Entfremdung von den verschiedenen Berufstätigkeiten, die er ausübt, seiner Vereinsamung im Privatleben und der daraus resultierenden Unzufriedenheit mit dem schlecht Gegenwärtigen. Dadurch, daß er die Arbeitsstelle wechselt, glaubt er vorübergehend, der Entfremdung und Einsamkeit[138] entgehen zu kön-

nen. Über den neu angestellten Lagerbuchhalter Esch in Mannheim
heißt es:

... fühlte man sich wieder einmal vereinsamt und verwaist, so gab's bei
den Waggons ... was zu schaffen ... wäre man je gezwungen gewesen,
darüber nachzudenken, so hätte man die Baulichkeiten, die Krane, die
Rampen fast als etwas Sinnloses betrachtet, das irgendwelchen unerklärlichen Bedürfnissen der Menschen dienen mochte. Jetzt allerdings, wo er
selber dazugehörte, da war alles zu natürlichen und sinnvollen Anlagen
geworden, und das tat wohl. (2,186)

Da Esch keinen »Zwang« verspürt, über seine Arbeit »nachzudenken«, sondern sich mit einem vagen Gemeinschaftsgefühl, das ihm
die neue Stelle vermittelt, begnügt, kann er sich für eine gewisse
Zeit über die tatsächliche Entfremdung von seiner Arbeit hinwegtäuschen. Freilich ist diese Täuschung nicht von langer Dauer:
»Köln oder Mannheim, es war überhaupt kein Tausch — wo sollte
man eigentlich leben, um von dem ganzen Dreck erlöst zu sein!«
(2,214). Nach dieser Einsicht stürzt er sich mit der Hoffnung, der
Entfremdung endlich zu entgehen, in die Theater- und Jahrmarkts-
arbeit. Aber auch bei seiner Liaison mit dem Schaubudenbesitzer
Teltscher-Teltini kommt es ihm zuweilen »vor, als gleite er wieder
in jene merkwürdige Einsamkeit, die irgendwie mit Mannheim zu-
sammenhing« (2,301). Als Teltscher dann mit seinen »Prima-
Engagements in Amerika« (2,200) prahlt, ist für Esch das Stichwort
gefallen, an dem sich fortan seine Phantasien vom Ganz-Anderen,
Besseren, von Nicht-Entfremdung und Nicht-Einsamkeit entzünden: »Er spürt, daß es in seinem Kopf eine Gegend gibt, die Amerika ist, eine Gegend, die nichts anderes ist, als der Platz der Zukunft in seinem Kopf« (2,338), und eine »Hoffnung ... dämmerte
auf ..., daß dies alles [das schlecht Gegenwärtige] abfallen werde,
sie müßten bloß erst einmal in Amerika drüben sein« (2,288). Wenn
er sich jetzt »einsam« fühlt, wenn ein Tag »öde« ist, ist seine ständige Redewendung: »Weg, nach Amerika« (2,223). Oder wenn ihn
die ungewisse Beziehung zu Mutter Hentjen nervös macht, herrscht
er sie an: »Schluß muß gemacht werden ... Wir fahren nach Amerika ... Dann wird alles fest und sicher sein. Und was hinter einem
ist, kann einem nichts mehr anhaben« (2,293–294). Diese Formeln
sind — wie früher Joachims ‚Heimat'-Sehnsüchte — Ausdruck von
Fluchtwünschen. Konkrete Konflikte werden nicht intellektuell und
praktisch gemeistert, sondern als solche bestehen gelassen und nur
bewußtseinsmäßig von Wunschphantasien verdrängt. Eschs intendierte »Flucht in die amerikanische Freiheit« (2,295) ist nichts als
die Flucht in einen geistigen Opiatzustand. Der einzige, der das
durchschaut, ist Geyring. Als Esch sich aus einer schwierigen Situa-

tion wieder einmal mit dem »Ich will nach Amerika« (2,330) retten möchte, »lächelt« Geyring nur gutmütig: »Ja, ja, das willst du schon lange ...« (2,330). Während Geyring die aus dem Arbeitsprozeß resultierende Entfremdung durch ständige Verbesserung der Arbeitsbedingungen beseitigen will, beläßt Esch die soziale Realität in ihrem schlechten Sosein und tröstet sich über sie hinweg mit realiter unerfüllbaren Zukunftsträumen. Aber wie die Pläne Geyrings, so haben auch die illusionären Träume Eschs eine soziale Komponente: In seine Erlösungswünsche bezieht Esch seine Umgebung mit ein. Sowohl Geyring als auch Mutter Hentjen sollen am »Amerika«, das es im (parodiert) goetheischen Sinn »besser hat« (2,201), partizipieren. Nachdem er sich in dem Amerikabuch »Amerika heute und morgen« über die »amerikanischen Polizei- und Gerichtseinrichtungen« informiert hat, steht sein Entschluß fest: »Martin sollte also mitkommen«, denn aus dem Buch ging hervor, daß man dort nicht »auf Geheiß lasterhafter Reeder eingekerkert« (2,276) wurde. Mutter Hentjen gegenüber hat er sich zur »Aufgabe« gesetzt, sie »erobernd zu erlösen« (2,280). Die Amerikareise plant er mit ihr gemeinsam: Ihm ist klar, daß er »das amerikanische Werk nicht nur für sich, sondern auch für Mutter Hentjen ... studiert« (2,275). Gerade aber durch den Kontakt mit diesen beiden ihm am nächsten stehenden Menschen werden ihm die Augen für die Realitäten geöffnet, gerade aufgrund ihrer Einwände läßt er schließlich das ganze amerikanische Projekt fahren. So denkt Mutter Hentjen gar nicht daran, Eschs Amerikapläne ernst zu nehmen: »Nee«, entgegnet sie ihm auf einen seiner zahlreichen Vorschläge zur Amerikareise, »bis wir reisen hat es gute Weile, — ich lasse malen, das Haus soll schön sein« (2,357). Esch ist darüber erbost und fühlt die gemeinsame Freiheitsidee verraten: »Der Käfig wird eben nur ... ausgemalt ... Diese Frau hatte es ja förmlich darauf angelegt, alles rückgängig und ungeschehen zu machen ... Und das neue Leben war ihr ein taubes Wort« (2,360—361). Er spürt, daß er in einem »Käfig herumlief als einer, der an Flucht und weite Freiheit dachte und doch nur an den Gitterstäben rütteln konnte« (2,362). Mit dieser Feststellung ist Esch zu einer entscheidenden Einsicht vorgestoßen, denn er erkennt nun seine faktische Unfreiheit und durchschaut selbst, daß er sich mit seinen Amerikaträumen über diese Unfreiheit immer nur hinweggetröstet hat. »Mit Schwindeleien«, folgert er jetzt konsequent, »läßt sich eben nichts ausrichten, man bleibt verwaist« (2,362). »Solche Erkenntnis«, so resümiert der Erzähler am Ende des *Esch*-Teils der Trilogie, »genügte, um Esch zu veranlassen, daß er sich in seinem irdischen Kölner Leben einrichtete, eine anständige Stellung suchte und seinem Geschäfte nachging« (2,364).

An Esch wird also die Konsequenz schlechter Utopie verdeutlicht: Anfangs tröstet er sich mit Träumen von einem »neuen Leben« in Amerika über die Misere seines alltäglichen Lebens hinweg, dann erkennt er diese Träume als Utopismus und Phantastereien und gibt sie auf, um schließlich mit der Gegenwart in ihrem Sosein zufrieden zu sein. Weil Eschs Utopien die reale Gegenwart immer überfliegen, können sie auch nie die Basis zu ihrer Veränderung abgeben. Dieser Art von beziehungslosem und vom Erzähler negativ gewertetem Utopismus steht Geyrings positiv gesehene »konkrete Utopie« gegenüber.

Indes, Eschs Sich-Abfinden mit dem Alltäglichen ist nicht von Dauer. Im *Huguenau*-Teil der Trilogie erlebt sein alter Utopismus eine Wiedergeburt als eine Art Chiliasmus und »steriler Mystizismus«, wie Broch ihn nennt. Wirkte sich im *Esch*-Teil Geyrings Verhalten und soziale Gesinnung auf seine Entwicklung aus, so ist ihm nun der alte Major von Pasenow mit seinem Christenglauben zum Vorbild geworden. Seine ideologische Neuorientierung geht aus einem Gespräch mit dem Major Pasenow hervor. Esch ist wegen seines Eintretens für Hilflose und Unterprivilegierte von Huguenau beim Stadtkommandanten Pasenow als »Kommunist« diffamiert worden. Esch aber bekennt: »Auf den Sozialismus kommt's nicht an ... auf das gemeinsame Suchen nach dem Glauben ... meine Freunde und ich, wir haben eine Bibelstunde eingerichtet« (2,507). Nachdem Major Pasenow in seinem verworrenen Leitartikel im »Kurtrierschen Boten« vom 1. Juni 1918 »die Freiheit eines Christenmenschen« (2,448) in den Mittelpunkt seiner Ausführungen gestellt hat, gibt es auch für Esch nur noch eine wirkliche Freiheit, »die Freiheit eines Christenmenschen« (2,479). Seine alte Buchhalterideologie vom Lebenskonto, das wieder ausgeglichen werden muß, aus dem ein Fehler auszumerzen sei, kommt wieder zum Vorschein, diesmal als Idee von einem mystischen Opfertod, der geleistet werden müsse: »... erst muß der kommen, der der Fehler ausmerzt und Ordnung macht ..., der den Opfertod auf sich nimmt, die Welt zu neuer Unschuld zu erlösen« (2,530). War Esch, bevor er den Major kennenlernte, in seiner Zeitung gegen Kriegsübel angegangen und hatte den Kampf mit der Zensur auf sich genommen, so betrachtet er nun nach seiner Hinwendung zu Pasenows Christentum den Krieg als eigene Schuld eines jeden einzelnen: »... wir (mußten) den Krieg auf uns nehmen, weil wir gesündigt haben« (2,532). Eschs alter Amerika-Utopismus taucht erneut wieder auf, diesmal als religiöse Hoffnung aufs »gelobte Land«. Im »Symposion« singt er voller Inbrunst »Führ uns ins gelobte Land / Herr Gott, Zebaoth« (2,535). Eschs frühere Amerikapläne waren irreal, aber sie beflügelten doch seine verschiedenen

Aktivitäten. Mit ihnen verband sich zwar eine »nie erfüllte«, trotzdem aber »süße Hoffnung« (2,241). Die neuen Erlösungserwartungen Eschs aber sind mit völliger Passivität verbunden, sind nichts als »steriler Mystizismus« ohne aktivitätssteigernde Hoffnung. Die gemeinsamen Bibelstunden sind leere Rituale, nach deren Vollzug Depression um sich greift: »Hoffnungslos drückte sie beide jegliches Leben . . .« (2,568) schreibt der Erzähler über Esch und Pasenow, als sie nach einer der Bibelstunden einen Spaziergang unternehmen. »Die Bibelstunden« heißt es danach, »waren jetzt schlecht besucht« (2,631). Sie hören bald ganz auf und damit auch Eschs chiliastische Erlösungserwartungen. Er greift wieder zurück auf die alten Amerikaphantasien. Als gegen Ende des Romans nach einem Konflikt mit Huguenau Frau Esch ihren Mann nach dem Grund seines Mißmuts frug, »gab er nur ein Brummen von sich: ‚Nach Amerika auswandern . . .‘ Dann wurde nichts mehr gesprochen« (2,601–602). Dieser Rekurs auf seinen alten Utopismus zeigt, daß Esch ideologisch am Ende ist, denn es ist der ratlose Rückzug auf eine Position, die er selbst bereits einmal als überholt hinter sich gelassen hatte. Das Leben in den Kriegswirren empfindet er als lebensunwürdig, die Bibelübungen erweisen sich als leere Rituale, und an ein »neues Leben« in Amerika glaubt er im Grunde nicht mehr. Huguenau spürt die Hoffnungslosigkeit und die Müdigkeit seines Gegners Esch heraus. Er ermordet[139] ihn, verführt seine Frau und spielt sich als Retter des Majors Pasenow auf, der sein Leben Esch verdankt. Der standpunktlose Opportunist und Geschäftemacher Huguenau vernichtet den weltfremden, weltflüchtigen und ideologisch verwirrten Esch, d. h. der Repräsentant einer weltanschaulich ‚anarchischen‘ Übergangszeit unterliegt dem Repräsentanten eines ‚sachlich‘[140]-technokratischen Zeitalters ohne übergreifende Weltanschauung.

Bereits kurze Zeit nach Erscheinen des *Huguenau* hat Broch auf die aktuelle Zeitkritik in diesem Romanteil hingewiesen. In einem Brief an Daniel Brody schreibt er am 17. Juli 1933: ». . . wollen Sie nicht . . . darauf aufmerksam machen, daß der Huguenau die jetzige Entwicklung genau vorausgesagt hat . . .?«[141] In Huguenau stellte Broch 1931 einen standpunktlosen Machttechniker im kleinen dar, dem es aufgrund seines Opportunismus und seiner Anpassungsfähigkeit gelingt, seine Machtsphäre ständig zu erweitern, und der es versteht, die Ängste seiner Zeitgenossen für seine eigenen egoistischen Interessen auf brutalste Weise auszunutzen. Wie Brochs früher Selbstkommentar[142] zeigt, wollte er mit dieser Figur vor einem typischen Vertreter des sich etablierenden Faschismus warnen. Freilich kann man nicht so weit gehen und aus Brochs Kommentar folgern, er habe nichts anderes getan als eine Faschismustheorie in Dichtung umgesetzt. Die kritische Intention des *Huguenau* ist eine wesentlich komplexere.

6. ‚Huguenau': Studien sachlicher Verhaltensmuster

a) *Wilhelm Huguenau: Ein »bürgerlicher Faiseur« als »Kind seiner Zeit«*

Huguenau, von Broch als »wertfreier Mensch« (2,665)[143] und »fast verbrecherischer Typus« (8,18) bezeichnet, gehört dem »kommerziellen System an« (2,665) und wird als das »adäquate Kind seiner Zeit« (8,26) gesehen. Er ist der Typus des »bürgerlichen Faiseurs«, der nach Broch »mit absoluter Konsequenz und Radikalität den Leitspruch des Enrichissez-vous in Geltung« zu setzen versucht, um »unter Vernichtung aller Konkurrenz, dem eigenen Wirtschaftsobjekt ... zur alleinigen Domination zu verhelfen« (2,474–475). Die Kriegsläufte bringen es mit sich, daß Huguenau Frontsoldat wird, eine Tatsache, die der Erzähler sarkastisch kommentiert: »Sicherlich hätte ihn sein kaufmännisches Ethos eher dem zeitgerechteren Schleichhandel als dem Kriegshandwerk verpflichtet« (2,369). Dieser Gedanke beherrscht aber auch Huguenau selbst, und er desertiert kurzentschlossen, um dem gefährlichen Kriegshandwerk zu entkommen und einträglicheren Geschäften nachzugehen. Die Flucht selbst beginnt mit einer Art visionärer, Freiheit verheißender Erscheinung. Das »aufzuckende Orangelicht des Kanonenfeuerwerks und der Leuchtraketen« (2,372) wandelt sich ihm zu dem »Bild eines in einer Orangewolke gen Himmel auffliegenden Herrn mit erhobener Hand« (2,371). An diese Vision des Himmelfahrtsbildes aus Grünewalds[144] Isenheimer Altar schließen sich assoziativ weitere Erinnerungsbilder an: die Kreuzigungsgruppe aus der Mitte des Altarbildes, die »er nicht liebte« (2,371), schließlich eine »Folterkammer«, die er in Nürnberg besichtigt hatte: »Das war interessant gewesen! Und auch 'ne Menge Bilder gab es dort. Auf einem war ein Mann zu sehen, der an eine Art Pritsche angekettet war und der, wie die Beschreibung sagte, einen Pastor[145] im Sächsischen mit vielen Dolchstößen ermordet hatte ...« (2,371). Huguenau hat Mitgefühl mit dem Mörder und empfindet eine gewisse Solidarität: »Sicherlich litt auch der Mann an Leibschmerzen ...« (2,371). Die Verdrängung der Christusbilder durch die Erinnerung an den Pastorenmörder offenbart, daß Huguenau sich von christlichen Vorstellungen losgelöst hat und eine Affinität zum Mörder einer ihrer Repräsentanten verspürt. Für ihn gibt es kein christliches, überindividuell-gültiges Menschenbild mehr, sondern lediglich die denkbar »kleinste und engste Theologie«, die »Privattheologie«, die »gerade noch auslangt, die schäbigsten Handlungen eines empirischen Ichs zu plausibilisieren« (2,681). Huguenaus Desertion ist entsprechend egoistisch motiviert und keineswegs der Ausdruck einer kriegsgegnerischen Gesinnung. Mit dem Krieg selbst und also auch mit der Tatsache, daß seine Kameraden hingeschlachtet werden, ist er völlig einverstanden: »Er (war) als Deserteur mit diesem Heere doch auf eine eigentümliche, man möchte sagen, negative Art verbunden, und sicherlich war er ein Angehöriger des Krieges, dessen Vorhandensein er guthieß« (2,374). Ihm geht es lediglich darum, in den Kriegswirren der Zeit untertauchen zu können, um im Schutz der erworbenen Anonymität seine individuelle Freiheit ausleben zu können. Die neue Freiheit vermittelt ihm »Ferienzeit«-Gefühle[146] (2,375). Losgelöst von seinem »früheren Leben« (2,379) mit den kaufmännischen Pflichten, befreit von den Bindungen eines kleinbürgerlichen Händlers, kann er nun den Träumen eines »bürgerlichen Faiseurs« ungestört nachhängen und sie zu realisieren versuchen. Er hat einen »Ferienstatus« erreicht, demzufolge er sich weigert, »das Leben dort wieder anzuknüpfen, wo man es ihm abgerissen hatte« (2,379). Angesichts verlockender Geschäfte unterbricht er seine »Odyssee« (2,665) in einem Moseldorf, wo er sich entschließt, vorläufig zu bleiben. Seine kaufmännische Phantasie entzündet sich an den während der Kriegszeit allmählich verkommenden Weinbergen. Huguenau sieht sich schon als Kriegsgewinnler:

Hinter der Stadt sind die Weinberge. Ja, und in manchen steht das Unkraut. Der Mann ist gefallen oder in Gefangenschaft. Die Frau kann's allein nicht schaffen. Oder treibt sich mit einem anderen herum. Außerdem sind die Weinpreise unter Staatskontrolle. Wer es da nicht versteht, von hinten herum zu verkaufen, für den verlohnt es sich nicht, den Weingarten zu bestellen. Dabei sind es prima Sorten!... Eigentlich müßte so eine Kriegerwitwe so einen Weinberg billig verkaufen. (2,379)

Um seinen Plan in die Tat umzusetzen, geht Huguenau zum Redakteur der Lokalzeitung und will als Makler für Weinberge eine Annonce aufgeben. Als er dort hört, daß der Redakteur Esch des ständigen Kampfs mit der Zensur müde ist, wittert er im Aufkauf der Zeitung ein noch besseres Geschäft und läßt die Weinbergpläne fahren. Am Beispiel dieses Zeitungserwerbs demonstriert Broch, wie im »Denkstil« der »radikalen Logizität« (2,477) eines »bürgerlichen Faiseurs« zwischenmenschliche Beziehungen sich ihrer Menschlichkeit entkleiden und zu reinen »Sach«-Beziehungen werden, die je nach Opportunität ausgenützt, eingesetzt oder fallengelassen werden. Zunächst wird der ahnungslose und gutmütige Esch übertölpelt, dann eine finanzielle Beteiligung der Honoratioren des Ortes erschwindelt und schließlich — als Gipfel des Vabanquespiels — die Unterstützung des Ortskommandanten Pasenow bei der Transaktion eingeholt. Die ganze Sache wäre halb so abscheulich, wenn sie nicht aufgrund politischer Denunziation und unter Ausnutzung vorgespielten politischen Drucks zustande käme. Pasenow wird für den Aufkauf gewonnen, indem Huguenau vor den »bedenklichen Ideen«, die der bisherige Redakteur Esch durch die Zeitung »im Volk« (2,392) verbreitet habe, mit großem rhetorischem Aufwand warnt. Auch weiß er von »defaitistischen Reden« Eschs in »kommunistischen Versammlungen« (2,619) zu berichten. Wird der Major bei seinem kaiserlich-antikommunistischen Affekt gepackt, so werden die Ortshonoratioren in ihrer ängstlich-servilen Bewunderung für das Großkapital angesprochen. Huguenau, der es »nie (hatte) leiden mögen, wenn die Leute... auf den Krieg und auf die Zeitungen schimpften oder behaupteten, daß die Zeitungen von Krupp gekauft seien, um den Krieg zu verlängern« (2,374), stellt sich der Lokalprominenz als Kruppscher Zeitungsaufkäufer vor. Wenn »Krupp und die Kohlenbarone Zeitungen kauften«, meint Huguenau, »so wußten sie, was sie taten, und dies war ihr gutes Recht« (2,374). Warum sollte, so fragt sich Huguenau, ihm nicht billig sein, was seinem großen Vorbild Krupp recht ist? Huguenau, das macht Broch deutlich, imitiert hier Verhaltensweisen, wie sie für die wirtschaftlich führenden Vertreter der wilhelminischen Gesellschaft typisch sind. Den »begüterten ortsansässigen Herren« (2,393) stellt Huguenau sich also als Vertreter der »patriotischen Großindustrie« (2,392) vor und sichert den Honoratioren zu, daß sie »mit der Großindustrie in Fühlung und in ein gewisses Kompagnieverhältnis« (2,393) treten werden. Auch hier, wo mit dem Großkapital gelockt wird, darf die Abschreckung vor den »bedenklichen subversiven Elementen« (2,393) nicht fehlen. Um die »ganze submarine Bewegung« (2,393) dieser »Elemente« zu bremsen, müsse die Zeitung von Huguenau übernommen werden, und es sei, so argumentiert er, die patriotische Pflicht der Honoratioren, den Kauf finanziell mit abzusichern. Um die »neue Ära« (2,441) des Blattes zu verdeutlichen, hat Huguenau den Major zu bewegen vermocht, einen Leitartikel beizusteuern. Die »am Blatte beteiligten Honoratioren« bittet er, »patriotisch-ökonomische Aufsätze« (2,441) zu publizieren. Die Lokalprominenz fällt auf Huguenaus Spiel mit den politischen Ängsten und Versprechungen herein und finanziert die erste Teilzahlung des Zeitungskaufs — mehr Geld wird bei diesem Geschäft nie transferiert werden: »Für jedermann [stand] es außer Zweifel, daß man in ihm tatsächlich den Exponenten der kapitalkräftigsten Industriegruppe des Reiches zu sehen hatte (Krupp) ... der Abend schloß mit einem Hoch auf die verbündeten Armeen und auf Seine Majestät den Kaiser« (2,421).

Huguenau hat keinerlei moralische Distanz zu seinen geschäftlichen Aktionen, »für ihn war das Ganze ein durchaus legales Geschäft« (2,441). Immer wieder aber hebt Broch hervor, daß er in Huguenau nicht einen Einzelfall schildert, nicht einen asozialen Typus vorstelle, der als die Ausnahme von der Regel anzusehen sei. »Wenn Huguenau ein so überaus wohlgefälliges Ohr bei seinen Zuhörern fand«, betont Broch, »so lag ... dies daran, daß er kein Rebell war, vielmehr einer, der für sich und seine Tasche sorgte, und daß er damit die Sprache redete, die die anderen verstanden« (2,420). Aber nicht nur den Betrüger, auch den Mörder Huguenau hält Broch für einen Repräsentanten des Bürgertums, bzw. einer bestimmten Schicht innerhalb des Bürgertums. Um zu verhindern, daß das mit dem Zeitungskauf errichtete »Kartenhaus« (2,441) zusammenstürze, ersticht Huguenau seinen Gläubiger Esch, als sich während eines Aufstandes der Gefangenen im Ort dazu eine Gelegenheit ergibt. Der Kommentar Brochs ist bezeichnend:

Hat er einen Mord begangen? ... er brauchte darüber nicht nachzudenken und er tat es auch nicht. Hätte er es aber getan, er hätte bloß sagen können, daß seine Handlungsweise vernünftig gewesen war und daß jeder der Honoratioren des Ortes, zu denen er sich schließlich mit Fug zählen durfte, nicht anders gehandelt hätte. Denn fest stand die Grenze zwischen Vernünftigem und Unvernünftigem, zwischen Wirklichkeit und Unwirklichkeit ... Daß er Esch umgebracht hatte, fiel zwar nicht in den kaufmännischen Pflichtenkreis, widersprach aber auch nicht dessen Usancen (2,661; 665).

Es ist der alte anti-bürgerliche Affekt Brochs, der sich in der schonungslosen Kritik an der Huguenau-Figur artikuliert und der uns schon aus seinen frühesten Pamphleten bekannt ist. Nicht, daß er für eine revolutionäre Beseitigung der bürgerlichen Gesellschaft plädierte, aber er weist auf die der bürgerlichen Gesellschaft immanenten unmoralischen Züge hin und wünscht sie abgeschafft. Das verdinglichte und inhumane Denken einer Ideologie, für die letztlich nichts als materielle Werte Geltung haben, wird an Huguenau exemplifiziert.[147] Seine Überzeugungen und Weltanschauungen werden nicht mehr als persönliches Bekenntnis vertreten, sondern als verfüg- und austauschbar je nach Profitwert eingesetzt. Auch dafür liefert Broch ein Beispiel: Huguenau ist sich darüber klar, daß man »bloß wissen (muß), wo der Feind steht, dann kann man, wenn's drauf ankommt, einen Frontwechsel vornehmen« (2,623). Als er in den letzten Kriegstagen merkt, daß die Sozialisten politisch Oberwasser bekommen und man sich mit kaiserlich-patriotischer Gesinnung in die roten Zahlen wirtschaften würde, knüpft er flugs Kontakte zu den Sozialisten Pelzer und Liebel an. Seine bisherigen patriotischen Anstrengungen — wie etwa die Organisierung der Bismarck-Feier — interpretiert er zur proletarischen Aktion um. In seiner neuen Version bezeichnet er sie als »Mittel..., die Bourgeoisie, die den Beutel gewiß nicht locker im Sacke sitzen hat, in Schwung zu bringen, damit für die Kinder armer gefallener Proletarier etwas getan werde« (2,624). So schnell wie die politischen wechselt er auch die religiösen Bekenntnisse. Als er sich nach Friedensschluß wieder häuslich in seiner Heimat niederläßt, veranlassen ihn »Vermögensvorteile..., dem evangelischen Glauben beizutreten« (2,668).

Brochs literarischer Feldzug gegen den »bürgerlichen Faiseur« Huguenau bliebe aber auf halbem Wege stecken, wenn er nur das Bild dieses Betrügers entwürfe, ohne sein Tun auch ad absurdum zu führen. Die Sinnlosigkeit und Hohlheit der Huguenauschen Aktivitäten verdeutlicht er gegen Ende des Romans. Ähnlich wie der Ästhet Eduard im ersten Romankapitel ist nämlich auch Huguenau eine Spielernatur ohne wirkliches Engagement und ohne tieferes Interesse an seinen Manipulationen. Die »Freude an der Zeitung«, die er mit so viel Intrigen erworben hat, »hatte nicht lange gewährt... Huguenau hatte es satt... Es war, als hätte er ein Spielzeug in die Ecke geworfen; er mochte es nicht mehr« (2,469). Erst andere dubios-geschäftliche Aussichten sind ihm Anreiz zu neuen ökonomischen »Spielen«.[148] Solcher Anreiz zu einer weiteren »erpresserischen und häßlichen Handlung«, die nach Broch »weder gegen seine Privattheologie noch gegen die des kommerziellen Wertsystems« verstößt, bietet sich ihm nach Ende des Krieges, als er mit einem Schreiben an die Witwe Eschs diese um den letzten Vermögensanteil an dem Zeitungsbesitz bringt. Huguenaus zwischenmenschliche Beziehungen stehen also unter dem Diktat der »Sachlichkeit«, und die Personen, mit denen er umgeht, werden zu Objekten seiner Manipulationen. Liebe kennt er nicht, und Zuneigung empfindet er nur gegenüber Maschinen:

Huguenau, dessen Sympathien der Maschine gehörten (2,407), konnte stundenlang... vor seiner Druckmaschine sitzen und mit ernsthaftem leeren Knabenblick hinter den Brillengläsern ihr liebevoll zusehen... (2,470).

Der maschinellen Rationalität, Perfektion, Funktionalität und Berechenbarkeit gilt die Zuneigung des »sachlichen« Huguenau. Freilich kann diese Art von technischem Eros auch bei ihm menschliche Liebe nicht ersetzen. »Eine unbändige Sehnsucht nach menschlicher Nähe« (2,639) erfaßt ihn während der Revolutionstage im November 1918. Aber auch die Erfüllung dieser Sehnsucht äußert sich auf die gewohnt brutale und inhumane Weise, nämlich in der Vergewaltigung von Frau Esch. Geprägt durch die Denk- und Handlungsschemata seiner kommerziellen Sachlichkeit, vermag er keine echten menschlichen Beziehungen herzustellen. »Eine kalte Zone, die wie ein Gürtel der Einsamkeit um seinen Standort gelegt« (2,682) ist, umgibt ihn; er ist ein Gefangener seiner Ideologie und seiner Konventionen. Zwar überkommt ihn zuweilen »große Sehnsucht, aus solchem Pferch herauszukriechen« (2,682), doch sind derlei Versuche zum Scheitern verurteilt. Wer sich, schreibt Broch, »in das geldlich-kommerzielle System flüchtet«, also in die »eigentlichste Daseinsform philiströser Bürgerlichkeit«, der »entgeht der Enttäuschung nicht«, die eine »Schein-Gemeinschaft« (2,678) bereithält, nämlich der Vereinsamung des Individuums, die aus der Verdinglichung der menschlichen Beziehungen resultiert.

Huguenau repräsentiert einen Typus, bei dem sich Ängste und Sehnsüchte perspektiven- und zukunftslos auf das Jetzt beziehen. Seine Sehnsüchte befriedigt er augenblickhaft; im geschäftlichen Bereich durch Betrügereien, im zwischenmenschlichen Bereich durch seelische und physische Vergewaltigungen. Seinen Hoffnungen fehlt jegliches humane Telos. Die einzige Hoffnung, die er artikuliert, birgt einen Mordgedanken: »Eine Hoffnung stieg in ihm auf: der Esch ist erschossen« (2,645). Mit der Gestaltung der Figur des »bürgerlichen Faiseurs« Huguenau hat Broch eine so scharfe Kritik an der bürgerlichen Gesellschaft geübt, wie er sie sonst — weder früher noch später — in keinem Essays und in keiner der übrigen dichterischen Arbeiten vorgebracht hat. Er unterstreicht diese Kritik noch ausdrücklich, wenn er über Huguenau abschließend sarkastisch bemerkt, daß er »in Branchenkreisen einen guten Ruf genoß« (2,665).

b) Leutnant Jaretzki: eine »tote Seele« der Langemarck-Generation

Mit solch blinder Kriegsbegeisterung, wie Broch sie an den lyrischen Kriegshelden in den »Cantos 1913« monierte, war auch Leutnant Jaretzki 1914 in den Krieg gezogen. Gegen Kriegsende wurde er schwerverletzt in ein Lazarett eingeliefert; ein Arm mußte amputiert werden. Jaretzki ist mit der Brutalität des Krieges nicht fertig geworden. Sein entscheidendes Kriegserlebnis war die anfängliche Begeisterung, zu der er sich immer wieder zurücksehnt. Sie ist ihm wie ein Versprechen, das nicht eingelöst worden ist und das somit zur großen Enttäuschung seines Lebens wurde. An die Stelle der Begeisterung trat bei ihm und seinen Kameraden die Erfahrung der »übermächtigen Sinnlosigkeit« des Krieges, »einer Sinnlosigkeit, die sie nicht begreifen oder höchstens als Scheißkrieg bezeichnen konnten« (2,370). Jaretzki sucht nach einem Ersatz für die frühere Begeisterung. Da er nichts Äquivalentes finden kann, leidet er unter ständigen Depressionen, die er durch Alkoholgenuß zu verdrängen sucht. In einem Gespräch äußert er:

... erinnern Sie sich bloß, wie prachtvoll besoffen wir August vierzehn waren ... mir kommt vor, als ob es damals das erste und das letzte Mal gewesen ist, wo man richtig zusammengehört hat ... geben Sie mir irgendeine andere, irgendeine neue Besoffenheit, meinetwegen Morphium oder Patriotismus oder Kommunismus oder sonstwas, das den Menschen ganz besoffen macht ... geben Sie mir etwas, damit wir wieder alle zusammengehören, und ich lasse das Saufen sein ... (2,599).

Die Erfahrung der Sinnlosigkeit[149] vermag Jaretzki weder intellektuell noch psychologisch zu verkraften und kann hinter das, was er erlebte, keinen Schlußpunkt setzen. Die Kriegserfahrungen haben ihm jede Zukunftshoffnung geraubt. Der Neuanfang in einem bürgerlichen Leben nach Kriegsschluß scheint ihm ausgeschlossen: »... mit der Liebe ist's auch aus ... ins Bürgerliche zurückzufinden, eine Karriere vor sich haben, nicht mehr Herumvögeln, Heiraten ... aber daran glauben Sie ebensowenig wie ich ... Was soll man denn machen außer Saufen ... das habe ich mir wirklich erst hier angewöhnt« (2,600;425;473). Das Wahnsinnigwerden an den Widersprüchen der Zeit, über das die Lazarettärzte beiläufig räsonieren, ist für Jaretzki bittere Wirklichkeit. Wenn Dr. Flurschütz an Jaretzki die mehr rethorische Frage stellt: »Begreifen Sie, daß man hier so ruhig herumspaziert ... während ein paar Kilometer von hier lustig drauflos geknallt wird? ... jetzt müßte man von Rechts wegen wahnsinnig werden« (2,424), so bezeichnet er damit die Ursache von Jaretzkis Irritation. Jaretzki, von Flurschütz als »tote Seele« (2,620) bezeichnet, glaubt nicht daran, daß der Wahnsinn des Krieges jemals enden werde, was er darauf zurückführt, daß jede Art von menschlicher Gemeinschaft endgültig zerbrochen sei. Immer wieder ist es das Trauma vom Verlust der Gemeinschaft, das aus seinen Reden spricht: »Ich sage ..., daß der Krieg nicht aufhören kann, weil einer nach dem andern an die Reihe kommt, allein zu sein ... und jeder, der allein ist, muß einen anderen töten« (2,539). Die Ärzte beschließen, Jaretzki »mit seinen Nerven in eine Spezialbehandlung« der Nervenheilanstalt in Kreuznach zu schicken (2,486; 613). Auch bei den Ärzten greift Resignation um sich. Auf Jaretzki bezogen bemerkt der Oberstabsarzt Kuhlenbeck sarkastisch: »Kennen Sie die Geschichte vom Delinquenten, der die Gräte verschluckt und den man operiert hat, um ihn am Morgen aufhängen zu können? das ist beiläufig unser Metier« (2,433).

An Jaretzki verfolgt Broch das Schicksal eines Vertreters der »Langemarck«-Generation, die mit fehlgelenkter Begeisterung und mißbrauchtem Idealismus sich in den Krieg stürzte, um in ihm umzukommen oder zum physischen und psychischen Krüppel zu werden. Sein Anti-Kriegs-Engagement, das Broch in den »Cantos 1913« und im »Zerfall der Werte (1)« theoretisch formulierte, hat in der Geschichte vom Leutnant Jaretzki ihren überzeugendsten Ausdruck gefunden.

c) Kritik am Faschismus: Die »Sehnsucht nach dem Führer«

Die »Führer«-Vokabel in den *Schlafwandlern* ist der Broch-Rezeption der letzten Jahre zu einem Stein des Anstoßes geworden. Allzu vorschnell und ohne genaue Textinterpretation wird auf eine Geistesverwandtschaft Brochs mit den Faschisten[150] geschlossen. Wie so viele Begriffe ist aber auch der des »Führers« von den Nationalsozialisten »verhunzt«[151] worden, und beim Umgang mit diesen mißbrauchten und abgenutzten Begriffen ist daher eine Mahnung Ernst Blochs zu beherzigen:

Nichts befreit ... vom Untersuchen der Begriffe, die der Nazi zum Zweck des Betrugs ... so verwendet wie entwendet hat. Führer, vor allem Reich tauchen derart auf, und wird ihrem ursprünglich zu endenden Sinn nachgegangen, so tauchen sie in anderer, in nachdenklicherer Weise auf, als das zuletzt gewohnt war.'[152]

Es gilt zu untersuchen, ob Broch die »Führer«-Vokabel[153] in einem dem faschistisch-politischen Begriff ähnlichen oder gar identischen Sinne gebrauchte. Als das »neue Problem«, das ihn in den *Schlafwandlern* am meisten beschäftigt, sieht Broch in einem Brief vom April 1930 die Frage an: »Wohin wirkt die Sehnsucht nach Erweckung und Errettung, wenn sie in einer Zeit des Verfalls und der Auflösung der alten Werthaltungen nicht mehr in diese münden kann?« (8,18). Bei verschiedenen Protagonisten des Romans, besonders bei Joachim von Pasenow und Esch, drückt sich diese Sehnsucht darin aus, daß sie ständig auf der Suche nach Vorbildern, nach »Führern« sind, die ihnen Verhaltensnormen vorleben oder vorschreiben, und an denen sie sich orientieren können. Joachim findet vorübergehend in Eduard seinen »zuversichtlichen Führer« (2,142), dessen Ratschlägen er bedingungslos folgen möchte: »Es blieb kein anderer Ausweg, als sich zu unterwerfen und Bertrands Befehl als Prüfung auf sich zu nehmen« (2,132). Als Eduard ihn verläßt, »litt (Joachim) darunter, daß er der Sicherheit ... des Freundes ... entraten sollte« (2,157). Er sieht sich nach neuen »Führer«-Naturen um und fühlt sich nach der Heirat mit Elisabeth in Baron Baddensens »Hut gestellt« (2,153). Als späterer Major im Weltkrieg vertraut er sich, um nicht »verzweifeln (zu) müssen«, der geistigen »Führerschaft Luthers« (2,509) an. Auch Esch glaubt, bei der Suche nach dem »Reich der Erlösung« (2,319) nicht »des Führers entraten« (2,321) zu können, doch sind seine Identifikationen mit konkreten Personen (Geyring, Pasenow) immer von relativ kurzer Dauer. Denn mit den »Kolonisten« hat er gemein, daß seine »einzige Führerin« eine »unerfüllbare Sehnsucht« (2,326) ist. Während des im Roman veranschaulichten Prozesses der »Auflösung der alten Werthaltungen« suchen die Romanfiguren also nach verläßlichen Verhaltensmustern, die sich in konkreten Personen manifestieren. Alexander Mitscherlich, dessen Arbeiten Broch schätzte[154], schreibt dazu:

Der Führer repräsentiert, wie Freud sagt, das Ich-Ideal der Massen. Vor allem wenn Traditionen zerbrechen und historische Entwicklungen in eine unbestimmte Zukunft drängen, steigern sich die regressiven Bedürfnisse der großen Menge. Man sucht nach dem sicheren Geleit in die Ungewißheit.[155]

Fast mit den gleichen Worten analysiert Broch diese »Sehnsucht nach dem Führer« im Roman selbst:

Gäbe es einen Menschen, in dem alles Geschehen dieser Zeit sinnfällig sich darstellte, dessen eigenes logisches Tun das Geschehen dieser Zeit ist, dann... wäre auch diese Zeit nicht mehr wahnsinnig. Deshalb wohl sehnen wir uns nach dem ‚Führer‘, damit er uns die Motivation zu einem Geschehen liefere, das wir ohne ihn bloß wahnsinnig nennen können. (2,403)

Bei dieser Textstelle handelt es sich um eine Analyse Brochs, nicht aber um den »Ruf nach einem Führer«.[156] Broch konstatiert ein Faktum, wenn er von der »Sehnsucht nach dem Führer« schreibt, der »ordnend und den Weg weisend« Vorbild sein könne. Das Protokollarische seiner Feststellung unterstreicht er noch mit dem abschließenden Satz »Dies ist die Sehnsucht« (2,685). Darüber, daß diese Zeitdiagnose Brochs richtig ist, besteht wohl kein Zweifel. Über die Führersehnsucht in Österreich zu Beginn der dreißiger Jahre berichtet Adam Wandruszka:

Mussolini, König Alexander von Jugoslawien, Horthy, Pilsudski, Codreanu, Salazar, Brüning, Papen, Schleicher, Hitler — es ist die Stunde der ‚starken Männer‘ in Europa. Auch in Österreich hält man schon seit langem nach den ‚starken Mann‘ Ausschau, wie in den anderen politischen Lagern, vor allem im ‚nationalen‘, so auch im christlich-konservativen; — selbst bei den Sozialdemokraten kommt damals... ein der Vorkriegspartei unbekannter ‚Personenkult‘ auf. Im konservativen Lager, in dem die Sehnsucht nach dem ‚guten Regenten‘ auf eine jahrtausendealte antik-christliche, zumindest im Unterbewußtsein wirkende Tradition zurückgeht... ist dieses Suchen nach dem ‚starken Mann‘, der endlich ‚Ordnung macht‘, besonders stark... ‚Führung und Gefolgschaft‘, ‚Führertum‘... sind... die Leitworte des Tages.[157]

Wandruszka macht deutlich, wie gerade in Österreich religiöse und politische Erwartungen ineinander übergehen und zuweilen nicht zu trennen sind. Diese Vermischung sieht auch Broch, der in einem Brief von 1934 bemerkt, daß für die Befriedigung des herrschenden »Bedürfnisses ... nach Glaubenkönnen ... jedes Surrogat« (8,103) genommen werde. In den *Schlafwandlern* stimmt Broch nicht in den Ruf nach dem Führer ein, vielmehr will er gerade die religiös-überspannten Erwartungen, die in den ‚starken Mann' gesetzt werden, dämpfen. Er betont: »Doch selbst wenn der Führer käme, das erhoffte Wunder bliebe aus« (2,685). Durch den Gebrauch des modus irrealis und durch die Ablehnung des Glaubens, daß durch einen »Führer« die erhoffte »Ordnung« auf »wunderbare« Weise wiederhergestellt werden könne, deutet er die Irrealität der Ankunft eines »messianischen« Führers an. Die Grundlosigkeit solcher in den »Führer« gesetzten Hoffnungen unterstreicht Broch, wenn er fortfährt und das »Hoffen«, »daß mit dem sichtbaren Leben des Führers das Absolute sich im Irdischen jemals erfüllen werde« als »vergeblich« (2,686) bezeichnet. Wenn Broch schließlich schreibt, daß das »Leben« des erwarteten »Führers« und »Heilsbringers« »Alltag im Irdischen« wäre, daß »sein Weg« und »seine Verlassenheit ... die des Kindes« (2,685–686) sei, so wird endgültig deutlich, daß Broch von den Erwartungen, die in einen realen »Führer« gesetzt werden, nichts wissen und auf die menschliche Eigenverantwortung zurückverweisen will. Das war auch der Sinn der Brochschen »Wir«-Ethik, in der die Autonomie des Einzelmenschen hervorgehoben wurde. Diese Autonomie läßt es nicht zu, daß Zielsetzungen von »Führer«-Figuren einfach imitativ übernommen werden. So wie die Anlehnungen bestimmter Romanfiguren an »Führer«-Gestalten mit den Mitteln der Satire oder der Parodie ad absurdum geführt wurden, so wird im »Zerfall der Werte« vom philosophisch-ethischen Standpunkt aus die Führer-Sehnsucht abgelehnt.

Noch deutlicher als in den *Schlafwandlern* hat Broch sich in dem genau gleichzeitig mit dem »Huguenau«-Teil der Trilogie erschienenen Aufsatz »Leben ohne platonische Idee« von derlei Sehnsüchten distanziert. In einer »Hoffnung« wie der, »daß der ... Diktator doch der künftige ... Heilsbringer ... sei, ... dem bis zur tiefsten Erniedrigung und ... schweigend Gefolgschaft geleistet werden müsse«, erkennt er den »verbrecherischen Charakter dieser Zeit« (10,281). Broch wendet sich also in der denkbar schärfsten Form gegen jede Verquickung von religiösen und politischen »Heilsbringer«-Erwartungen. Das besagt aber nicht, daß er auch religiöse Messiashoffnungen ablehnt. Eine solche Hoffnung bezeichnet er im Gegenteil als »unzerstörbar« und als den Garant für die »ewig wiederkehrende Geburt« des »Wertes«. Mit dem Aufkommen dieser »Messiashoffnung« erhebe sich immer wieder die »Stimme der Menschheit« als die der »unmittelbaren Güte« (2,686-687). Aber diese Messiashoffnung ist für Broch eine Hoffnung der »Annäherung« (2,686) an die Ideale der Humanität und kein Ruf nach einer konkreten Erlöserfigur. Die spezifische Qualität der Messiaserwartung besteht nach Broch in ihrer Hoffnung auf das Erreichen des »neuen Ethos«, in ihrer Aufrechterhaltung der humanitären Ideale. Dieser Hoffnung ist bei ihm ein durchaus aktives Moment inhärent, und sie hat nichts zu tun mit einer bloß passiven Erwartungshaltung. Dazu bemerkt er 1932: »Faulheit im Geiste ist das Sündige schlechthin, und die bloße Hoffnung auf den Messias, der der Erkennende und der Held zugleich sein soll, ist von übelstem ‚gottverlassenstem‘ Fatalismus« (10,282). Gegen den Anti-Intellektualismus der Faschisten gewandt, betont er, daß in der Zeit, in der »der umfassende Freiheitsverband der Religion aufgelöst« sei, der »intellektuelle Mensch« die Verantwortung für die Garantierung der »Vernunft und der Freiheit« (10,227) zu übernehmen habe.

Während also auf der »naturalistischen« und »psychologischen« Ebene des Romans durch die Romanfiguren Erwartungen in »Führer«-Figuren gesetzt werden, deren Vorbild sie nachahmen und denen sie Eigenverantwortung übertragen möchten, wird auf der »Ebene des Kommentars« durch den Autor diese Art von passiver Hoffnung abgelehnt und dagegen die aktive Hoffnung auf ein »neues Ethos« des in seine Selbstverantwortung aufgestiegenen Menschen gesetzt. Von einem aufklärerischen Standpunkt aus übt Broch Kritik am Verhalten unmündiger Personen wie Joachim und Esch und stellt sich damit zugleich in Gegensaz zu den zeitgenössischen faschistischen Propagandisten eines »Führer«-Kults.[158]

NACHWORT

Die Arbeit endet mit Zitaten, die belegen, daß Broch die Gefahren des Faschismus[1] bereits erkannte, als dieser sich in Deutschland und Österreich noch nicht als Staatsmacht etabliert hatte. Nach 1933 nahm diese Opposition noch zu. Durch die Gestaltung der Figuren Ratti und Wenzel im *Bergroman* (1935) greift er mit dem Mittel der Dichtung den Faschismus in seiner Ideologie und politischen Praxis an[2], und mit der *Völkerbundsstudie*[3] (1937) formulierte er als politischer Theoretiker Vorschläge zur Eindämmung der außenpolitischen Aggressionsakte der »Achsen«-Mächte sowie zum Einschreiten gegen die Verfolgung von Minoritäten in diesen Staaten. Sein amerikanisches Exil[4] ab 1938 steht — bis auf die Fertigstellung des *Vergil* (1945) — im Zeichen der Arbeit an einer Theorie über Demokratie, die in den letzten Lebensjahren allerdings unterbrochen wurde durch die Einschiebung des zum politischen Roman umkonzipierten Novellenbandes *Die Schuldlosen* (1949) und durch verschiedene »Brot«-Arbeiten wie den »Hofmannsthal«-Essay.

Wo stand Broch politisch? Wie läßt sich seine politische Position am treffendsten kennzeichnen? Anti-Faschismus reicht zur Kennzeichnung eines politischen Standpunktes nicht aus. Bekannte Broch sich zu irgendeiner Form des marxistischen Sozialismus? Zählte er sich zu den bürgerlich-liberalen Demokraten? Oder war er im Lager der konservativen Revolutionäre zu Hause? Broch selbst hat sich nie auf eine dieser Positionen festgelegt, und es ist äußerst schwierig, irgendeine bestimmte politisch-weltanschauliche »Sparte« für ihn zu finden. Gegen den Marxismus hegte er als Kantianer zu große ethische Bedenken, als daß er sich ihm angeschlossen hätte. Dieselben Einwände hielten ihn, der dem Bürgertum im *Huguenau* kein rühmliches Denkmal setzte, davon ab, sich zum Sprecher bürgerlicher Interessen zu machen. Und schon gar nichts hielt er von seiner Meinung nach ,romantischen' und ,reaktionären' Verehrern heiler Vergangenheiten[5] aus der Garde der konservativen Revolutionäre. Auf eine dieser »eindeutigen« politischen Richtungen kann man Broch nicht festlegen. Das einzige, was sich mit Sicherheit sagen läßt, ist, daß er sozialen Reformen positiv gegenüberstand[6] und dabei mit gewerkschaftlichen, d. h. unrevolutionären Lösungen sympathisierte. Das zeigen sein Rätesystem-Aufsatz, die Darstellung der Geyring-Figur im *Esch* und schließlich sein wirtschaftstheoretischer Beitrag zur *City of Man*[7], in dem er sich u. a. für die konsequente Verwirklichung des ,New Deal'-Programms von Präsident Roosevelt einsetzte. Ansonsten aber ist Broch ein parteipolitisch-ungebundener Kritiker, der es sich zur Aufgabe setzte, die je gegebenen politischen Realitäten — unter welchen Vorzeichen sie auch immer stehen mochten — im Namen einer von ihm als ‚irdisch-absolut' verstandenen Humanität zu kritiseren und zu verändern. Daß er mit diesem Vorsatz Ernst machte, an den Dogmatismen und ideologischen Erstarrungen der jeweiligen politischen Regime Kritik zu üben, hat er immer wieder bewiesen: 1914 griff er den Wilhelminismus, 1918 den Sozialismus, 1931 das Bürgertum, 1937 den Faschismus an, und während seines Exils machte er aus seinen Einwänden gegen die amerikanische Variante der Demokratie keinen Hehl.[8] Am klarsten hat Broch seine Position als unabhängiger politischer Kritiker in seinem letzten politischen Essay dargelegt, in dem Aufsatz »Die Intellektuellen und der Kampf um die Menschenrechte«[9] von 1950. Dort schreibt er:

Alle Revolutionen sind von der utopischen Menschlichkeit des Intellektuellen entfacht worden, haben sich unter seiner Führung gegen die Unmenschlichkeit erstarrter Institutionen gewandt, und jede siegreich gewordene Revolution hat ihn und die Menschlichkeit letztlich wieder verraten, hat in neuen Interessenvertretungen, in neuen Institutionalismen versanden müssen ... Darum wird der Intellektuelle immer wieder zu seinem endlosen Kampf aufgerufen werden.[10]

Broch vertritt hier den Standpunkt eines »friedlichen Revolutionärs« und ist überzeugt, daß das utopische »wishful thinking« der Intellektuellen »in jedem Weltaugenblick die Weltwirklichkeit« zu »verändern trachte« und daß »gerade hiedurch ... das Leben vorwärtsgetragen« werde. Optimistisch fährt er fort: »Billionen anonymer Kleinutopien bilden das Vehikel des Fortschrittes, und ihre Verdichtungsstellen nennen wir Revolution.«[11] Entsprechend seiner zeitkritischen Dichtungstheorie hatte Broch es in den dreißiger Jahren unternommen, durch das Medium des Romans die utopischen Tendenzen seiner Zeit ins Bewußtsein zu heben. Genau die gleichen Bestrebungen setzte er während der vierziger und zu Anfang der fünfziger Jahre mit dem Mittel der politischen Theorie fort, von der er sich nun eine größere Wirkung versprach.[12]

Broch ist also nicht Anhänger einer bestimmten politischen Ideologie, sondern Vertreter einer Intellektuellengruppe, die sich als kritisches Ferment der jeweiligen Gesellschaft versteht, in der sie tätig ist. Er vertritt damit eine Auffassung von der Aufgabe des Intellektuellen, wie sie heute — das zeigen u. a. Arbeiten von Alexander Mitscherlich, Wolfgang Kraus, Theodor Geiger, Ernst Fischer, Leszek Kolakowski — sowohl im Lager der liberal-bürgerlichen wie der unorthodox-marxistischen Intelligenz immer mehr Anhänger findet.[13]

ANMERKUNGEN

EINLEITUNG

1 Vgl. Klaus W. Jonas, »Broch-Bibliographie«, in: *Hermann Broch. Daniel Brody: Briefwechsel 1930—1951*, hg. v. Bertold Hack und Marietta Kleiß, (Frankfurt am Main 1971), S. 1081—1168.

2 Manfred Durzak, »Plädoyer für eine Rezeptionsästhetik. Anmerkungen zur deutschen und amerikanischen Literaturkritik am Beispiel von Günter Grass ‚örtlich betäubt‘«, *Akzente*, 6/71 (Dez. 1971), S. 487—504. Zu dieser Rezeptionsästhetik für den Literaturkritiker heißt es dort: »Sie bedeutet in erster Linie die Aufforderung zu einer Reflexion seines kritischen Standortes, des Motivationsgeflechtes, das in vielfacher Verschränkung seinem individuellen Standort zugrundeliegt.« (S. 487—488).
Zum Thema Rezeption vgl. auch die Darstellung von Ulrich Weisstein, »‚Rezeption‘ und ‚Wirkung‘«, in: *Einführung in die Vergleichende Literaturwissenschaft*, (Stuttgart 1968), S. 103—117; ferner die grundsätzliche Abhandlung von Hans Robert Jauss, *Literaturgeschichte als Provokation*, (Frankfurt am Main 1970).

3 Hingewiesen sei vor allem auf Brochs diesbezügliche Äußerungen in der »Autobiographie als Arbeitsprogramm« (GW9), auf die in der Folge eingegangen wird.

4 Der Einfachheit halber werden die zahlreichen Beispiele aus der Sekundärliteratur zu Broch in der Folge nicht mit den ausführlichen bibliographischen Angaben zitiert, sondern lediglich mit den Nummern versehen, die sie in der Jonas-Bibliographie erhalten haben. Diese Art des Zitierens rechtfertigt sich auch aus der Tatsache, daß die angeführten Artikel keinen Einfluß auf die vorliegende Studie hatten: S. 31.36, 32.15.

5 Ibid., S. 32.21.

6 Ein kurzes Wort zum Gebrauch der Begriffe »Gesellschafts«- und »Kultur«-Kritik: Während »gesellschaftskritisch« im Sinne von Kritik an den sozio-ökonomischen und politischen Verhältnissen verstanden wird, bezieht sich »kulturkritisch« auf eine gesamtgesellschaftliche, Kunst und Philosophie einbeziehende Situation, die unter einem bestimmten geschichtsphilosophischen Aspekt beurteilt wird. Brochs Entwicklung verläuft derart, daß er sich vom allgemeinen Kulturkritiker à la Spengler und Klages zum sehr spezifischen Gesellschaftskritiker entwickelt, ohne dabei eine umfassende kulturphilosophische Perspektive aufzugeben. Diese Kulturkritik, wie sie aus dem »Zerfall der Werte« spricht, hat aufgrund ihrer Hoffnungskomponente dann kaum noch etwas gemein mit dem Spenglerschen Kulturpessimismus. (Vgl. dazu vor allem die Ausführungen in den »Schlafwandler«-Kapiteln dieser Studie.)

7 Jonas-Bibliographie, a.a.O., S31.38, 31.29.

8 Vgl. dazu die beiden Aufsätze bei Jost Hermand, »Der formalistische Trend« und »Dichtung als ethisch-metaphysischer Dienst am Sein«, in:

Synthetisches Interpretieren. Zur Methodik der Literaturwissenschaft, (München 1968), S. 130 ff. und 120 ff.

⁹ Gustav Bermann etwa wußte den *Pasenow* noch adäquat zu würdigen, stand aber dem *Esch* und dem *Huguenau* ratlos gegenüber. In seinem Schreiben vom 27. 3. 1930 (uv. YUL) an Broch heißt es: »Ich muß Ihnen gestehen, daß mir ... der Sinn dieser beiden letzten Teile nicht aufgegangen ist« und lehnte es ab, die Trilogie in das Programm des S. Fischer Verlages aufzunehmen.

¹⁰ Den entscheidenden Anstoß zur Diskussion dieses auch die Broch-Forschung beunruhigenden Problems hatte Wolfgang Kayser gegeben mit seinem Essay »Die Anfänge des modernen Romans im 18. Jahrhundert und seine heutige Krise«, *DVjs,* 28 (1954), S. 417—446.

¹¹⁻¹³ K. W. Jonas, »Broch-Bibliographie«, a.a.O., S45.09; S51.21; S53.10.

¹⁴⁻²¹ Ibid., S60.12; S55.20; S62.35; S62.42; S63.04; S63.18; S66.19; S67.49.

²² Ob die formalistischen Betrachtungsweisen nach 1945 generell zu erklären sind mit einer »Flucht« vor dem Politischen, gilt noch genauer abzuklären. Schließlich herrschte der Formalismus des ‚New Criticism‘ auch in den Vereinigten Staaten, wo es keinen Faschismus gegeben hatte. Etwas für sich hat aber auch Jost Hermands These zur Erklärung dieses Phänomens: »Wie um 1930 begann man sich wieder auf das rein Künstlerische zu besinnen, was zu einem mächtigen Anschwellen aller ästhetisch-formalistischen Betrachtungsweisen führte ... Bei den Älteren läßt sich dies nur als Flucht oder bewußter Eskapismus interpretieren. Bei den Jüngeren steht eher der Glaube dahinter, auch mit geringen Vorkenntnissen sofort in die immanente Struktur des jeweiligen Werkes eindringen zu können.« (Synthetisches Interpretieren, a.a.O., S. 141 u. 148).

²³⁻³⁰ K. W. Jonas, »Broch-Bibliographie«, a.a.O., S62.10; S62.13, 65.19; S62.22, 66.29; S65.19, 66.26; S66.31, 66.49, 70.10; S48.01, 49.06, 51.22; S54.02, 62.24; S67.50.

³¹ Ibid, S. 64.13, 66.48, 67.16, 68.29, 69.06.

³² Wolfgang Rothe, »Hermann Broch als politischer Denker«, *Zeitschrift für Politik,* 5/4 (April 1959), S. 329—341.

³³ K. W. Jonas, »Broch-Bibliographie«, a.a.O., S64.13, 66.48, 67.16, 68.29, 69.06.

³⁴ Manfred Durzak, *Hermann Broch in Selbstzeugnissen und Bilddokumenten,* (Reinbek bei Hamburg 1966) und Thomas Koebner, *Hermann Broch: Leben und Werk* (Bern 1965).

³⁵ Götz Wienold (Herausgeber), *Hermann Broch. Zur Universitätsreform,* (Frankfurt am Main 1969).
Dieter Hildebrandt (Herausgeber), *Hermann Broch. Gedanken zur Politik,* (Frankfurt am Main 1970).

³⁶ Ernestine Schlant, »Theorie der Politik«, in: *Die Philosophie Hermann Brochs,* (Bern und München 1971), S. 146—178.
Karl Menges, »Gesellschaftskritik und Utopie«, in: *Kritische Studien zur Wertphilosophie Hermann Brochs,* (Tübingen 1970), S. 129—170.
Paul Michael Lützeler, »Hermann Brochs politische Pamphlete«, *Literatur und Kritik,* 54/55 (1971), S. 198—206.

37 Hartmut Steinecke, »Hermann Broch als politischer Dichter«, *Deutsche Beiträge zur geistigen Überlieferung*, VI, (1970), S. 140—183.

38 Vgl. die Darstellungen von Karl Menges und Heinz D. Osterle. Beide sehen in Broch lediglich einen Vertreter antiaufklärerischer Dichtung und Philosophie. Brochs Kulturkritik sei in erster Linie durch die Lebensphilosophie geprägt und trage stark prä-faschistische Züge. Karl Menges führt das vor allem auf Brochs Beschäftigung mit Schopenhauer zurück, Heinz D. Osterle auf einen angeblichen Einfluß von Oswald Spengler und Ludwig Klages. Osterle beschäftigt sich primär mit Brochs Romantrilogie *Die Schlafwandler*, Menges fast ausschließlich mit Brochs Philosophie. Menges' Untersuchung läuft auf die These hinaus, daß Brochs Wertphilosophie nirgends die Schwelle empirischer, d. h. beliebiger Spekulation übersteige, und Osterle entdeckt im Gebrauch der »Schlafwandel«-Metapher eine Absage an die aufklärerische Funktion von Literatur. Die Kernaussage der Trilogie sei antirevolutionär, anti-utopisch und damit reaktionär. Menges' Methode ist die immanent-philosophischer Kritik und als solche durchweg unhistorisch; Osterles Methode ist vorwiegend geistesgeschichtlich.
In der Folge wird bei der Erörterung zahlreicher Detailprobleme deutlich, wie fragwürdig die Methoden und Resultate dieser Untersuchungen sind.

39 Yale University Library, New Haven; Lockwood Memorial Library, Buffalo; Leo Baeck Institute, New York; Dokumentationsstelle für neuere österreichische Literatur, Wien; Broch-Museum Teesdorf bei Wien; Deutsches Literaturarchiv, Marbach; Dokumentationsarchiv des österreichischen Widerstandes, Wien.

40 René Wellek, Austin Warren, *Theorie der Literatur*, übersetzt von Edgar und Marlene Lohner, (Berlin 1963), S. 81.

41 Ibid, S. 135.

42 Vgl. die Rezension des Verf. zu Menges' *Kritischen Studien, Monatshefte*, 63/4 (Fall 1971), S. 291—293.

43 Wir folgen der terminologischen Unterscheidung von Wellek/Warren in: *Theorie der Literatur*, a.a.O., S. 33.

44 Herbert Fügen, »Einleitung«, in: *Wege der Literatursoziologie*, (Neuwied und Berlin 1968), S. 34.

45 Eine kurze Erwähnung findet der Begriff des »erweiterten Naturalismus« lediglich bei Manfred Lange, *Die Liebe in Hermann Brochs Romanen. Untersuchungen zu dem epischen Werk des Dichters* (Diss. Tübingen, 1965), S. 16 ff., ohne jedoch theoretisch ausreichend geklärt zu werden.

46 Als solchen bezeichnet ihn Karl Menges, *Kritische Studien*, a.a.O., S. 176.

KAPITEL I. 1

1 Brochs Philosophieren in diesen Jahren ist äußerst laienhaft. Die meisten seiner kulturkritischen und ästhetischen Reflexionen sind unhaltbar und sollen hier nicht bis ins Detail referiert werden. Wie unsicher

der junge Broch sich auf philosophischem Gebiet noch fühlt, wie skeptisch er seinen eigenen Thesen gegenübersteht, geht aus Bemerkungen wie dieser hervor: »Ein Teil stützt den anderen, und es vollendet sich eine Gedankenkonstruktion, von der ich persönlich nichts halte.« (Kultur 1908). Zwar erwähnt er Platon, Goethe, Schopenhauer, Spencer und Weininger, aber er kennt diese Denker — mit Ausnahme von Weininger — wohl nur aus zweiter Hand.

[2] Die unveröffentlichten Notizbücher *Kultur 1908/1909* befinden sich im Broch-Archiv der Yale University Library und tragen die Sigle Es 7,3.

[3] Manfred Durzak nennt Karl Kraus, Sigmund Freud und Otto Weininger. Vgl. seine Studie: »Das Vorbild seiner Jugend: Otto Weininger«, in *Hermann Broch. Der Dichter und seine Zeit,* (Stuttgart 1968), S. 11—23.

[4] Erich Zöllner schildert die wirtschaftlichen Verhältnisse zwischen der Jahrhundertwende und dem Ersten Weltkrieg ausführlich in seinem Standardwerk *Geschichte Österreichs,* (Wien 1970), S. 430 und 447 ff.

[5] Caroline Kohn, *Karl Kraus,* (Stuttgart 1966), S. 12.

[6] Karl Kraus in seinem ersten Brief an Maximilian Harden, *Die Fackel,* Heft 2, S. 8.

[7] Eine aufschlußreiche Analyse dieser scheinbaren Sekurität im Deutschland der gleichen Zeit vermittelt Georg Lukács mit seinem Aufsatz »Die Lebensphilosophie im imperialistischen Deutschland« in *Von Nietzsche zu Hitler oder Der Irrationalismus und die deutsche Politik,* (Frankfurt am Main 1966), besonders S. 104 ff.

[8] Sämtliche Zitate aus dem Abschnitt »Das Satyrspiel« in *Kultur 1908.* Einer ganz ähnlichen Metaphorik bedient sich bei seiner Kritik am Wiener Kulturbetrieb Brochs Jugendfreund Alfred Polgar, der gleichfalls in Kraus seinen Lehrer fand: »Unsere Literatur und Kunst fanden in der Sachertorte ihr Symbol, ihr wahrlich geschmackvollstes Symbol: zarter, wenig substantieller Teig und darüber eine etwas klebrige, schimmernde Glasur. In der Schriftstellerei hieß sie Geist ... Das süße Wien ist tot. Daß es schon bei Lebzeiten nach Verwesung roch, war eine Folge dieser Süßigkeit.« [*Kleine Zeit,* (Berlin 1919), S. 56.]

[9] Hans Weigels kritisches Korrektiv zu Stefan Zweigs *Die Welt von gestern* stützt Brochs Polemik: »Was gewesen ist, wird voll Heimweh gegen das Seitherige ausgespielt, als wäre das Seitherige nicht damals in Wien und durch Wien ausgelöst worden. Die ‚Welt von gestern‘ war korrupt und verseucht und ihres Unterganges Ursache und Anlaß.« [*Karl Kraus oder die Macht der Ohnmacht. Versuch eines Motivenberichts zur Erhellung eines vielfachen Lebenswerks,* (Wien-Frankfurt am Main-Zürich 1968), S. 179.]

[10] uv. Brief Brochs an Hanns von Winter vom 8. 9. 1950, YUL.

[11] Karl Kraus, »Die Unabhängigen«, *Die Fackel,* Heft 1, S. 5 und »Ich und die ‚Neue Freie Presse‘«, *Die Fackel,* Heft 5, S. 3.

[12] Hermann Broch, »Berthold Viertel«, *Aufbau,* VIII/5 v. 30. 1. 1942, S. 11. Bei dem Essay, der in der folgenden Nummer des *Aufbau* fortgesetzt wurde, handelt es sich um eine erweiterte Rezension zu Viertels Lyrik-Auswahlband *Fürchte dich nicht,* der gerade im Barthold

Fles Verlag, New York, erschienen war. Dieser Aufsatz ist bisher von allen Broch-Bibliographen übersehen worden und ist nicht identisch mit »Rede über Viertel« in *Plan*, II/5, 1947, S. 297–301.

13 Friedrich Torberg, »Zwischen Schmunzeln und Höllengelächter«, in: *Pamphlete, Parodien, Postscripta*, (München 1964), S. 411.

14 Der österreichische Außenminister von Aehrenthal strebte die Einverleibung Bosniens und der Herzegowina in die Donaumonarchie an. In Rußland und Serbien gab es daraufhin Kriegsalarm. Zu den Details vgl. E. Zöllner, *Geschichte Österreichs*, a.a.O., S. 436–439.

15 C. Kohn, *Karl Kraus*, a.a.O., S. 219.

16 Vgl. Georg Lukács, *Von Nietzsche zu Hitler*, a.a.O., S. 102.
Zu Brochs Weininger- und Schopenhauer-Rezeption vergleiche die Darstellungen von Manfred Durzak *(Der Dichter und seine Zeit*, a.a.O., S. 11–34). Wie bei den meisten seiner schriftstellerischen Zeitgenossen — etwa bei Thomas Mann — vollzog sich auch Brochs Schopenhauer-Rezeption nicht streng akademisch, sondern populär. Eine akademische Kritik an Brochs frühem Schopenhauer-Bild findet sich bei Karl Menges *(Kritische Studien*, a.a.O., S. 94 ff.).
Es muß an dieser Stelle darauf hingewiesen werden, daß sich Broch schon sehr bald von den Vertretern der Lebensphilosophie abwandte. In seinem Aufsatz »Konstruktion der historischen Wirklichkeit«, *Summa*, 4. Viertel (1918), argumentiert er gegen den Intuitionismus Bergsons (S. V), und im *Tagebuch für Ea von Allesch* polemisiert er gegen Klages: »Eben sehr entsetzt Klages' *Mensch und Erde* gelesen . . . Schließlich habe ich Natorp exzerpiert, um wenigstens etwas Ernsthaftes im Tag getan zu haben.« (10. 8. 1920). Dem Broch aus der *Schlafwandler*-Zeit Klages-Anleihen zu unterstellen, wie Heinz D. Osterle es tut, heißt ihn mißverstehen. (Vgl. »,Die Schlafwandler'. Kritik der zentralen Metapher«, DVjs, 2, 44 [1970], S. 243). Mit dem Einsetzen der ernsthaften Kant-Beschäftigung um 1913 läßt das Interesse an Schopenhauer und den Irrationalisten nach, wie die folgenden Ausführungen zeigen werden.

17 Als dann ein Jahrzehnt später Spenglers Hauptwerk erscheint, setzt sich Broch entschieden von dessen Thesen ab: »Was Spengler anlangt . . .: Er hält eben das für Geschichtsphilosophie, was alle dafür halten. Und diese Meinung zu widerlegen, bedarf es eben meines Buches. Ansonsten ist nur seine ignorante Präpotenz widerlich.« *(Tagebuch für Ea von Allesch*, a.a.O., Eintragung vom 4. 7. 1920.)

18 Was Broch hier mit »Rationalismus« bezeichnet, wäre als »Denkweise der Erfahrung« eigentlich das genaue Gegenteil von »Rationalismus«, nämlich »Empirismus«. Er meint aber tatsächlich den Rationalismus. Dieser habe das »Generationengedächtnis« der Europäer geprägt und sei daher für sie die »Denkweise der Erfahrung«.

19 Hans Weigel, *Karl Kraus*, a.a.O., S. 169.

20 Karl Kraus, *Die Fackel*, 474/483, S. 121. Caroline Kohn berichtet, daß Kraus die Zeilen 1908 schrieb und dann in dem genannten *Fackel*-Heft nochmals abdruckte *(Karl Kraus*, a.a.O., S. 86).

21 Karl Kraus, *Die Fackel*, Heft 261/262, S. 1.

22 Brochs gesammelte Werke werden in der Folge in der bekannten Rei-

henfolge 1—10 zitiert. Die zweite Ziffer nach dem Komma bedeutet die Seitenzahl.

23 Vgl. die Arbeit des Verf., »Die Kulturkritik des jungen Broch. Zur Entwicklung von Hermann Brochs Geschichts- und Werttheorie«, *DVjs*, 44 (1970), S. 210 ff.

24 Autoren wie Heinz D. Osterle, die Brochs Kulturkritik, wie sie sich im »Zerfall der Werte« in den *Schlafwandlern* äußert, mit dem Börsenkrach von 1929 in Verbindung bringen, beweisen damit, daß sie Brochs geistige Entwicklung nicht kennen (vgl. »Kritik der zentralen Metapher«, a.a.O., S. 267). Nicht nur, daß die wichtigsten Thesen von Brochs Werttheorie bereits während des Ersten Weltkriegs formuliert wurden (vgl. u. a. die Arbeit des Verf. »Die Kulturkritik des jungen Broch«, a.a.O., S. 214—221), sondern das spezifische Endzeit-Bewußtsein, aus dem heraus Broch später von der »Nullpunkt-Situation« der Kultur spricht, artikuliert sich schon in diesen frühesten Notizen, zur Zeit einer wirtschaftlichen Prosperität also, als eine globale ökonomische Krise, wie die von 1929 noch nicht abzusehen war.

KAPITEL I. 2

1 J. Giraudoux, *Kein Krieg in Troja. Schauspiel in zwei Akten,* autorisierte Übersetzung von Anette Kolb, (Wien 1936), S. 65.

2 G. Heym, *Tagebücher,* hg. von K. L. Schneider (Hamburg 1960), S. 164, Eintragung vom 15. 9. 1911.

3 R. Dehmel, »Der letzte Traum. Zum Gedenken an Detlev v. Liliencron«, *Schöne wilde Welt. Neue Gedichte und Sprüche,* (Berlin 1913), S. 119.

4 G. d'Annunzio zählte mit Benito Mussolini zu den italienischen Interventionisten, die besonders leidenschaftlich zum Kriegseintritt drängten. Die Methode ihres Vorgehens zeigte bereits damals ausgeprägte Wesenszüge der späteren faschistischen Propaganda.

5 M. Barrès schrieb im »Echo de Paris« vom 20. 10. 1914: »Die germanische Macht wird zertrümmert, in Stücke geschlagen...« Zitiert nach Romain Rolland, *Zwischen den Völkern. Aufzeichnungen und Dokumente aus den Jahren 1914—1919. Band I,* (Stuttgart 1954), S. 77. Vgl. auch Helmut Kreuzer, *Die Boheme,* (Stuttgart 1968), S. 339 ff.

6 zitiert nach R. Rolland, *Zwischen den Völkern,* a.a.O., S. 386/387.

7-13 sämtliche Zitate nach Hans Weigel, *Karl Kraus,* a.a.O., S. 172—176.

14 zitiert nach Karl Kraus, *Die Fackel,* 588—93, S. 81.

15 zitiert nach Hans Weigel, *Karl Kraus,* a.a.O., S. 176.

16 zitiert nach Karl Kraus, *Weltgericht,* 13. Band der von Heinrich Fischer herausgegebenen Werkausgabe (München-Wien o. J.), S. 48.

17 Das Österreich-Gedicht vom September 1914 war die Antwort Hofmannsthals auf Rudolf Alexander Schroeders »Deutschen Feldpostgruß«. Es ist abgedruckt in H. v. Hofmannsthal, *Gedichte und lyrische Dramen,* Band 1 der von Herbert Steiner herausgegebenen Werkausgabe, (Frankfurt am Main 1963), S. 95.

18 Ähnlich wie Broch hegte auch sein Freund Alfred Polgar »äußerstes Mißtrauen gegen die Dichter, die der Krieg zum Dichten anregt«. Er schreibt dazu: »Ist geistiger, literarischer Profit vom Krieg, gefühls-zinsend in Poesie angelegt, weniger schmählich als materieller? Er ist hundertmal schmählicher.« (*Kleine Zeit*, a.a.O., S. II) Es handelt sich bei diesem Band um eine Sammlung von Stellungnahmen und Kurz-geschichten, die Polgar während des Ersten Weltkrieges publizierte.

19 zitiert nach der von Manfred Durzak besorgten Edition in den *Neuen Deutschen Heften*, 110, XIII (Juni 1966), S. 3—10. Dem gan-zen Inhalt nach zu urteilen, ist das Gedicht zu Anfang des Ersten Weltkriegs geschrieben worden. Daß es sich um eine Jugendarbeit han-delt, hat Manfred Durzak nachgewiesen in »Ein Frühwerk Hermann Brochs«, *NDH*, 110, XIII (Juni 1966), S. 10—18. Ob das Gedicht be-reits 1913 geschrieben wurde, wie Manfred Durzak vermutet, ist frag-lich. Die Jahreszahl 1913 wird sowohl präterital als auch präsentisch gebraucht: »Im Jahre 1913 trugen die Herren...« (S. 3), aber »Wir schreiben doch 1913 . . .« (S. 4). Der Schlußteil der »Cantos«, in dem vom Beginn des Krieges die Rede ist, läßt vermuten, daß das Werk in den ersten Kriegswochen geschrieben wurde. Da Broch immer wieder auf seine älteren literarischen und philosophischen Produkte zurück-greift, ist es durchaus möglich, daß Broch das Gedicht bereits 1912 entwarf (wie Manfred Durzak in dem Aufsatz »Hermann Brochs Auffassung des Lyrischen«, *PMLA*, 82 [1967], S. 2, vermutet), und daß er es erst 1914 fertigstellte.

20 Max Scheler, *Der Genius des Krieges und der Deutsche Krieg*, (Leip-zig 1915).

21 Wenn Broch in seinem Hofmannsthal-Essay das ständestaatliche Den-ken als weltfremd abtut, kann er sich nicht mit ihm in den etwa gleichzeitig entstandenen *Schuldlosen* identifizieren. Die Gleichsetzung des »Imkers« mit Broch, wie sie Renato Saviane vornimmt, läßt sich leicht als falsch widerlegen.
Ob aber, wie Saviane behauptet, der Imker als Vertreter des Stände-staates betrachtet werden kann, ist noch die Frage. Der Imker hängt dem Traum von einer »geldbefreiten Welt« nach, in der es nur »Hand-werker und gierlos gewordene Bauern« (5,121) gibt. Aufgrund dieser Wünsche erklärt Saviane ihn bereits zum Ständestaats-Ideologen. Diese wenigen Andeutungen im Roman geben eine etwas schwache Basis ab für die Theorie einer korporativen Staatsverfassung. Auch unterläßt es Saviane, den anschließenden Satz zu zitieren: »Gewiß glaubte er nicht daran, aber er liebte es, sich's so auszudenken.« (5,121). Wie dem auch sei, mit diesen Roman-Zeilen kann man Broch nicht in die Nähe einer Ideologie rücken, wie sie das klerikal-faschistische Österreich von 1933 bis 1938 vertrat. Vgl. R. Saviane, *Apocalissi e Messianismo nei Romanzi di Hermann Broch*, (Università di Padova: Pubblicazioni dell Istituto di Anglistica e Germanicistica, 1971), S. 10.

22 H. Broch, »Heinrich von Stein«, *Summa*, III. Viertel, (1918), S. 169.

23 *Reden des Kaisers. Ansprachen, Predigten und Trinksprüche Wil-helm II.*, hg. von Ernst Johann (München 1966).

24 Michael Freund, *Deutsche Geschichte*, (Gütersloh 1960), S. 433.

[25] Manfred Durzak, »Der Kitsch. Seine verschiedenen Aspekte«, *Deutsch-unterricht*, 19, 1, (1967), S. 93—120.

[26] Eine ähnlich harte Kritik am kaiserlichen Deutschland und den es verherrlichenden Intellektuellen findet sich wenige Jahre später bei Ernst Bloch: »Lichtloser war nie ein Kriegsziel als das des kaiserlichen Deutschland; ein stickiger Zwang, von Mittelmäßigen verhängt, von Mittelmäßigen ertragen; der Triumph der Dummheit, beschützt vom Gendarm, bejubelt von den Intellektuellen, die nicht Gehirn genug auftreiben konnten, um Phrasen zu liefern.« *(Geist der Utopie*, 3. Band der Gesamtausgabe, bearbeitete Neuauflage der zweiten Fassung von 1923, Erstauflage 1918, [Frankfurt am Main 1964], S. 11.)

[27] Hans Bernd Gisevius, *Der Anfang vom Ende. Wie es mit Wilhelm II. begann*, (München 1971). Der grundlegende Unterschied zwischen Hitler und dem Kaiser bestand nach Gisevius allerdings darin, daß jener die Macht besaß, wahnwitzige Ideen zu realisieren, während diesem von der Reichsregierung Zügel angelegt wurden.

[28] Immer wieder ist Broch in seinen Aufsätzen und Pamphleten gegen die Todesstrafe angegangen. In dem nach dem Zweiten Weltkrieg entstandenen Aufsatz »Politik ein Kondensat« betrachtete er sie als Symptom der »Enthumanisierung in den Diktaturen« (7,203). Noch in seinem letzten politischen Essay »Die Intellektuellen und der Kampf um die Menschenrechte« von 1950 bittet er den in Berlin tagenden »Kongreß für die Freiheit der Kultur«, sich bei der UNO für die »Einrichtung eines internationalen Begnadigungssenates, dem... Todesurteile zwecks Überprüfung vorgelegt werden sollen« zu verwenden (*Literatur und Kritik*, 54/55, Mai-Juni 1971, S. 196). Diese Haltung Brochs steht in Übereinkunft mit seiner »Werttheorie«, die besagt, daß das Leben der »Wert an sich«, der Tod dagegen der »Unwert an sich« (7,232) sei.

[29] Abgesehen von dem Kolportage-Roman *Sonja oder über unsere Kraft*. (Hirm/Burgenland = Fölszerfalva 1909), der zusammen mit acht Bekannten verfaßt worden war, hatte Broch bis 1914 nur im *Brenner* publiziert: 1913 das Gedicht »Mathematisches Mysterium«, ferner die »Antwort auf eine Rundfrage über Karl Kraus« und die Mann-Rezension »Philistrosität, Realismus, Idealismus der Kunst«.

[30] Vgl. C. Kohn, *Karl Kraus*, a.a.O., S. 86.

[31] Vgl. R. Rolland, *Zwischen den Völkern*, a.a.O. In diesem Werk dokumentiert sich der baldige Meinungsumschwung der Kriegsbegeisterten nach der Ernüchterung. Stefan Zweig verteidigt die Schriftsteller, die gegen den Anfangsenthusiasmus nicht protestiert hatten: »Vergessen Sie aber nicht, daß im Schweigen eine Meinung spricht. Rilke, Heinrich Mann, Schnitzler und wie viele unserer Besten haben geschwiegen. Sie werden später sprechen: in einer Zeit des Völkerhasses war ihr Wort vergeblich, aber immer deutlicher ist jetzt die sittliche Gegenwehr gegen den Haß.« (S. 34)

[32] Vgl. Sidonie Cassirer, »Hermann Broch's Early Writings«, *PMLA*, 75 (1960), S. 458, Anmerkung 11.

[32a] H. Broch, »Philistrosität, Realismus, Idealismus der Kunst« in: *Brenner*, Jg. 3, Nr. 9, (1. 2. 1913), S. 399—415.

33 Karl Kraus, *Die Fackel,* 357—359, S. 75—84.
Kraus hatte ein Feuilleton der *Neuen Freien Presse,* das über den
Selbstmord des japanischen Generals Nogi handelte, zum Anlaß seiner
Satire genommen.

34 Bold, »Karl Kraus«, *Zeit im Bild,* 11. Jg. Nr. 15, (1913), S. 776.

35 *Der Brenner,* III/18 (15. 6. 1913), S. 849.

36 Carl Dallago, »Karl Kraus der Mensch«, *Der Brenner,* Juni 1911, auch
als Separatum vertrieben, abgedruckt auch in *Die Fackel,* 331/332,
S. 61 (auszugsweise).

37 *Der Brenner,* III/9 (1. 2. 1913), S. 373—385.

38 *Der Brenner,* IV/14 (1. 5. 1914), S. 689—690.

39 H. Broch, »Rede über Viertel«, a.a.O., S. 301. Die Rede war im Juni
1945 von Broch aus Anlaß des 60. Geburtstages von Berthold Viertel
in New York gehalten worden.

40 C. Kohn, *Karl Kraus,* a.a.O., S. 84.

41 *Die Fackel,* 360—362, S. 39.

42 F. Torberg, »Als die ersten *Fackel*-Hefte erschienen«, *Literatur und
Kritik,* 49 (Oktober 1970), S. 531.

43 *Die Fackel,* 363—365, S. 47, S. 70—72.

44 *Die Fackel,* 374—375, S. 3.

45 K. Kraus, »In dieser großen Zeit«, *Die Fackel,* 404, hier zitiert nach
Weltgericht, a.a.O., S. 56.

46 zitiert nach C. Kohn, *Karl Kraus,* a.a.O., S. 98.

47 K. Kraus, *Weltgericht,* a.a.O., S. 53.

48 K. Kraus, »Und in Kriegszeiten«, *Die Fackel,* Dez. 1912, S. 71.

49 C. Kohn, *Karl Kraus,* a.a.O., S. 97.

50 *Die Fackel,* 474—483, S. 43.

51 K. Kraus, *Die Fackel,* 261—262, S. 4. Kraus vergleicht hier Wilhelm II.
mit dem zweiten Reiter aus der *Apokalypse des Johannes,* IV,4.

52 K. Kraus, *Die letzten Tage der Menschheit. Tragödie in fünf Akten.
Mit Vorspiel und Epilog,* (Wien-Leipzig 1922), S. IX.

53 K. Kraus, *Die Fackel,* 347—348, S. 2.

54 Die philosophische Terminologie Brochs ist gegenüber 1908 mittlerweile klarer geworden. In seinem Essay »Philistrosität, Realismus,
Idealismus der Kunst« *(Brenner,* III/9, Februar 1913) sieht er nicht
mehr den Rationalismus, sondern Realismus und Idealismus als die
das Denken seiner Epoche prägenden Richtungen an. Seine Kritik am
Realismus schließt sich eng an die Kants an. (Vgl. die Arbeit des Verf.
»Die Kulturkritik des jungen Broch«, a.a.O., S. 210.)

55 Lincoln Barnett, *Einstein und das Universum,* (Frankfurt am Main
1956), S. 52.
Wie interessiert der junge Broch die neuesten Ergebnisse der theoreti-
schen Physik verfolgte, geht auch aus seinen nur kurze Zeit nach den
»Cantos« (etwa 1916) verfaßten Manuskripten »Zur Erkenntnis dieser
Zeit« (YUL, P5,3) hervor, wo er eine weitere zentrale Neuerung der
Relativitätstheorie anführt, nämlich die endgültige Überwindung der
Äthertheorie: »Die Relativitätstheorie hat durch die radikale Ent-
substantivierung des Äthers das physikalische Weltbild mit einer ge-
wissen Endgültigkeit aus dem Statischen ins Dynamische aufgelöst.«

Als Broch Mitte der zwanziger Jahre wieder die Universität Wien bezog, hörte er bei Hans Thirring eine Vorlesung über die Relativitätstheorie. (Vgl. die Eintragung in Brochs Vorlesungsverzeichnis der Universität Wien, Sommersemester 1926. Das Verzeichnis befindet sich in dem von Bruno Seitz betreuten Broch-Museum in Teesdorf bei Wien.) Hans Thirring hatte sich mit seinem einige Jahre vorher erschienenen Buch als Kenner der Materie ausgewiesen: H. Thirring, *Die Idee der Relativitätstheorie*, (Berlin 1922).
Auf ein Mißverständnis Brochs in seiner Rezeption der Relativitätstheorie muß hier hingewiesen werden. Broch verwechselt in seinem 1932 (bzw. 1936) entstandenen Essay »James Joyce und die Gegenwart« (6,183—210) Einsteins Relativitätstheorie mit der von Heisenberg 1927 aufgestellten Theorie der »Unschärferelation«. Karl Menges hat bereits darauf aufmerksam gemacht, daß die von Broch in diesem Aufsatz verwandten Termini, die angeblich analog denen der Relativitätstheorie gebildet sind, weder in der Speziellen, noch in der Allgemeinen Relativitätstheorie vorkommen (vgl. *Kritische Studien*, a.a.O., S. 108). Das Problem der menschlichen Beobachtung als »prinzipieller Fehlerquelle« (6,197), worauf Broch im Joyce-Essay eingeht, ist aber Kernproblem der genannten Theorie Heisenbergs. Leo Kreutzer hat Brochs Darstellung unkritisch übernommen und sie gar zur allgemeinen Theorie von Brochs »erkenntnistheoretischem Roman« ausgebaut. Vgl. *Erkenntnistheorie und Prophetie. Hermann Brochs Romantrilogie ,Die Schlafwandler'*, (Tübingen 1966), S. 18 ff.

56 Daß Broch Drieschs Philosophie gut kannte, geht schon daraus hervor, daß sich fast alle seine Werke in Brochs Bibliothek befanden. Das Verzeichnis von Brochs Wiener Bibliothek (YUL) nennt dreizehn Driesch-Titel, wovon fünf vor 1914 erschienen waren. Abgesehen von den Klassikern der deutschen idealistischen Philosophie sind nur wenige neuere Denker so stark in Brochs Privatbibliothek vertreten. Die Hauptwerke von Ehrenfels und Köhler finden sich ebenfalls aufgeführt. Von seiner synoptischen Position aus opponiert Broch auch in seinem 1918 in der *Summa* (3. Viertel, S. 199—209) erschienenen Aufsatz »Zum Begriff der Geisteswissenschaften« gegen die Rickert-Diltheysche Trennung von Kultur- bzw. Geisteswissenschaft und Naturwissenschaft (10,271 ff). Ähnlich wie in den »Cantos« heißt es in Brochs etwa gleichzeitig entstandenem Gedicht »Mathematisches Mysterium«: »Doch sind der Form Erscheinungen auch ungezählt, / Nichts kann sie von der Einheit trennen . . .« (10,10).

57 Für Whitehead (*Process and Reality*) ist jedes Ereignis eine Wesenheit, die in sich das ganze Universum zusammenfaßt. Die Ereignisse haben »Vektor-Qualität«, deuten also über sich hinaus und dringen in andere Wesenheiten ein. Damit steht er — genau wie hier Broch — im Gegensatz zu monistischen Auffassungen, in denen die Gleichförmigkeit aller Wirklichkeitsbereiche behauptet wird, wie auch im Gegensatz zu den Vertretern des Pluralismus, die ihre grundsätzliche Wesensverschiedenheit betonen.
Ganzheitliches Denken steht auch hinter Brochs ästhetischer Theorie, daß die Dichtung Totalitätsgestaltung zu leisten habe. Zur selben Zeit

als er die »Cantos« verfaßt, polemisiert er gegen Monismus als »billige Erkenntnis« und »Platitüde des Verstandes«. (»Ethik«, *Brenner*, IV, 14, v. 1. 5. 1914, S. 684).

58 Vgl. Kants Ausführungen über das »Weltbürgerrecht« im dritten Definitivartikel seiner Schrift *Zum ewigen Frieden*, ferner seine Abhandlung *Idee zu einer allgemeinen Geschichte in weltbürgerlicher Absicht*, in: *»Schriften zur Anthropologie, Geschichtsphilosophie, Politik und Pädagogik*, Band IV der Werke in sechs Bänden, hg. von Wilhelm Weischedel (Frankfurt am Main 1964), S. 193–251 und S. 33–61.

KAPITEL I. 3

1 »Autobiographie als Arbeitsprogramm« (9,37). Karl Menges übernimmt die Legende ungeprüft und macht sie zum Ausgangspunkt seines grundsätzlichen Verrisses. Brochs faktische geistige Entwicklung aber verlief ganz anders, als er sie selbst darstellte.

2 Die Originale und Fotokopien sämtlicher Dokumente über Brochs Schul- und Universitätsausbildung befinden sich im Broch-Museum in Teesdorf. Brochs Eintragungen in seinem Studienbuch der Wiener Universität vom Wintersemester 1904/1905 stimmen überein mit Angaben im offiziellen Vorlesungsverzeichnis *Öffentliche Vorlesungen an der K. K. Universität zu Wien im WS 1904/1905*, S. 38/39.

3 *Öffentliche Vorlesungen . . .*, a.a.O., S. 39.

4 Vgl. die Mühlhausener Zeugnisse aus dieser Zeit im Broch-Museum in Teesdorf.

5 H. Broch, »Ethik«, *Brenner*, IV (1. 5. 1914), S. 684–690. Eigenartigerweise ist dieser für Brochs philosophische Entwicklung so wichtige Essay noch nie gründlich untersucht worden. Sidonie Cassirer mißversteht den Aufsatz als »a blow against Chamberlain« (»HB Early Writings«, a.a.O., S. 456). Darauf, daß diese Sicht falsch ist, hat bereits Manfred Durzak hingewiesen (*HB. Der Dichter und seine Zeit*, a.a.O., S. 191, Anm. 9). Wolfgang Rothe behauptet, Broch erwähne Chamberlain »mit keinem Wort« [»Der junge Broch«, *NDH*, 77 (Dez. 1966), S. 785]. Auch das ist falsch. In einem Brief vom 11. April 1914 schreibt Broch an Ficker: »Zu Chamberlain (sei) noch bemerkt, daß das Kantbuch sehr gut ist«. Eine spöttische Bemerkung zu Chamberlains krausen Rassentheorien kann er sich allerdings nicht verkneifen: »Was seine eigene Philosophie betrifft, so stehen mir Begriffe wie ,germanische Wissenschaft' und ähnliche . . . Späße . . . ziemlich fern.« (10,254/255). Aus demselben Brief geht hervor, daß Broch in einer Fußnote das Chamberlain-Buch *Immanuel Kant. Die Persönlichkeit als Einführung in das Werk* (München 1905) ausführlicher würdigen wollte (10,256). In der abgedruckten Fußnote wird das Chamberlain-Buch aber nur kurz genannt.

Wie wenig Broch ansonsten mit Chamberlain gemein hatte, erhellt auch die Tatsache, daß Chamberlain ein »glühender« Verehrer von Wagner und dessen Schützling Heinrich von Stein war. Vgl. Houston Stewart Chamberlain, *Heinrich von Stein und seine Weltanschauung*,

(Leipzig, Berlin 1903), wohingegen Broch in seinem Nachruf »Heinrich von Stein«, a.a.O. die Produktion Wagners und Steins einer Kritik unterzog, die an ablehnender Schärfe nichts zu wünschen übrig läßt: »In der Bayreuther Schönheitssuche und ästhetischen Rezeptualität (faßt) die kompakte Masse der ganzen deutschen Philistrosität ihren Drang zur ästhetischen Erhebung zusammen ... Stein war ein Dichter und Denker von ausgezeichneter Blässe.« (a.a.O., S. 168/166).

6 H. B. »Ethik«, a.a.O., S. 690.

7 M. Durzak, *HB. Der Dichter und seine Zeit*, a.a.O., S. 192, Anm. 9.

8 Broch übernimmt den Terminus von Edmund Husserl, der sich in seinen *Logischen Untersuchungen*, (Halle 1913²) auseinandersetzt mit den verschiedenen Varianten des »skeptischen Relativismus«. Vgl. siebtes Kapitel im ersten Band der *Log. Unters.*

9 E. Husserl, *Log. Unters.*, a.a.O., S. 116 ff.

10 Ibid., S. 117.

11 Immanuel Kant, »Vom Raume«, in: *Die Kritik der reinen Vernunft*, hg. von Ingeborg Heidemann (Stuttgart 1966), S. 90/91.

12 E. Husserl, *Log. Unters.*, a.a.O., S. 115.

13 Broch zitiert die bekannte Stelle aus dem Spruch 101: »Kant: ein geringer Philosoph ... nichts Originelles.« Vgl. Friedrich Nietzsche, *Der Wille zur Macht. Versuch einer Umwertung aller Werte*, (Leipzig 1930), S. 76/77. Den Kant-Nietzsche-Vergleich übernimmt Broch wohl von Carl Dallago, der in den ersten *Brenner*-Heften mit viel Pathos und Herzblut über Nietzsche publiziert hatte. Broch bezieht sich in der Fußnote auf Seite 689 auf Dallago.. Der Vergleich Nietzsches mit Kant ist überhaupt ein häufig vorkommender Topos der Kantliteratur. So gebraucht ihn auch Egon Friedell in seiner *Kulturgeschichte der Neuzeit:* »Wie die nietzschische Immoralität jenseits von Gut und Böse steht, so steht der kantische Moralist jenseits von Wahr und Falsch.« (E. Friedell, *Aufklärung und Revolution*, (München 1961), S. 124.

14 Dieser frühe Schlußstrich unter die Beschäftigung mit Schopenhauer wird von Karl Menges nicht beachtet (*Kritische Studien*, a.a.O.). Wie fast alles nicht in die Gesammelten Werke aufgenommene Material ignoriert er auch den »Ethik«-Essay. Gleich vier Abschnitte seiner Studie (S. 51 ff., 53 ff., 94 ff., 99 ff.) widmet Menges einer Kritik an der frühen dilettantischen Schopenhauer-Rezeption Brochs aus dem Jahre 1912. Der Aufsatz »Notizen zu einer systematischen Ästhetik«, auf den Menges sich dabei bezieht, wurde 1912 von Broch selbst bereits als mangelhaft bezeichnet und ist von ihm deshalb nie publiziert worden. (Siehe seinen Brief an Ficker [10,253]). Vergleicht man den »Ästhetik«-Aufsatz mit den frühen Kulturnotizen von 1908 und 1909, so sieht man, daß die alten, zuweilen etwas krausen Ideen lediglich straffer zusammengefaßt und aufgeputzt wurden. Wenn Menges diese, bereits 1914 von Broch selbst überholte Schopenhauer-Rezeption als »Folie figurieren« läßt (a.a.O., S. 102) für eine Kritik des Prinzips der »Setzung der Setzung« in den *Schlafwandlern*, so »ist die Annahme wohl doch abwegig« — um Menges' vage Begründung abzuwandeln —, daß er damit eine stichhaltige Kritik leiste. Denn so zu verfahren, heißt Brochs geistige Entwicklung ignorieren. Überhaupt ist

grundsätzlich an Menges' Arbeit auszusetzen, daß er jede historische Betrachtungsweise außer acht läßt. Dies gilt sowohl für seine wissenschaftliche Methode als auch für die Anlage seiner Studie. Denn einerseits wird der historische Hintergrund der verschiedenen Arbeiten Brochs nicht beachtet, und zum anderen werden unterschiedslos Äußerungen Brochs zwischen 1912 und 1950 unbefangen als gleichwertig nebeneinander zitiert. Die »Distanz«, so könnte man meinen, um die Menges sich bemüht, geht so weit, daß sich ihm alle zeitlichen und damit auch philosophisch-positionsmäßigen Unterschiede im Werk Brochs verwischen.

15 Immanuel Kant, *Grundlegung zur Metaphysik der Sitten* (Stuttgart 1967), S. 78.

16 I. Kant, *Zum ewigen Frieden*, a.a.O., S. 243/244. Diese ausgesprochen anti-machiavellistische Tendenz, die hier in der Kantschen Ethik zum Ausdruck kommt, ist der bürgerlich-aufklärerischen Moral überhaupt zu eigen. Jürgen Habermas bezeichnet diese Tendenz treffend: »Der kritische Prozeß, den die öffentlich-räsonierenden Privatleute gegen die absolutistische Herrschaft anstrengen, ... will Politik im Namen der Moral rationalisieren. Im 18. Jahrhundert geht die aristotelische Tradition einer Philosophie der Politik bezeichnenderweise in Moralphilosophie auf.« (*Strukturwandel der Öffentlichkeit. Untersuchungen zu einer Kategorie der bürgerlichen Gesellschaft*, Band 4 der Reihe POLITICA, [Neuwied und Berlin 1962], S. 117.)

17 H. St. Chamberlain, *Immanuel Kant*, a.a.O., S. 727. (Die voluminöse Studie enthält außer dem Kant-Aufsatz Vorträge über Goethe, Leonardo da Vinci, Descartes, Giordano Bruno und Plato.)

18 I. Kant, *Grundlegung*, a.a.O., S. 107. (Vgl. auch S. 57, S. 67, S. 72, S. 77, S. 78, S. 79, S. 86.)

19 I. Kant, *Grundlegung*, a.a.O., S. 93/94: »Und hierin liegt eben das Paradoxon: daß bloß die Würde der Menschheit als vernünftiger Natur zur unnachlaßlichen Vorschrift des Willens dienen sollte, und daß gerade dieser Unabhängigkeit der Maxime von allen solchen Triebfedern die Erhabenheit derselben bestehe ... Moralität ist also das Verhältnis der Handlungen zur Autonomie des Willens, das ist zur möglichen allgemeinen Gesetzgebung ...«.

20 H. Broch, »Konstruktion der historischen Wirklichkeit«, *Summa*, 4. Viertel (1918), S. II.

21 I. Kant, *Grundlegung*, a.a.O., S. 28.

22 Ibid., S. 29/30.

23 Vgl. I. Kant, Grundlegung, a.a.O., S. 33, 38, 40, 43, 56, 58, 77, 91, 101; ferner *Kritik der pr. Vern.*, a.a.O., S. 102 ff., S. 112 ff. Den Hinweis auf die Bedeutung des »guten Willens« für die Kantsche Ethik verdanke ich dem Kollegen Wiplinger, der in seinem Vorlesungs-Seminar über Kants Ethik (Universität Wien, Sommersemester 1971) den gesamten Komplex der Kantschen Sittenlehre vom Begriff des »guten Willens« her entfaltete.

24 Hier liegt bei Broch der äußerst seltene Fall einer Anlehnung an die Hegelsche Geschichtsphilosophie vor. Wie Hegel betrachtet er hier die Geburt Christi als »die Angel, um welche sich die Weltgeschichte

dreht. Bis hierher und von daher geht die Geschichte.« Vgl. G. W. F. Hegel, *Vorlesungen über die Philosophie der Geschichte,* (Stuttgart 1961), S. 440. Zu den Mißverständnissen in Brochs Hegel-Rezeption vgl. Hermann Krapoth, *Dichtung und Philosophie bei Hermann Broch,* (Bonn 1971), S. 125—136.

25 Karl Marx, *Zur Kritik der politischen Ökonomie,* (Berlin 1963), S. 15; ferner *Die deutsche Ideologie,* in: *Die Frühschriften,* hg. von Siegfried Landshut (Stuttgart 1968), S. 349 u. a.

26 Friedrich Engels, zitiert nach Georg Lukács, »Franz Mehring«, in: *Beiträge zur Geschichte der Ästhetik,* (Berlin 1954), S. 374.

27 Zu nennen sind hier vor allem Kants *Idee zu einer allgemeinen Geschichte in weltbürgerlicher Absicht; Über den Gemeinspruch: Das mag in der Theorie richtig sein, taugt aber nicht für die Praxis* und ferner *Zum ewigen Frieden. Ein philosophischer Entwurf.*
Ich beziehe mich in erster Linie auf die Studie von Karl Dietrich Erdmann, »Immanuel Kant über den Weg der Geschichte«, in: *Geschichte und Gegenwartsbewußtsein. Historische Betrachtungen und Untersuchungen. Festschrift für Hans Rothfels zum 70. Geburtstag,* (Göttingen 1963), S. 223—248, ferner die Arbeit von Max Adler, »Kant und der Sozialismus«, in: *Marxismus und Ethik, Texte zum Neukantianischen Sozialismus,* hg. von Rafael de la Vega und Hans Jörg Sandkühler, (Frankfurt am Main 1970), S. 157—192.

28 K. D. Erdmann, »I. K. über den Weg der Geschichte«, a.a.O. S. 232.

29 Alle folgenden Zitate stammen aus diesem Manuskript und stimmen wörtlich überein mit Abschnitten aus Hans Vaihinger: *Die Philosophie des Als ob. System der theoretischen, praktischen und religiösen Fiktionen der Menschheit auf Grund eines idealistischen Positivismus. Mit einem Anhang über Kant und Nietzsche,* Zweite durchgesehene Auflage, (Berlin 1913). Wie das Verzeichnis von Brochs Wiener Bibliothek zeigt, hat Broch mit dieser zweiten Ausgabe von 1913 gearbeitet. Auch mit seiner Vaihinger-Rezeption befindet Broch sich im Fahrwasser einer recht populären philosophischen Strömung seiner Zeit. Bis in die Mitte der zwanziger Jahre schossen in den von Vaihinger begründeten *Kantstudien* Variationen zum fiktionalistischen Hauptthema »Als ob« aus dem Boden. (Wie mehrere Hinweise im *Tagebuch für Ea von Allesch* verbürgen, und wie auch Brochs Rezensententätigkeit für das Blatt bestätigt, war er eifriger Leser dieser damals einflußreichen fachphilosophischen Zeitschrift.)
Ein Jahrzehnt später — zur Zeit der Arbeit an den *Schlafwandlern* — betrachtet Broch den Fiktionalismus mit wesentlich kritischeren Augen: »Es ist klar, daß mit dem Wort ‚Fiktion‘ noch gar nichts gesagt ist ... Der Weisheit letzter Schluß ist ... das ‚als ob‘ nicht und der Grundfehler Vaihingers ist es, daß er das gewiß brauchbare methodologische Hilfsmittel zum Stein der Weisen erhoben hat.« (uv. Brief v. 5. März 1928, YUL). Die Distanz, die er damals auch zu den *Kantstudien* gewonnen hatte, geht aus einem Brief an Daniel Brody hervor: »Die *Kantstudien* ... sind unter jedes menschliche Niveau gesunken.« (*Broch-Brody-Briefwechsel,* a.a.O., S. 423.)

30 H. Vaihinger, *Als ob,* a.a.O., S. 22.

31 Ibid, S. 24.
32 Ibid, S. 27.
33 Ibid, S. 27.
34 An der grundsätzlich hypothetischen Arbeitsweise hält auch der späte Broch noch fest. Zu Anfang der vierziger Jahre z. B. schreibt er: »Ich bin vom Phänomen der fluktuierenden Unerfaßlichkeit des Seins, sowohl der innern wie der äußern Welt, ergriffen und bewegt, unausgesetzt den Zwang in mir fühlend, durch alle Fiktionsebenen zu neuen ›wirklichen‹ Wahrheitsgestaltungen durchzustoßen.« (8,179/180).
35 Vgl. dazu vor allem Ernestine Schlant, »Offene und geschlossene Systeme«, in: Die Philosophie Hermann Brochs, a.a.O. S. 27—30.

KAPITEL I. 4

1 Ludwig Jedlicka, Ende und Anfang. Österreich 1918/19. Wien und die Bundesländer, (Salzburg 1969), S. 60.
2 Die Entstehung der Republik. Österreich im Jahre 1918. Berichte und Dokumente, eingeleitet und herausgegeben von Rudolf Neck, (Wien 1968), S. 147.
3 Hans Hautmann, »Die Gründung der Roten Garde und die Anfänge ihrer Tätigkeit«, in: Die verlorene Räterepublik. Am Beispiel der kommunistischen Partei Deutschösterreichs, (Wien-Frankfurt-Zürich 1971), S. 94—102.
4 Rudolf Neck, Die Entstehung, a.a.O., S. 148.
5 L. Jedlicka, Ende und Anfang, a.a.O. S. 60.
6 R. Neck, Die Entstehung, a.a.O., S. 147.
7 Wenn Karl Menges (Kritische Studien, a.a.O., S. 148) diesen offenen Brief Brochs als ein »Bekenntnis« bezeichnet, »dessen Affektivität gegen ein nur erahnbares ›Novemberereignis‹ so weit reicht, daß es selbst die eigene logische Struktur wesentlich stört«, so zeigt dies nur, daß Menges über die politischen Geschehnisse im Nachkriegs-Österreich nicht Bescheid weiß. Menges' eigene historisch vage »Ahnungen« stören dagegen die »logische Struktur« seiner Behauptungen. Daß sich Broch in diesem Essay auf die Ereignisse des 12. Novembers 1918 bezieht, wird auch von Renato Saviane gesehen (Apocalissi e Messianismo, a.a.O., S. 7).
8 H. Broch, »Die Straße«, Die Rettung, I/3 (20. 12. 1918). Das Wochenblatt Die Rettung. Blätter zur Erkenntnis der Zeit wurde gemeinsam von Franz Blei und Albert Paris Gütersloh herausgegeben. Da die Wiedergabe des Aufsatzes in 10,257—260 und in Hermann Broch. Gedanken zur Politik, hg. von Dieter Hildebrandt, (Frankfurt am Main 1970) S. 7—11, mehrere Fehler enthält, wird in der Folge nach dem Original zitiert.
9 Werfels mehr belustigende als revolutionäre Eskapaden mit seinen Freunden Egon Erwin Kisch und Robert Neumann — wie etwa der Versuch, den »Wiener Bankverein« zu besetzen — werden von Robert Neumann geschildert in Ein leichtes Leben. Bericht über mich selbst und Zeitgenossen, (Wien-München-Basel 1963), S. 554—556. Vgl. auch

Franz Werfel, »Revolutionsaufruf«, in: Ludwig Rubiner (Herausgeber), *Kameraden der Menschheit,* (Potsdam 1919), S. III; ferner H. Hautmann, *Die verlorene Räterepublik,* a.a.O., 98/99.

[10] In einer Rezension Brochs über Kischs *Abenteuer in Prag,* (Wien 1920) heißt es: »Er ist ein Romantiker, und daher wohl auch der Revolutionär, zu dem er sich entwickelt hat.« (uv. YUL).

[11] Vgl. die Arbeit des Verf., »Hermann Brochs politische Pamphlete«, *Literatur und Kritik,* 54/55 (Mai/Juni 1971), S. 199.

[12] Die Artikel dieser Zeitschrift sind vornehmlich in der Form des offenen Briefes gehalten. Neben Brochs Brief sind solche von Franz Blei und Gütersloh abgedruckt. Weitere Aufsätze steuerten Karl Otten und Rudolf Borchardt bei.

[13] Vgl. Michail Bakunin, *Gott und der Staat und andere Schriften,* hg. von Susanne Hillmann, (Reinbek bei Hamburg 1970).

[14] So heißt es im Original; das Wort »kommunistisch« fehlt in 10,257.

[15] Eintragung vom 23. Juli 1920.

[16] I. Kant, *Grundlegung,* a.a.O., S. 70; vgl. auch S. 31.

[17] Ibid, vgl. vor allem S. 123/124.

[18] Gina Kaus war so freundlich, mir diese Mitteilung zu machen.

[19] Karl Menges, *Kritische Studien,* a.a.O., S. 146. Menges beschwert sich, daß Brochs »Bemerkungen« in seinem offenen Brief an Franz Blei »schwerlich zu folgen« (S. 14) sei. Hätte er sich um den historischen Hintergrund bemüht, wäre diese Beschwerde überflüssig gewesen. Er behauptet, daß Broch hier Stellung beziehe *»gegen«* die sozialistische ,Masse' und *für* eine nationalistische ,Gemeinschaft'« (S. 148). Das ist sachlich falsch. Auch wenn man den historischen Kontext des Pamphlets nicht kennt und sich mit einer immanenten Kritik des Textes begnügt, wie Menges es tut, bleibt diese Behauptung unhaltbar.

[20] H. Broch, »Die erkenntnistheoretische Bedeutung des Begriffs ,Revolution' und die Wiederbelebung der Hegelschen Dialektik«, *Prager Presse,* (30. 7. 1922), Beilage »Dichtung und Welt«, S. III. Erwähnenswert ist, daß die *Prager Presse,* in der Broch seine Rezension veröffentlichte, das offiziöse deutschsprachige Organ des tschechoslowakischen Außenministeriums war, das im Geiste Masaryks geführt wurde. Außer Broch publizierten damals dort Robert Musil, Alfred Neumann, Ernst Weiß, Otto Pick, Franz Werfel, Max Brod, Annette Kolb, Otto Flake, Paul Kornfeld, Kasimir Edschmid, René Schickele, Heinrich Mann, Paul Leppin, Hans Natonek u. a.

[21] Otto Liebmann, *Kant und die Epigonen,* (Stuttgart 1865), S. 215. Broch zitiert fälschlich »Also muß . . .« statt »Es muß . . .«.

[22] Thomas G. Masaryk, *Die wissenschaftliche und philosophische Krise innerhalb des gegenwärtigen Marxismus,* (Wien 1898), S. 24.

[23] Ibid, S. 20.

[24] Th. G. Masaryk, *Die philosophischen und sociologischen Grundlagen des Marxismus. Studien zur socialen Frage,* (Wien 1899), S. 48.

[25] Ibid, S. 48.

[26] Ibid, S. 228.

[27] Ibid, S. 490.

[28] Ibid, S. 227.

29 Ibid, S. 495.

30 Ibid, S. 496/497.

31 Karl Vorländer, »Kant und Marx«, in: *Marxismus und Ethik. Texte zum neukantianischen Sozialismus*, hg. von Rafael de la Vega und Hans Jörg Sandkühler (Frankfurt am Main 1970), S. 314.

32 Ibid, S. 325.

33 Ibid, S. 332.

34 Ibid, S. 327.

35 Ibid.

36 H. Broch, »Rezension zweier Bücher von Max Adler«, *Kantstudien*, XXVII (1922), S. 184—186. Es handelt sich um die Besprechung von Adlers umgearbeiteter zweiter Auflage *Marx als Denker*, (Wien 1921) und der Schrift *Engels als Denker*, (Berlin 1921). Es ist Hartmut Steineckes Verdienst, als erster auf die Bedeutung von Max Adler für Brochs geistige Entwicklung hingewiesen zu haben: »Zu drei unbekannten Texten Hermann Brochs«, *ZfdPh*, 88/2, (1966), S. 241.

37 H. Broch »Der Theaterkritiker Polgar«, *Neue Rundschau*, 31/I, (Mai 1920), S. 655—656; ferner »Der Kunstkritiker. Dem Theaterkritiker A. P.«, *Die Rettung*, 2/6 (1920), S. 78—80; ebenfalls eine Rezension über *Kleine Zeit*, a.a.O., in: *Moderne Welt*, Heft 9 (1919), S. 24.

38 H. Broch, »Der Schriftsteller Franz Blei. Zum fünfzigsten Geburtstag«, *Prager Presse* (20. 4. 1921).

39 H. Broch Rezension über Kischs *Abenteuer in Prag*, a.a.O., in: *Moderne Welt*, Heft 5 (1920), S. 24.

40 H. Broch, Rezension über Ottens Roman *Lona*, (Wien 1920), in: *Moderne Welt*, Heft 4 (1920) S. 24.

41 H. Broch, »Konstitutionelle Diktatur als demokratisches Rätesystem«, *Der Friede*, 3/64 (11. 4. 1919), S. 269—273. Broch geht in dem Essay u. a. auf auf Schreckers kleine Schrift ein: *Für ein Ständehaus. Ein Vorschlag zu friedlicher Aufhebung der Klassengegensätze*, (Wien 1919).

42 H. Broch, »Adler-Rezension«, a.a.O., S. 185.

43 Ibid, S. 185.

44 Ibid, S. 185.

45 Über diese »Schlagwortpraxis« heißt es im *Tagebuch für Ea von Allesch* in der Eintragung vom 18. 7. 1920: »Über die sogenannte Wissenschaft des Sozialismus geärgert: ,die Revolution wird, das Proletariat hat' u.s.f.; diese Sentenzen zitiert einer vom anderen u. je öfter sie zitiert werden, desto mehr bekommen sie die Gestalt dogmatischer Beweise. Allerdings ist alles, was dagegen gesagt wird — Treitschke — ebenso idiotisch.«
In diesem Zusammenhang muß auch der Ökonom genannt werden, den Broch neben Marx deshalb schätzte, weil er seine Theorien nicht mit einer »Weltanschauung« verband, nämlich Lorenz von Stein. Zur Neuausgabe seiner dreibändigen *Geschichte der sozialen Bewegung in Frankreich*, (München 1921) schrieb Broch eine positive Rezension, in der es heißt: »Stein war nicht nur ein Vorläufer, wie etwa die Utopisten, sondern geradezu ein Ahnherr des wissenschaftlichen Sozialismus und der ökonomischen Geschichtsauffassung ... Gerade in einer

Zeit, in welcher der Sozialismus, nicht nur als Politik, sondern auch als Frage des wissenschaftlichen Geltungswertes inmitten der lebhaftesten Diskussion steht, erscheint es von doppelter Bedeutung, auf seine Quellen zurückzugehen und zu erkennen, daß diese nicht notwendig im Strom des dogmatischen Marxismus münden müssen.« (YUL, uv).

[46] H. Broch, »Adler-Rezension«, a.a.O., S. 185.

[47] Max Adler, das Kapitel »Ethik und Sozialismus« in der Abhandlung »Kant und der Sozialismus«, in *Marxismus und Ethik*, a.a.O., S. 178—183.

[48] Ibid, S. 179. Von diesen Überlegungen ausgehend, gelangt Adler später zu der erkenntnistheoretischen These vom »Sozial-Apriori«, worauf bei der Behandlung von Brochs erkenntnistheoretischem Exkurs im »Zerfall der Werte« zurückzukommen sein wird, denn sie steht in engem Zusammenhang mit Brochs Gedanken zur »Setzung der Setzung«.

[49] M. Adler, Ibid, S. 178/179.

[50] Vgl. zu diesem Thema vor allem Norbert Leser, *Zwischen Reformismus und Bolschewismus. Der Austromarxismus als Theorie und Praxis*, (Wien 1968).

[51] K. Kraus, »Literatur oder Man wird doch da sehn. Magische Operette in zwei Teilen«, *Die Fackel*, 568—571, S. 35.

[52] H. Broch, »Rätesystem«, a.a.O.

KAPITEL I. 5

[1] K. Kautsky, *Terrorismus und Kommunismus. Ein Beitrag zur Naturgeschichte der Revolution*, (Berlin 1919).

[2] M. Adler, *Demokratie und Rätesystem*, (Wien 1919).

[3] Otto Bauer, *Der Weg zum Sozialismus*, (Wien 1919).

[4] H. Broch, »Rätesystem«, a.a.O.

[5] P. Schrecker, *Für ein Ständehaus*, a.a.O.

[6] R. A. Bermann, »Der Weg zum Sozialismus«, *Der Friede*, 54 (30. 1 1919), ferner »Der Bolschewismus als Gefahr und als Hoffnung«, 51 (10. 1. 1919).

[7] H. v. Hofmannsthal, »An Henri Barbusse, Alfred Mercereau und ihre Freunde«, 56 (14. 2. 1919), S. 78 ff. Hofmannsthal erfaßt allerdings nicht den politischen Sinn der Barbuss'schen Versöhnungsgeste. Er reduziert in seiner Antwort die Ursache der politischen Gegensätze zwischen Frankreich und Deutschland auf die unterschiedliche Sprache und entzieht damit einer weiteren Diskussion über den deutsch-französischen Gegensatz die hier einzig adäquate, nämlich die historisch-politische Basis.

[8] R. Musil, »Buridans Österreicher«, 56 (14. 2. 1919). Musil steht dem Anschluß an Deutschland positiv gegenüber. Von einer ernsthaften politischen Diskussion kann aber in seiner karikaturistischen Skizze keine Rede sein. Denjenigen Anschlußgegnern, die mit der überlegenen Kultur Österreichs argumentieren, hält er entgegen: »Österreich ...

ein begabtes Land, das einen Überschuß an Denkern, Dichtern, Schauspielern, Kellnern und Friseuren erzeugt.« (S. 82).

9 H. Lammasch, »Wilson über den Völkerbund«, 54 (31. 1. 19).
10 J. Urzidil, »Antimetaphysik des Kitsches«, 54 (31. 1. 19).
11 K. Otten, »Die Arbeitslosen im Zirkus«, 59 (7. 3. 1919).
12 E. Sommer, »Zur Psychologie der Masse«, 64 (11. 4. 1919).
13 K. Hiller, »Der politisierende Dichter«, 2 (2. 2. 1918).
14 E. E. Kisch, »Aus einem Kriegstagebuch«, 1 (26. 1. 1918).
15 H. Broch, »Konstitutionelle . . .«, a.a.O., zitiert nach der Ausgabe von D. Hildebrandt, a.a.O.
16 K. Kautsky, *Terrorismus,* a.a.O., S. 133.
   Zum Thema Demokratie und Sozialismus vgl. jetzt Svetozar Stojanovič, *Kritik und Zukunft des Sozialismus,* (München 1970). Nach Stojanovič ist der demokratische Sozialismus bisher annähernd nur in Jugoslawien verwirklicht.
17 K. Kautsky, *Terrorismus,* a.a.O., S. 133.
18 M. Adler, *Demokratie und Rätesystem,* a.a.O., S. 12.
19 O. Bauer, *Der Weg,* a.a.O., S. 6.
20 zitiert nach Walter Goldinger, *Geschichte der Republik Österreich,* (Wien 1962), S. 27.
21 M. Adler, *Demokratie,* a.a.O., S. 30.
22 O. Bauer, *Der Weg,* a.a.O., S. 4.
23 Ibid.
24 Karl Menges (*Kritische Studien,* a.a.O., S. 149/150) merkt zu dieser Stelle in Brochs Aufsatz an: »Hier wird verinnerlicht, wird der Proletarier als Mensch gesehen, dem eine Teilhabe an vergangenen Kulturgütern nicht länger vorenthalten werden darf.« Untersucht man den historischen Hintergrund von Brochs Argument, so erweist sich diese Kritik als grundlos. Im Sinne Brochs hatte Max Adler den Sozialismus bereits 1904 definiert als »den Aufstieg der großen Massen des Volkes zur immer mehr sich festigenden Kulturgemeinschaft. (»Kant und der Sozialismus«, a.a.O., S. 159). Adam Wandruszka schreibt dazu in seiner Habilitationsschrift *Österreichs politische Struktur. Die Entwicklung der Parteien und politischen Bewegungen,* (Wien o. J.), Sonderdruck aus *Geschichte der Republik Österreich,* S. 457: »Der Kampf um den Anteil der Arbeiter an den Kultur- und Bildungsgütern, der Kampf um die . . . Hebung des Bildungsniveaus standen von Anfang an im Vordergrund. Aus den Biographien . . . aller Arbeiterführer aus der Zeit vor und nach dem Ersten Weltkrieg kann man immer wieder entnehmen, wie wichtig gerade diese Seite genommen wurde.«
25 Adam Wandruszka umreißt prägnant die Stellung der österreichischen Sozialdemokraten gegen das Rätesystem: »Die Führer der Linken . . . verwiesen auf die antirevolutionäre Haltung der österreichischen Bauernschaft, die jede einfache Nachahmung des russischen (und ungarischen) Beispiels von vornherein ausschließe, auf die Macht der Entente, ein revolutionär-sozialistisches Österreich einfach auszuhungern, auf die Gefahr eines konterrevolutionären Gegenschlags, der alle Errungenschaften der Umsturzmonate, vor allem auf sozialpolitischem Gebiet, wieder zunichte machen würde. Der Ausgang der Räteabenteuer

in Budapest und München bestätigte die Richtigkeit dieser Prognosen.«
(Österreichs pol. Struktur, a.a.O., S. 443.)

[26] Friedrich Adler, »Eine ernste Warnung«, Arbeiterzeitung, XXXI, 119, (1. 5. 1919), S. 2: »Mit Entschlossenheit und Disziplin haben die Arbeiterorganisationen Deutschösterreichs immer wieder dahin gewirkt, daß die revolutionären Umwälzungen, die der Krieg notwendig zur Folge haben muß, auf dem Wege der Verhandlungen durch gesetzliche Festlegung der neuen Formen erfolge.«

[27] O. Bauer, Der Weg, a.a.O., S. 4: »Stellen wir uns nun vor, die Arbeiter würden sich eines Tages gewaltsam aller Betriebe bemächtigen, sie würden die Kapitalisten, ihre Direktoren und Beamten einfach aus den Betrieben hinausjagen und die Leitung der Betriebe selbst übernehmen! Eine solche Umwälzung wäre... nur im blutigen Bürgerkrieg möglich.«

[28] Zum Thema Mitbestimmung vgl. die Studie von Karl Otto Hondrich, Mitbestimmung in Europa, (Köln 1971).

[29] Dieser Gedanke war für Broch übrigens keine graue Theorie. In seiner eigenen Textilfabrik hatte er bereits einen Betriebsrat gegründet, dem er selbst mitangehörte. Vgl. Bruno Seitz, 600 Jahre Teesdorf (Wien 1966), S. 55; ferner die Eintragung im Tagebuch für Ea von Allesch vom 10. 8. 1920.

[30] Vgl. Hans Kelsen, Sozialismus und Staat. Eine Untersuchung der politischen Theorie des Marxismus, (Leipzig 1923²). Kelsen erbringt mit zahlreichen Zitaten von Marx und Engels den Nachweis, daß der Gegensatz von Staat und Gesellschaft der marxistischen Theorie nicht nur geläufig ist, sondern daß er im Rahmen dieser Theorie auch die Aufgabe erfüllt, als »Gegensatz zweier entgegengesetzter ethisch-politischer Postulate« (S. 25) zu fungieren. Kelsen weist nach, daß die »Gesellschaft« bei den Klassikern des Marxismus mit dem guten, zukunftsträchtigen und fortschrittlichen, der Staat hingegen mit dem bösen, hemmenden und reaktionären Prinzip der gesellschaftlichen Entwicklung identifiziert wird.

[31] Karl Menges vermittelt den Inhalt des Rätesystem-Aufsatzes falsch, wenn er herausstellt, daß es Broch um »Entpolitisierung« gegangen sei. (Vgl. Kritische Studien, a.a.O., S. 149.) Auch Ernst Schönwiese mißversteht den Aufsatz, wenn er dazu anmerkt: »Broch (ist)... getragen von einem gleichbleibend apolitischen Geist.« (10,29).

[32] Vgl. Bernd Otto, »Zur Geschichte der überbetrieblichen Mitbestimmung«, Gewerkschaftliche Monatshefte, 22. Jg. Nr. 10 (Okt. 1971), S. 602—624.

[33] Ibid, S. 616.

[34] Max Adler, Demokratie, a.a.O., S. 18 ff.

[35] P. Schrecker, Für ein Ständehaus, a.a.O., S. 27.

[36] W. Rothe, Schriftsteller und totalitäre Welt, (Bern und München 1966), S. 180.

[37] O. Spann, Der wahre Staat. Vorlesungen über Abbruch und Neubau der Gesellschaft, (Jena 1921). (Die Vorlesungen hatte Spann im Sommersemester 1920 an der Universität Wien gehalten.)

[38] W. Goldinger, Geschichte, a.a.O., S. 32.

39 A.Wandruszka, *Österreichs pol. Struktur*, a.a.O., S. 332.
40 E. Zöllner, *Geschichte Österreichs*, a.a.O., S. 508.
41 Zitiert nach einem Originalplakat in der Österreichischen National-
   bibliothek, Wien.
42 A. Wandruszka, *Österreichs pol. Struktur*, a.a.O., S. 332.

KAPITEL I. 6

1 Vgl. die zahlreichen Rezensionsmanuskripte, die Manfred Durzak als
   unveröffentlicht aufführt in *Hermann Broch* (Stuttgart 1966). Die
   meisten dieser Besprechungen Brochs sind allerdings zwischen 1919 und
   1921 in dem Wiener Magazin *Moderne Welt* erschienen.

2 Vgl. vor allem die Manuskripte »Zur Erkenntnis dieser Zeit«, YUL,
   ferner den Aufsatz »Konstruktion der historischen Wirklichkeit«,
   a.a.O.

3 »Eine methodologische Novelle«, *Summa*, 3. Viertel (1918), S. 151—
   159; ferner ein »Hamlet«-Fragment und die Skizzierung einer Ko-
   mödie.

4 So sieht es auch Ernestine Schlant: »Die Grundlage von Hermann
   Brochs Philosophie und Dichtung ist ethisch. Brochs gesamtes Schaffen
   richtet sich an der Frage aus . . . ,Was sollen wir tun?'«. (*Die Philosophie HBs*, a.a.O., S. 10). In ihrer gründlichen immanenten Studie
   geht Schlant aber nicht auf Brochs Kant-Rezeption ein. Es ist jedoch
   offensichtlich, daß er hier die Grundfrage der Kant'schen Ethik »Was
   soll ich tun?« wiederholt, wie sie Kant in dem Kapitel »Vom Ideal des
   höchsten Guts« in der *Kr. d. r. V.*, a.a.O., S. 815, stellt. Daß Broch sich
   um 1920 wieder verstärkt dem Kant-Studium zuwendet, bezeugen
   auch einige Eintragungen im *Tagebuch für Ea v. Allesch*.

5 Unv. Manuskript, YUL, 2 Fassungen, wovon die spätere wahrscheinlich um 1933, kurz vor Abfassung des Vortrags »Das Weltbild des Romans« niedergeschrieben wurde, da dort ähnliche Thesen vorgetragen
   werden.

6 *Die Rettung*, II/6 (1920), S. 78—80.

7 H. Broch, »Zolas Vorurteil«, *Summa*, 1. Viertel (1917), S. 155—158.
   Der wahrscheinlich vom Herausgeber der *Summa*, Franz Blei, in »Zolas Vorurteil« abgeänderte Titel ist insofern irreführend, als er lediglich auf Brochs Kritik an Zola, nicht aber auf seine ebenfalls zum Ausdruck kommende Zustimmung zu dessen Werk hindeutet.

8 Vgl. die zahlreichen Anspielungen auf die zeitgenössische Dichtung in
   der gleichzeitig entstandenen »Methodologischen Novelle«.

9 H. Mann, »Zola«, *Die weißen Blätter*, II (1915), S. 1312—1382.

10 Th. Mann, *Betrachtungen eines Unpolitischen*, (Frankfurt am Main
   1918).

11 Vgl. dazu auch bereits den Vorabdruck zu den *Betrachtungen*, »Ein-
   kehr«, in der *NR* 28/I, (1917), S. 341—354.

12 Man vergleiche den erbitterten Brief, den Thomas Mann am 3. Januar
   1918 an seinen Bruder Heinrich schrieb. Vgl. *Thomas Mann. Heinrich*

Mann. *Briefwechsel 1900—1949,* hg. v. Hans Wysling, (Frankfurt am Main 1969), S. 112—114.

[13] Ulrich Weisstein, *Heinrich Mann. Eine historisch-kritische Einführung in sein dichterisches Werk,* (Tübingen 1962), S. 8.

[14] Ein weiterer Grund mag darin gelegen haben, daß Broch als Österreicher den Streit differenzierter beobachtete, als es in Deutschland möglich war.

[15] Rund dreiviertel Jahre vor dem Erscheinen von Heinrich Manns Zola-Aufsatz hatte Thomas Mann im »Neuen Merkur« die konservative Abhandlung »Friedrich und die große Koalition« veröffentlicht.

[16] H. Mann, »Zola«, in: *Geist und Tat. Franzosen 1780—1930,* (Weimar 1946), S. 173.

[17] Ibid, S. 217.

[18] H. Broch, »Zolas Vorurteil«, a.a.O., S. 157/158.

[19] Ibid, S. 155

[20] Ibid, S. 157.

[21] Ibid, S. 157, 156.

[22] Ibid, S. 157. Man vergleiche dazu Brochs eigene »offenen« Kapitelschlüsse im »Pasenow« und im »Esch«.

[23] Wie alle Bezüge Brochs auf den Zola-Aufsatz Heinrich Manns ist auch dieser Satz — wahrscheinlich von Franz Blei — vor der Veröffentlichung gestrichen worden. Offenbar wollte Blei es vermeiden, mit seiner Zeitschrift in die literarische Fehde zwischen Heinrich und Thomas Mann einzugreifen.

[24] Vgl. Ernst Keller, *Der unpolitische Deutsche. Eine Studie zu den ‚Betrachtungen eines Unpolitischen' von Thomas Mann,* (Bern und München 1956), S. 88—97.

[25] Ibid, S. 30 ff.

[26] H. Broch, »Der Theaterkritiker Polgar«, *Die Neue Rundschau,* Jg. 31, Bd. 1 (Mai 1920), S. 656. Der Polgar-Band *Kleine Zeit* wurde bereits erwähnt.

[27] K. Kraus, *Die Fackel,* 404, S. 1.

[28] A. Polgar, »Vorwort«, in: *Kleine Zeit,* a.a.O., S. 3.

[29] Unv. YUL.

[30] A. Petzold, *Das rauhe Leben,* (Berlin 1920).

[31] *Moderne Welt,* Heft 1 (1921—1922), S. 38.

[32] W. Schäfer, *Drei Briefe. Mit einem Nachwort an die Quäker,* (München 1921); Brochs Rezension: unv. YUL.

[33] H. Broch, »Heinrich von Stein«, a.a.O., S. 169.

[34] Eintragung im *Tagebuch für Ea von Allesch,* 22. 10. 1920.

[35] So Broch in einer Rezension über Willi Handls Roman *Die Flamme,* (Berlin 1920); unv. YUL. Variante in: *Moderne Welt,* Heft 8, (1920), S. 22.

[36] Unv. YUL. Zur Datierung: In einem Brief vom 31. Dezember 1918 an Ea von Allesch erwähnt Broch, daß er an einer Hamlet-Komödie arbeite. Während Broch sich selbst mit Hamlet identifiziert, wird Ophelia von seiner damaligen Freundin Sybilla Blei, der Tochter Franz Bleis, verkörpert.

[37] a.a.O.

[38] Vgl. Franz Stanzel, *Die typischen Erzählsituationen im Roman, dargestellt an Tom Jones, Moby-Dick, The Ambassadors, Ulysses u. a,,* (Wien 1955), S. 38—97.

[39] H. Broch, »Der Kunstkritiker«, a.a.O., S. 78.

[40] Ibid, S. 78 und S. 80.

[41] Bisher ist die Novelle lediglich unter ihrem satirischen Aspekt beleuchtet worden; vgl. Manfred Durzak, *Hermann Broch*, a.a.O., S. 19. Satirische Seitenhiebe auf die Produktion einiger Expressionisten sind zweifellos vorhanden, doch erschöpft sich die Intention der Novelle damit keineswegs. Auch Sidonie Cassirer stellt Brochs satirische Absicht in den Vordergrund, wenn sie auch die kunsttheoretischen Intentionen nicht außer acht läßt. Vgl. S. C. *The Short Stories of »Die Schuldlosen«. An Introduction to Hermann Broch*, Diss. masch. Yale University, 1957, S. 55.

[42] Broch hielt den Vortrag in der Ottakringer Volkshochschule in Wien am 6. März 1931 aus Anlaß einer Lesung aus dem *Esch*-Teil der *Schlafwandler;* unv. YUL.

[43] Zu den Details vgl. Hartmut Steinecke, *Hermann Broch und der polyhistorische Roman*, (Bonn 1968), S. 24—33; ferner den folgenden ersten Abschnitt in meinem Kapitel *Die Schlafwandler*.

[44] Es handelt sich um einen der frühen Briefe Brochs an Ea von Allesch. Der Brief ist undatiert, muß aber um 1918 entstanden sein, da Broch Ea v. Allesch hier noch mit »Sie« anredet, während er sie im 1920 geschriebenen *Tagebuch* duzt.

[45] H. Broch, Rezension über Albert Spaier, *La pensée et la quantité. Essai sur la signification et la realité des Grandeurs,* (Paris 1927), 408 S., in: *Annalen der Philosophie*, Bd. 27 (1928), S. 112 (Literaturberichte).

[46] Vgl. M. Durzak, *HB in Selbstzeugnissen*, a.a.O., S. 47—62.

[47] Vgl. H. Krapoth, *Dichtung u. Philosophie*, a.a.O., S. 13 ff.

KAPITEL II

[1] Vgl. vor allem 9,45/46, wo Broch als den eigentlichen Grund seiner Hinwendung zur Dichtung »den der unmittelbaren ethischen Wirkung« angibt und glaubt, daß für eine »aufklärende Tätigkeit« die Dichtung ein »besseres Mittel als die Wissenschaft« sei.

[2] H. Broch, »Leben ohne platonische Idee«, (10,279). Der Aufsatz erschien nur wenige Monate nach der Fertigstellung des *Huguenau* in der *Literarischen Welt*, Jg. 8, 32 (5. 8. 1932).

[3] Zu Brochs ethischer Dichtungsabsicht vgl. vor allem die zusammenfassende Darstellung Hartmut Steineckes, »Die ethische Aufgabe der Dichtung«, in: *HB u. d. polyhist. R.*, a.a.O., S. 30—34.

[4] Ruth von Mayenburg berichtet darüber in ihrer Biographie *Blaues Blut und rote Fahnen. Ein Leben unter vielen Namen*, (Wien, München, Zürich 1969), S. 186 ff.

[5] H. Broch, *Völkerbund-Resolution*, hg. v. Paul Michael Lützeler, (Salzburg 1973).

[6] Bereits zwanzig Jahre früher hatte Broch ein ähnliches Postulat in seinem Aufsatz »Philistrosität, Idealismus, Realismus der Kunst«, a.a.O., aufgestellt. Vgl. dazu die Arbeit des Verf. »Die Kulturkritik des jungen Broch«, a.a.O., S. 222 ff.

[7] Franz Kafka, »Die Verwandlung«, »Ein Bericht für eine Akademie«, in: *Sämtliche Erzählungen*, hg. v. Paul Raabe, (Frankfurt am Main 1970), S. 56—59 u. S. 147—155.

[8] Manfred Durzak hat diesen Umwandlungsprozeß von Brochs Symboltheorie aus erhellt. Er verfolgt im Detail, wie Broch auch bei den Symbolen von einem »naturalistischen Kern« (10,187) ausgeht und wie diese dann im Prozeß einer Entnaturalisierung an Bedeutungsvielfalt zunehmen: »Hermann Brochs Symboltheorie«, *Neophilologus*, Jg. 52, 2 (April 1968), S. 156—169, speziell S. 158/159.

[9] Erstveröffentlichung in: Hermann Broch, *Barbara und andere Novellen*, hg. v. Paul Michael Lützeler (Frankfurt am Main 1973).
Manfred Durzak hat die Erzählung ausführlich besprochen und zählt sie zu Recht zu den sechs »Tierkreis«-Erzählungen, die Broch 1933 verfaßte. Vgl. M. Durzak »HBs ,Tierkreis'-Erzählungen. Zu einer unbekannten Erzählung«, *Orbis Litterarum*, 24, 2 (1969), S. 138—157. Er verfolgt, wie nach der »formal sehr traditionellen Eröffnung« (S. 148) im Laufe der Erzählung »der naturalistische Rahmen ... transzendiert« (S. 152) wird.
Freilich gibt es auch Romananfänge bei Broch, die mit der zweiten Darstellungsebene einsetzen, so etwa beim »Pasenow«. Zu den dort wechselnden subjektiven Perspektiven vgl. Richard Brinkmann, »Romanform und Werttheorie bei Hermann Broch. Strukturprobleme moderner Dichtung«, *DVjs*, 31 (1957), S. 169 ff.

[10] Der Begriff der »utopischen Tendenz« ist nicht von Broch selbst geprägt, aber er legt seinen Gebrauch doch nahe. Im Zusammenhang der Diskussion um die Darstellung der Welt »wie sie gewünscht wird«, spielt er nämlich die »echte Utopie« (6,343), zu der er sich bekennt, gegen Zolas mißverstandenen Utopiebegriff aus.

[11] Vgl. auch die fast identische Stelle in 6,327: »Neben der naturalistischen Tendenz (gibt) es eine nicht minder starke, ,die Welt zu schildern, wie sie gewünscht oder wie sie gefürchtet wird'.«

[12] Vgl. die späten politischen Schriften Brochs: »Politik. Ein Kondensat«, (7,203—255); »Trotzdem: Humane Politik. Verwirklichung einer Utopie«, *Die Neue Rundschau*, LXI, I (1950), S. 1-31.; ferner »Die Intellektuellen und der Kampf um die Menschenrechte«, *Literatur und Kritik*, 54/55 (1971), S. 193—197.

[13] E. Canetti, »Hermann Broch. Rede zum 50. Geburtstag«, in: *HB. Perspektiven der Forschung*, hg. v. M. Durzak, (München 1972), S. 12.

[14] Brochs Werttheorie in ihrer ganzen Entfaltung mit den Begriffen des »Ästhetischen« und »Ethischen«, von »Akt« und »Realisat«, »Zeit« und »Raum«, »Irrationalem« und »Rationalem« kann im Rahmen dieser Untersuchung nicht dargelegt werden. Verwiesen sei auf die zwei gründlichen Studien von Ernestine Schlant *Hermann Brochs Philosophie*, a.a.O. und Hermann Krapoth, *Dichtung und Philosophie bei Hermann Broch*, (Bonn 1971).

15 Alles Beharren auf bereits »Geformtem«, alles Festhalten an »Resulta-
ten« kann nach Broch nicht als »positiv ethisch« bewertet werden,
denn das wäre die Konsequenz einer »ästhetischen Forderung«, die
nicht mehr am »unendlichen Wertziel des Systems orientiert« (6,339)
ist. Das »Wertziel« müsse utopischen Charakter tragen: Es »ist in unendlicher Entfernung« angesiedelt, liegt in »der Zukunft« und »bleibt
im Undefinierbaren« (6,324). Es muß unterstrichen werden, daß unsere
Berufung auf Brochs Werttheorie an dieser Stelle keineswegs willkür-
lich ist, denn alle diese Zitate stammen aus dem in diesem Zusammenhang wichtigsten Essay »Das Böse im Wertsystem der Kunst«, in den
Broch zur Fundierung seiner Romantheorie die Wertphilosophie ein-
gebaut hat. Um den von uns verfolgten Aspekt jedoch nicht allzusehr
zu komplizieren, nehmen wir so wenig wie möglich Bezug auf die
Werttheorie. Auch ein weiteres wichtiges Thema des Aufsatzes, das
des Kitsches, soll hier nicht berührt werden. Es ist bereits einmal
behandelt worden in Manfred Durzaks Essay »Der Kitsch. Seine verschiedenen Aspekte«, *Deutschunterricht*, 19/1 (1967), S. 93—120.

16 Arnhelm Neusüß, »Schwierigkeiten einer Soziologie des utopischen
Denkens«, in: *Utopie. Begriff und Phänomen des Utopischen,* hg. v.
A. N., (Neuwied und Berlin 1968), S. 25.

17 Bewußt wird hier auf die Verwendung des Begriffs »Apokalypse« verzichtet. Da Broch in seinen Romanen die negativen *und* positiven utopischen Tendenzen seiner Zeit einfangen will, kann man ihn nicht einseitig als negativen Utopisten oder »Apokalyptiker« bezeichnen. Dagegen,
Broch als »Apokalyptiker« abzustempeln, wendet sich zu Recht auch
Manfred Durzak: »Brochs Romane wären nur . . . elegische Bestands-
aufnahme einer sich auflösenden Welt, wenn er nicht . . . die Möglichkeit einer Alternative gesehen, als Utopie . . . gestaltet hätte«. (»Apokalypse oder Utopie? Bemerkungen zu Hermann Brochs ,Schlafwand-
lern'«, *Etudes Germanique*, 23, 1969, S. 18.)
Wenn Broch auch selbst kein »Apokalyptiker« ist, besagt das noch
nicht, daß Apokalypse und Chiliasmus nicht als Themen in Brochs Romanen, besonders in den *Schlafwandlern*, vorkommen. Beim Aufzeigen
der negativ-utopischen Tendenzen seiner Zeit trifft er allerdings auf
»apokalyptische« »Befürchtungen«, die er dann im Roman gestaltet.
Ihn selbst aber deswegen als »Apokalyptiker« zu bezeichnen, wie es
Heinz D. Osterle tut, heißt Brochs Romantheorie und -praxis mißverstehen (Vgl. H. D. Osterle »,Die Schlafwandler': Revolution and
Apocalypse«, PMLA, 86/5, [Oct. 1971], S. 946—958.

18 Zur Musil-Broch-Beziehung vgl. die zusammenfassende Darstellung
der bisherigen Sekundärliteratur zu dem Thema von Wolfgang Freese,
»Statt eines Forschungsberichts — Über das Vergleichen Robert Musils
mit Hermann Broch in der Literaturwissenschaft«, *Literatur und Kritik*, 54/55 (1971), S. 218—241.

19 Manfred Durzak, *Hermann Broch in Selbstzeugnissen und Bilddokumenten,* (Reinbek bei Hamburg 1966), S. 71 ff.

20 Broch nennt diese vier Autoren in seinem Brief an Willa Muir vom
3. August 1931 (10,319).

21 Vgl. dazu Robert Neumanns humorvolle Darstellung seiner Begeg-

nungen mit Broch in *Vielleicht das Heitere. Tagebuch aus einem andern Jahr*, (München, Wien, Basel 1968), S. 49, ferner *Ein leichtes Leben*, a.a.O., S. 108—110.

22 So lautet Wolfgang Kaysers grundsätzlicher Aufsatz in: *Die Vortragsreise. Studien zur Literatur*, (Bern 1958), S. 82—101.

23 Karl Robert Mandelkow, *Hermann Brochs Romantrilogie ‚Die Schlafwandler'. Gestaltung und Reflexion im modernen deutschen Roman*, Heidelberg 1962), S. 38 und Theodore Ziolkowski, »Hermann Broch. The Sleepwalkers«, in: *Dimensions of the Modern Novel*, (Princeton 1969), S. 169, weisen auf den Ich-Erzähler in Gides *Les Faux-Monnayeurs*, den Schriftsteller Edouard, als einem Vorbild für den Ich-Erzähler Bertrand Müller hin.

24 Theodore Ziolkowski, »Hermann Broch and Relativity in Fiction«, a.a.O., S. 373/374 und Dorrit C. Cohn, *The Sleepwalkers. Elucidations in Hermann Broch's Trilogy*, (The Hague 1966), S. 38, weisen bereits darauf hin.

25 Th. Ziolkowski, »Relativity«, a.a.O., S. 374.

26 Vgl. auch Leo Kreutzers Abschnitt »Die Romantheorie«, in: *Erkenntnistheorie*, a.a.O., S. 15—48, worauf in der Folge noch eingegangen wird.

27 Broch fährt an dieser Stelle scherzhaft fort: »... — mein Porträt ... ist selbstverständlich Huguenau, der einzige, dem es wirklich gut geht! noch lieber wäre ich allerdings Balthasar Korn, aber man darf seine Ideale nicht zu hoch stecken.« (10,332). Daraus den Schluß zu ziehen, daß Broch sich tatsächlich mit Huguenau identifizierte, wie es Kreutzer (*Erkenntnistheorie*, a.a.O., S. 184) und Ziolkowski (»Zur Entstehung und Struktur von Hermann Brochs ‚Schlafwandlern'«, *DVjs* S. 50; ferner in *Hermann Broch*, [New York/London 1964], S. 16) tun, heißt nicht nur die witzige Pointe übersehen, sondern auch Brochs nicht-subjektivistische Romantheorie ignorieren.

28 W. Kayser, »Wer erzählt den Roman?«, a.a.O., S. 91.

29 K. R. Mandelkow, *Gestaltung*, a.a.O., S. 152; Rolf Geißler, *Dekadenz und Heroismus*, (Stuttgart 1964), S. 159; D. Cohn, *Elucidations*, a.a.O., S. 63.

30 Vgl. vor allem K. R. Mandelkow, *Gestaltung*, a.a.O., S. 151, Anmerkung 7.

31 D. Cohn, *Elucidations*, a.a.O., S. 107.

32 Th. Ziolkowski, »Zur Entstehung«, a.a.O., S. 51. (In seinem Buch *Dimensions*, a.a.O., S. 167, Anm. 37 stellt er die Identitätsfrage zur Diskussion, ohne sich für oder gegen eine Lösung auszusprechen.) L. Kreutzer, *Erkenntnistheorie*, a.a.O., S. 152; H. Steinecke, *Polyhist. Roman*, a.a.O., S. 14.

33 Vgl. *Broch-Brody-Briefwechsel* (= BBB), 12, 14, 15, 16, 17, 19, 42, 47, 48, 50, 51, 66, 68.

34 Ibid, 86.

35 Ibid, 81.

36 Ibid, 86.

37 Ibid, 110.

38 Ibid, 185. In überarbeiteter Fassung erschien Brochs Vortrag vier Jahre später unter dem Titel »*James Joyce und die Gegenwart*« (Wien 1936).

39 Zu Brochs dichtungstheoretischem Begriff der »Ich-Abspaltungen« vgl. auch 6,156; 8,41 und *Bergroman*, II. Fassung, hg. von Hans A. Meier und Frank Kress, (Frankfurt am Main 1969), S. 435.

40 Es ist also nicht so, daß der Erzähler lediglich »divided himself between two characters«, nämlich Joachim und Eduard, wie es Dorrit Cohn annimmt, *Elucidations*, a.a.O. S. 37.

41 Die etwas dubiose Parallele, die Broch an dieser Stelle zur Relativitätstheorie zieht, kann unerwähnt bleiben. Vgl. dazu Anm. 55, S. 147.

42 Wir stimmen hier mit Th. Ziolkowski überein; vgl. »Hermann Broch and Relativity in Fiction«, a.a.O., S. 374.

43 Zur Kritik von Brochs Ich-Metaphysik vgl. vor allem Hermann Krapoth, *Dichtung und Philosophie*, a.a.O., S. 40 ff.

44 Leo Kreutzer, *Erkenntnistheorie*, a.a.O., S. 15—48.

45 K. R. Mandelkow, *Gestaltung*, a.a.O., S. 76.

46 R. Brinkmann, »Romanform«, a.a.O., S. 173 (auch S. 187).

47 D. Cohn, *Elucidations*, a.a.O., S. 22 weist ebenfalls auf die erzähltechnische Bedeutung dieser Stelle hin.

48 D. Cohn, *Elucidations*, a.a.O., S. 20, spricht von der »doctrine of relativity that has such great importance for Broch's novel.« Th. Ziolkowski, »Relativity«, a.a.O., S. 375, meint, daß es Broch letztlich um die Verdeutlichung der Relativität aller menschlichen Normen gegangen sei.

49 Karl Menges simplifiziert Brochs ethische Position, wenn er referiert, nach Broch habe »das Subjekt gutwillig zu wirken« und verfüge »über eine gewisse Autonomie« (*Kritische Studien*, a.a.O., S, 87). Vgl. auch 2,531 und 6,340, wo Broch ausdrücklich den »guten Willen« als Fundament der Sittlichkeit versteht. Menges unterschlägt Brochs Rekurs auf Kant.

50 Kants Erläuterung des »guten Willens« in Beziehung zum kategorischen Imperativ in der *Grundlegung*, a.a.O., S. 90/91, sei zum besseren Verständnis angeführt: »Der Wille ist schlechterdings gut, der nicht böse sein, mithin, dessen Maxime, wenn sie zu einem allgemeinen Gesetze gemacht wird, sich selbst niemals widerstreiten kann. Dieses Prinzip ist also auch sein oberstes Gesetz: handle jederzeit nach derjenigen Maxime, deren Allgemeinheit als Gesetzes du zugleich wollen kannst; dieses ist die einzige Bedingung der ein Wille niemals mit sich selbst im Widerstreite sein kann, und ein solcher Imperativ ist kategorisch ... Handle nach Maximen, die sich selbst zugleich als allgemeine Naturgesetze zum Gegenstande haben können!«

51 I. Kant, *Grundlegung*, a.a.O., S. 95.

52 Zum Unterschied zwischen Max Schelers materialer und Brochs formaler Wertethik vgl. auch den Aufsatz des Verf. »Die Kulturkritik«, a.a.O., S. 227/228.

53 H. Broch, »Pamphlet gegen die Hochschätzung des Menschen«, YUL. Hier wird aus dem älteren, etwa um 1918 entstandenen der beiden Manuskripte mit dem gleichen Titel zitiert.

54 Vgl. I. Kant, »Vorrede«, in: *Grundlegung*, a.a.O. S. 19,27.

55 I. Kant, *Grundlegung*, a.a.O., S, 95.

56 Brochs Theorie der Partialwertsyseme hat Ähnlichkeit mit den Rollentheorien in der modernen Soziologie, wie sie etwa von George H. Mead, *Mind, Self and Society*, (Chicago 1965) aufgestellt worden sind. Handlungen werden in beiden Fällen als vom Handelnden getrennt betrachtet, der Handelnde als Verkörperung von Rollen begriffen. Die verdinglichten »Rollen«, die die Partialwertsysteme den Einzelmenschen aufzwingen, schaffen eine Welt, in der menschliche Handlungen nicht mehr Ausdruck menschlicher Intentionen sind, sondern Abstraktionen verkörpern. Zu diesem Problemkomplex vgl. auch Peter Berger, *The Precarious Vision*, (Garden City, New York, 1961) und Ralf Dahrendorf, *Homo sociologicus. Ein Versuch zur Geschichte, Bedeutung und Kritik der Kategorie der sozialen Rolle*, (Köln 1967, 7. Aufl.).

57 I. Kant, *Grundlegung*, a.a.O., S. 96.

58 Ibid, S. 104; ferner *Kr. d. pr. V.*, a.a.O. S. 58.

59 H. Krapoth, *Dichtung und Philosophie*, a.a.O., S. 101, weist ebenfalls eine Reihe mathematischer Termini in Brochs Begriffsapparat nach.

60 Nach Kant »besteht das alleinige Prinzip der Sittlichkeit« im Zusammenspiel von »negativer« Freiheit (= »Unabhängigkeit ... von aller Materie des Gesetzes«) und »positiver Freiheit (= »Bestimmung der Willkür durch die bloße allgemeine gesetzgebende Form«). Bei nur »negativer« Freiheit, kommt immer nur »Heteronomie der Willkür« heraus. Vgl. *Kritik der praktischen Vernunft*, hg. v. J. Kopper, (Stuttgart 1966) S. 58.

61 Die Wendung gegen die »Redakteure«, »Demagogen« und »Ingenieure« durchzieht leitmotivartig die *Schlafwandler*. Vgl. S. 314, 316, 318, 319, 676.

62 Dem Mißverständnis unterliegen u. a. K. Menges, *Kritische Studien*, a.a.O., S. 79, Karl August Horst, »Hermann Broch. Ethos und Wertidee«, in: *Kritischer Führer durch die deutsche Literatur der Gegenwart*, (München 1962), S. 391; ferner Paul Konrad Kurz, »Hermann Brochs ,Schlafwandler'-Trilogie als zeitkritischer Erlösungsroman«, in: *Über moderne Literatur. Standorte und Deutungen*, (Frankfurt/M. 1967) S. 140. Auf den Modellcharakter von Brochs Mittelalter-Bild wies bereits Leo Kreutzer, *Erkenntnistheorie*, a.a.O., S. 201, hin.

63 Brochs Vorstellungen haben nichts gemein mit einem Mittelalter-Bild, wie es etwa Martin Buber vorschwebt, dem der Vorwurf eines gewissen Romantizismus nicht erspart werden kann. Vgl. Buber, *Pfade in Utopia*, (Heidelberg 1950).

64 Karl Menges, *Kritische Studien*, a.a.O., S. 79 ff., erliegt diesem Mißverständnis, wenn er über »Brochs Kritik des historischen Mittelalters« referiert.

65 Wie sehr Broch Max Weber schätzte, geht aus einer Stelle in Brochs »Autobiographie«, (9,47), hervor. Wolfgang Rothe weist verschiedentlich auf die Beziehung Brochs zu Max Weber hin (9,12,22).

66 Max Weber, *Methodologische Schriften*, (Frankfurt/M. 1968), S. 43. Weber geht sogar direkt auf das idealtypische Bild des Mittelalters ein und schreibt dazu: »Wirft man die Frage auf, ... worin das ,Christ-

liche', welches wir in den Institutionen des Mittelalters finden, denn liege, so zeigt sich alsbald, daß auch hier in jedem einzelnen Fall ein von uns geschaffenes reines Gedankengebilde verwendet wird. Es ist eine Verbindung von Glaubenssätzen, Kirchenrechts- und sittlichen Normen ..., die wir zu einer ‚Idee' verbinden: eine Synthese, zu der wir ohne die Verwendung idealtypischer Begriffe gar nicht widerspruchslos zu gelangen vermöchten.« (S. 49).

67 Vgl. dazu vor allem Ernst Bloch, *Tübinger Einleitung in die Philosophie I*, (Frankfurt am Main 1964), S. 145—150.

68 Vgl. H. Broch, »Politik. Ein Kondensat«, a.a.O.; ferner »Trotzdem: Humane Politik«, a.a.O.

69 Vgl. dazu die Überlegungen von Henri de Lubac, Le drame de l'humanisme athée, (Paris 1945).

70 H. Broch, »Der Kunstkritiker«, a.a.O., S. 79.

71 Ibid, S. 80.

72 M. Adler, »Die Staatsauffassung des Marxismus«, in: *Marx-Studien*, 4. Bd., II. Hälfte, (Wien 1922), S. 69.

73 M. Adler, »Das Sozialapriori«, in: *Das Rätsel der Gesellschaft. Zur erkenntnis-kritischen Grundlegung der Sozialwissenschaft*, (Wien 1936), S. 88.
Adlers erste Ausführungen zum »Sozialapriori« finden sich in seinem Aufsatz »Kausalität und Teleologie im Streite um die Wissenschaft«, in: *Marx-Studien*, I. Jg., Bd. I, 1904.
Zur Philosophie Max Adlers im allgemeinen vgl. besonders: Norbert Leser, *Zwischen Reformismus*, a.a.O., S. 511—561.

74 M. Adler, »Das Sozialapriori«, a.a.O., S. 92.

75 Vgl. 2,561/562/566.

76 *Broch-Brody-Briefwechsel*, a.a.O., S. 290, Anmerkung zu Brief Nr. 182.

77 Den Utopiebegriff gebrauchen wir weitgehend im Sinne von Arnhelm Neusüß, *Utopie*, a.a.O., S. 13—119.

78 Beim Gebrauch der Begriffe »Entfremdung« und »Mystifizierung«, sowie »Verdinglichung« stützen wir uns auf Definitionen, wie sie von Peter L. Berger und Stanley Pullberg formuliert wurden in ihrem Aufsatz »Reification and the Sociological Critique of Consciousness«, in: *History and Theory. Studies in the Philosophy of History*, Vol. IV, (Den Haag 1965), S. 196—211.

79 A. Neusüß, *Utopie*, a.a.O., S. 93.

80 Offensichtlich hatte Broch Blochs 1918 erschienenen *Geist der Utopie* als junger Mann gelesen. Der Band ist aufgeführt im Verzeichnis von Brochs Wiener Bibliothek (YUL). Im Broch-Archiv der YUL findet sich ein recht umfangreicher Briefwechsel der beiden Denker aus der Zeit ihres gemeinsamen amerikanischen Exils. In einem Gutachten Brochs über Blochs *Prinzip Hoffnung* heißt es: »... His previous books have proved Ernst Bloch to be one of the outstanding philosophers of our time ... This opinion of mine is based on a personal acquaintance with Ernst Bloch ... and on my acquaintance with the preparatory work he has done for his new book, which I greatly admire.« (YUL). In einem Brief an Wieland Herzfelde vom 2. April 1946 schreibt

Broch: »... Heute erhielt ich zu meiner Freude Blochs großartiges Buch. Wenn ich halbwegs Zeit finde, möchte ich darüber sehr ausführlich in einer der philosophischen Zeitschriften referieren.« (YUL, uv). Broch schrieb zwar ein zweiseitiges, sehr positives Gutachten, das aber nicht veröffentlicht wurde.

[81] Ernst Bloch, *Das Prinzip Hoffnung*, Bd. I, (Frankfurt am Main 1967), S. 355.

[82] Ibid, S. 126 und S. 123.

[83] Ibid, S. 123.

[84] Ibid, S. 125.

[85] Ibid, S. 126.

[86] Ibid, S. 83: »Der wichtigste Erwartungsaffekt, der eigentlichste Sehnsuchts- also Selbstaffekt bleibt ... stets die Hoffnung.«

[87] Ibid, S. 387/388.

[88] Es ist wahrscheinlich, daß Brochs »Angst«-Begriff beeinflußt ist von Kierkegaard, den Broch in den *Schlafwandlern* häufiger zitiert (2,150/556/677. Vgl. auch 6, 264; 8,85/157/280/365; 10,295). Äußerungen über Kierkegaard finden sich auch im MS »Geist und irrationaler Geist« (YUL). Auch in Kierkegaards Angst-Begriff scheint die für Broch typische utopische Komponente des Begriffs durch. Kierkegaard definiert: »Angst (ist) die Wirklichkeit der Freiheit als Möglichkeit für die Möglichkeit.« Sören Kierkegaard, *Der Begriff Angst*, (Düsseldorf 1952), S. 40.

[89] E. Bloch, *Prinzip Hoffnung*, a.a.O., S. 166.

[90] Ibid, S. 366.

[91] Diesen Unterschied zwischen »Heimat« und »Ferne« hat bisher am deutlichsten Hartmut Steinecke, *HB u. d. polyh. R.*, a.a.O., S. 150/151, herausgestellt.

[92] E. Bloch, *Prinzip Hoffnung*, a.a.O., S. 347.

[93] E. Bloch, *Geist der Utopie*, Bd. 3 der Gesamtausgabe, bearbeitete Neuauflage der zweiten Fassung von 1923, (Frankfurt am Main 1964), S. 254.

[94] E. Bloch, *Das Prinzip Hoffnung*, a.a.O., S. 241: »Das utopische Totum bedeutet ... jene Heimat der Identität, worin sich weder der Mensch zur Welt, noch aber auch die Welt zum Menschen verhalten als zu einem Fremden.« An anderer Stelle erläutert er diese intendierte Aufhebung der Entfremdung: »Alles an den Hoffnungsbildern Nicht-Illusionäre, Real-Mögliche geht zu Marx, arbeitet ... in der sozialistischen Weltveränderung.« (S. 16).

[95] Die Deutungen, die die »Schlafwandel«-Metapher in der Sekundärliteratur erfuhr, sind zahlreich. Grundsätzlich kann man unterscheiden zwischen zwei Interpretationen: Zum einen wird »Schlafwandeln« als allgemeine Geistesverfassung der Romangestalten verstanden, zum anderen wird es als nur momentaner Zustand gedeutet. Im ersteren Fall läßt sich wieder differenzieren zwischen einer historisch-politischen Auffassung und einem allgemein seinsmäßigen Verständnis. Richard Brinkmann (»Romanform«, a.a.O., S. 176), Wilhelm Grenzmann [»Hermann Broch: Zwischen Tod und Leben«, in *Dichtung und Glaube*, (Bonn 1960), S. 142], Helmut Uhlig [»Die Schuld der Schuld-

losen«, *Monat*, 32/III (1951) S. 216]; Fritz Störi [HB's letztes Werk«, *Neue Schweizer Rundschau*, 19 (1951), S. 178], Egon Vietta [»Hermann Broch«, *NR*, XLV (1934), S. 579] und andere neigen der historisch-politischen Interpretation zu, während Rolf Geissler [»Hermann Broch: ‚Die Schlafwandler'«, *Möglichkeiten*, a.a.O., S. 109] u. Leo Kreutzer [*Erkenntnistheorie*, a.a.O., S. 198] »Schlafwandeln« als seinsmäßigen Zustand im Sinne eines bewußtseinsmäßigen Dämmerzustandes verstehen. Als punktuelles Freiheitserlebnis und als momentan visionär-ekstatischen Zustand wird die Metapher von K. R. Mandelkow, [*Gestaltung*, a.a.O., S. 68], Walter Jens [»Mathematik der Traums«, in: *Statt einer Literaturgeschichte*, (Pfullingen 1957), S. 118], ferner Erich Kahler [»Einleitung in GW I«, (Zürich 1953), S. 19] Frank Trommler [»H.B«, *Roman und Wirklichkeit*, (Stuttg.: 1966) S. 110] und Dorrit Cohn [*Elucidations*, a.a.O., S. 151] gedeutet, wobei häufig — so bei Mandelkow — eine Parallele zu Musils »anderem Zustand« gezogen wird. Kritiker wie Manfred Sera [*Utopie und Parodie bei Musil, Broch und Thomas Mann*, (Bonn 1969), S. 75 und S. 136 = Abschnitt über »Die Schlafw.«], die grundsätzlich die momentan-visionäre Deutung ablehnen, wenden sich konsequenterweise gegen solche Vergleiche. In den bisher gründlichsten Untersuchungen zum »Schlafwandler«-Begriff bei Hartmut Steinecke [*HB u. d. polyhist. Roman*, a.a.O., S. 101—155] und bei Peter Collins [*Hermann Broch's Trilogy ‚Die Schlafwandler'*, Diss. University of Sidney, 1967, masch.schr.] wird die starre Entweder-Oder-Alternative von allgemein seinsmäßigem und nur punktuell erlebtem Zustand aufgehoben: Zwar handle es sich beim »Schlafwandeln« um einen allgemein seinsmäßigen Zustand, der jedoch in bestimmten Augenblicken besonders intensiv erlebt werde. Auch unsere Interpretation deutet in diese Richtung: Immer latent vorhandene Wunsch- und Angstvorstellungen äußern sich in bestimmten Momenten besonders intensiv und erhellen dann die negativen und positiven utopischen Vorstellungen der betreffenden Romanfigur.

96 In diesem Sinne wird die Stelle auch von Dorrit Cohn (*Elucidations*, a.a.O., S. 151) interpretiert.

97 Ibid, S. 151.

98 Cohn, *Elucidations*, a.a.O., S. 144—150 beschreibt in ihrem Kapitel »Movement toward Consciousness« treffend, wie Broch bei der Darstellung der Schlafwandlerzustände vornehmlich mit Helligkeitsmetaphern arbeitet.

99 Ernst Bloch, *Prinzip Hoffnung*, a.a.O., S. 118.

100 Ibid, S. 221.

101 Ernst Bloch, *Prinzip Hoffnung*, a.a.O., S. 334/335.

102 Heinz D. Osterle, »Revolution and Apocalypse«, a.a.O., S. 948. Osterle zieht aus dieser Feststellung allerdings den falschen Schluß, indem sie ihm Indiz für Brochs angeblichen Irrationalismus ist. Die intendierte utopische Qualität der dargestellten Tagträume wird von ihm nicht erfaßt.

103 E. Bloch, *Prinzip Hoffnung*, a.a.O., S. 101.

104 Ibid, S. 85.

[105] Ibid, S. 368.

[106] Ibid, S. 129.

[107] Ibid, S. 4.

[108] Brief vom 8. 7. 1946, uv. YUL.

[109] Heinz D. Osterle, »Revolution and Apocalyse«, a.a.O., S. 953 spricht von dieser Ambivalenz und der »double vision« im »Epilog«. Da er Brochs Dichtungsintention in den *Schlafwandlern* nicht versteht, macht er Broch den Vorwurf der nicht eindeutigen Aussage.

[110] *Broch-Brody-Briefwechsel*, a.a.O., S. 329/330.

[111] Vgl. dazu die Ausführungen im Kapitel »Das Nicht im Ursprung, das Noch-Nicht in der Geschichte, das Nichts oder aber das Alles am Ende«, in: *Ernst Bloch, Prinzip Hoffnung*, a.a.O., S. 356—346, wo es u. a. heißt: »Das Noch-Nicht charakterisiert die *Tendenz im materialen* Prozeß, als des sich herausprozessierenden, zur Manifestation seines Inhalts tendierenden Ursprungs. Das *Nichts* oder aber das *Alles* charakterisiert die Latenz in dieser *Tendenz*, als zu uns negative oder positive . . .« (S. 357/58).

[112] Broch an Norman Douglas, 14. 2. 1939, uv. YUL.

[113] Daß der hervorstechendste Charakterzug des Brochschen ‚Romantikers‘ die Neigung zur Flucht vor der Wirklichkeit ist, hat Ernestine Schlant, *Die Philosophie*, a.a.O., S. 47 detailliert beschrieben. Auch Jean Jacques Anstett, »Le romantisme de Hermann Broch«, *Etudes Germaniques*, XI (1956), S. 225, benennt ähnlich mit »regret du passé« eines der wesentlichen Merkmale dieses Romantiker-Typus. Treffend fügt er der Skala dieser romantischen Untugenden hinzu: »goût du décor« und »méfiance à l'égard de la connaissance rationelle«. Im wesentlichen damit übereinstimmend faßt Leo Kreutzer das Urteil über den Romantiker in drei Punkte zusammen: »Flucht *vor* der Wirklichkeit« und »Rat- und Hilflosigkeit *in* der Wirklichkeit«, die »Pathetisierung« des Endlichen zur Unendlichkeit und die »Überschwenglichkeit« des Absolutheitsstrebens (*Erkenntnistheorie*, a.a.O., S. 51).

[114] Alle Zitate nach a.O., S. 8 u. S. 11.

[115] So lautet Brochs Exposé zu den *Schlafwandlern*, das er seinem Brief an den Rhein-Verlag vom 19. 7. 1930 beifügte (8,25 ff.).

[116] *Broch-Brody-Briefwechsel*, a.a.O., S. 39. Broch schickte dieses Exposé »Die Schlafwandler«, aus dem das Zitat entnommen ist, zu Anfang März 1930 an den S. Fischer Verlag. Dieser Brief ist leider nicht mehr erhalten, wohl aber die Antwort Gottfried Bermanns (vgl. »Einleitung«).

[117] Leo Kreutzer, *Erkenntnistheorie*, a.a.O., S. 64; Dorrit Cohn, *Elucidations*, a.a.O., S. 66. Daß Bertrand selbst der ‚romantischen' Ideologie seiner Zeit verhaftet ist, wird zum erstenmal herausgestellt von Manfred Sera, *Utopie und Parodie*, a.a.O., S. 97 u. S. 101.

[118] *Broch-Brody-Briefwechsel*, a.a.O., S. 39.

[119] Der materialistische Zug an Eduard wird in der gesamten bisherigen Sekundärliteratur unterschlagen. Wie die meisten Interpreten erkennt auch Dorrit Cohn nur den Ästheten in Eduard und macht die nicht ganz zutreffende Feststellung: »He conforms to the type of the

‚fin de siècle' aesthete, as we find him, say, in the early stories of Heinrich and Thomas Mann.« (*Elucidations*, a.a.O., S. 67.)

120 Vgl. 2,31, wo es über Pasenow heißt: »Manches war in den letzten Tagen unsicher geworden und dies hing auf eine unerklärliche Weise mit Bertrand zusammen . . .«

121 Heinz D. Osterle, »Revolution and Apocalypse«, a.a.O., S. 950, stellt zu Recht fest: »In reality he [Eduard] was a hollow man, an egocentric esthete whose life was sterile and spiritually empty.«

122 Dorrit Cohn, *Elucidations*, a.a.O., S. 67 u. S. 96, hat auf Nietzsche-Anklänge in einigen Sentenzen Eduards hingewiesen.

123 Vgl. dazu auch Georg Lukács, »Wesen und Funktion der Lebensphilosophie«, in: *Von Nietzsche zu Hitler*, a.a.O., S. 102–113.

124 Vgl. 2,571: »Da gab es einen, der flüchtete vor seiner eigenen Einsamkeit nach Indien und Amerika.«

125 Broch-Brody-Briefwechsel, a.a.O., S. 38.

126 Die Bezeichnung ist von Ernst Bloch übernommen, der sie in *Prinzip Hoffnung*, a.a.O., S. 195, ebenfalls bei der Kritik an romantischen Ideologien verwendet.

127 Das hat bereits Manfred Sera, *Utopie und Parodie*, a.a.O. S. 79 herausgestellt. Mandelkow, *Gestaltung*, a.a.O., S. 87, verkennt diesen parodistischen Aspekt völlig, wenn er die Hochzeitsnacht als den »spiritualen Höhepunkt der auf Erlösung, Gnade und Reinigung zielenden Beziehung zwischen Joachim und Elisabeth« schildert.
Ansätze zu einer zeitkritischen Deutung des *Pasenow* finden sich bereits in Leo Kreutzers Interpretation der Funktion der Kirche und des Christlichen. Vgl. *Erkenntnistheorie*, a.a.O., S. 85, wo es heißt, »der Pastor«, beweise als »Hauptproduzent« von »schönen, die Wirklichkeit überdeckenden Vorstellungen und Formeln eine eminente gesellschaftliche Nützlichkeit«.

128 Brochs Rezension über Willi Handls Roman »Die Flamme« (2. Version), a.a.O., uv. YUL. [Erste Version in: *Moderne Welt*, Heft 8 (1920), S. 22.]

129 Manfred Sera, *Utopie und Parodie*, a.a.O., S. 85, ist zuzustimmen, wenn er das, was Pasenow »bewußt anstrebt« als »Parodie, verzerrenden Abklatsch eines Ursprünglichen« bezeichnet.

130 *Broch-Brody-Briefwechsel*, a.a.O., S. 39.

131 Ibid.

132 Man vergleiche Brochs Ausführungen über die »Anständigkeit« in seiner »Völkerbund-Resolution« a.a.O.

133 Das ist in der bisherigen Sekundärliteratur des öfteren übersehen worden. Die Aussagen Bertrands in dieser Esch'schen Vision können nur als Gedankenprojektionen Eschs, nicht aber als Behauptungen Eduards gewertet werden. Daß die Begegnung nur in der Einbildung Eschs stattfindet, hat Heinz D. Osterle, »Revolution and Apocalypse«, a.a.O., S. 950, herausgestellt. Allerdings empfindet er die bloße Fiktivität des Geschehens als zeitkritisches Manko des Romans. Dagegen muß aber eingewendet werden, daß die Darstellung der wirklichen Begegnung eines Lagerbuchhalters mit einem Industriebaron um 1903 dem Verdikt völliger Unglaubwürdigkeit verfallen wäre.

Bertrand-Interpretationen wie die von Mandelkow, *Gestaltung*, a.a.O., S 123 ff., und Dorrit Cohn, *Elucidations*, a.a.O., S. 61 ff., haben den Mangel, daß Eschs Projektionen für Äußerungen Bertrands genommen werden. Daß es sich um nichts als einen Tagtraum handelt, belegen u. a. folgende Zitate: »... und es war, als ob das, was er leibhaftig vor sich sah, bloß eine sinnbildliche Stellvertretung wäre ... Traum im Traume ... Und der Träumende hörte seine eigene leise Stimme ... Esch, dem überwach Träumenden (entging) nichts ...« (2,320—325). Nach Abschluß dieses Traumkapitels beginnt der nächste Satz: »Groß ist die Angst dessen, der erwacht ... Ein Ausgestoßener des Traumes wandelt er im Traume ...« (2,326). Als Geyring Esch nach seiner Rückkehr aus Badenweiler fragt, wen er denn dort getroffen habe, heißt es ausdrücklich: »Esch log nicht, als er sagte: ,Ich habe niemanden getroffen'« (2,329).

[134] Vgl. William Raymond Manchester, »Oscar Wilde of the Second Reich«, in: *The Arms of Krupp 1587—1968* (Boston 1968), S. 214—240.

[135] Auch in seinem 1933 entstandenen Drama *Die Entsühnung* wird ein Gewerkschaftler als positiver Held gesehen, nämlich der Vorsitzende des Betriebsrats der Filsmannwerke, Georg Rychner. Rychner, beschrieben als »Typus des intelligenten Arbeiters, gutmütig, überlegen«, wird von Woritzki, der den Straßenmob verkörpert, erschossen. Vgl. *Die Entsühnung. Bearbeitete Bühnenfassung*, (München 1933) uv. YUL, S. III.

[136] Zur Beschreibung von Eschs Kleinbürgertum vgl. Manfred Sera, Utopie und Parodie, a.a.O., S. 90/91.

[137] Zu den geographischen Utopie-Metaphern vgl. auch Ernst Bloch, *Prinzip Hoffnung*, Bd. II, a.a.O., S. 873 ff.

[138] Jean Boyer beleuchtete das Problem der Einsamkeit in Brochs Romanen unter dem Aspekt der in den fünfziger Jahren verbreiteten Existenzphilosophie. So tiefsinnig die kleine Schrift auch ist, kann sie bei unserer Interpretation keine Stütze abgeben. Vgl. *Hermann Broch et le problème de la solitude*, (Paris 1954).

[139] Der Mord Huguenaus an Esch hat in der Sekundärliteratur die eigenartigsten Deutungen erfahren. Leo Kreutzer etwa sieht in ihm »das Moment, in das die Trilogie ihre Hoffnung auf eine bessere Zukunft hineingestaltet hat« (*Erkenntnistheorie*, a.a.O., S. 183).
Überhaupt sieht er Huguenau als eine durchaus positive Figur an, die Broch selbst als sein »Über-Ich« (a.a.O., S. 184) verstanden habe. Sein Mißverständnis rührt daher, daß er einen frühen *Schlafwandler*-Kommentar aus der Mitte von 1930, in dem die Huguenau-Figur noch wesentlich positiver konzipiert war (8,26) zugrunde legt (vgl. a.a.O., S. 178). Aus dieser Fehlinterpretation folgt auch sein Schluß, daß Huguenau nicht als Repräsentant des Faschismus angesehen werden könne. Als Argument für diese Behauptung führt er dann weiter an, daß Huguenau ja auch keinerlei Rassentheorien vertrete. Solche Thesen zeigen aber nur, daß man sich über die politische Funktion faschistischer Ideologeme nicht klar ist, denn auch die Rassentheorien — das hat die bisherige Faschismusforschung schon nachgewiesen — waren im

Hitlerismus nur Mittel im Spiel um die Macht. Vgl. dazu u. a. Ernst Nolte (Herausgeber), *Theorien über den Faschismus*, (Köln 1967). Daß Huguenau jedoch einen »Typus Mensch« vertritt, der »zum willfährigen Träger des nationalsozialistischen Regimes wurde«, sieht auch Hartmut Steinecke, »HB als pol. Dichter«, a.a.O., S. 145. Die am wenigsten überzeugende Interpretation dieses Mordes hat bisher Heinz D. Osterle geliefert. Er sieht hier einen zutiefst reaktionären Broch am Werk, der die finstere Dolchstoßlegende, wie sie von der nationalen deutschen Rechten um Ludendorff 1918 nach Kriegsende in die Welt gesetzt wurde, wieder aufwärmt. Wie dem deutschen Soldaten »im Feld durch Sabotage« »in der Heimat« in »den Rücken gefallen« worden sei, so handle hier Huguenau an Esch, wenn er ihn hinterrücks mit dem Bajonett ersteche. Durchdenkt man diese Parallele, so erweist sie sich als unhaltbar. Huguenau, der desertierte Frontsoldat, kann wirklich nicht mit »der Heimat« gleichgesetzt werden, und schon gar keine Ähnlichkeit besteht zwischen dem deutschen Soldaten an der Front und August Esch, der nie an der Front war, der sogar als Redakteur einer Heimatzeitung in antimilitaristischer Absicht über Kriegsübel berichtete. (Vgl. *Zentrale Metapher,* a.a.O., S. 255).

140 Literarhistorisch interessant ist, daß Broch sich mit seiner Kritik an der »Sachlichkeit« auch von den Bestrebungen der literarischen »Neuen Sachlichkeit« in den zwanziger Jahren absetzte. Gerade die »rücksichtslose, scharf isolierende Nahsicht der Dinge«, mit der Reinhold Grimm und Jost Hermand die Arbeitsweise der »Sachlichkeitsfanatiker« umschreiben [*Die sogenannten Zwanziger Jahre,* (Bad Homburg v.d.H. 1970), S. 9] rief die Opposition des auf Epochenanalyse und Geschichtsdeutung erpichten Broch auf den Plan. Letztlich ausschlaggebend für seine Distanzierung von den »Sachlichen« war aber, das zeigt der *Huguenau* in aller Deutlichkeit, sein ethisches Engagement.

141 *Broch-Brody-Briefwechsel,* a.a.O., S. 481.

142 In einem späteren Kommentar vom 11. 8. 1946 für Kurt Wolff geht Broch auf die den *Schlafwandlern* immanente Faschismuskritik noch näher ein: »Es muß Ihnen ja bei der Lektüre aufgefallen sein, wie der soziale Querschnitt, der in den drei Bänden gezogen ist, fast in allen Charakteren sich als Nazi-Nährboden offenbart, wie da schon alle Elemente des Nazitums, das romantische wie das mystische wie das anarchische wie das pfiffig-beutelüsterne usw. bereitliegen. Nun könnte man natürlich sagen, daß das hineingeheimnist sei, aber wenn man dazu den ,Zerfall der Werte' liest, der ja nicht aus Spielerei in das Buch hineingesetzt worden ist, so sieht man . . .: das Buch war wirklich prophetisch . . .« [Kurt Wolff, *Briefwechsel eines Verlegers 1911 bis 1963,* hg. v. Bernhard Zeller und Ellen Otten, (Frankfurt am Main 1966), S. 464.]

143 Broch bezeichnet Huguenau insofern als »Kind seiner Zeit«, als er in ihm den »wertfreien Menschen der Nullpunktsituation« verkörpert sieht. Auf die Problematik des »wertfreien« Menschen ist Ernestine Schlant sehr ausführlich eingegangen und hat auf die Widersprüchlichkeit dieses Begriffs hingewiesen: Auch Huguenau nämlich werde von einer gewissen »Logik« in seinem Handeln bestimmt, nämlich der »Lo-

gik der Dinge«, der »sachlichen« Logik des »bürgerlichen Faiseurs«. »Logik aber«, so führt Schlant aus, »bleibt in jedem Fall der Platonischen Idee angehörig; damit zeigt sich aufs Neue die Unmöglichkeit absoluter Wertungebundenheit. Um im Rahmen von Brochs eigener Philosophie zu sprechen: das Erreichen der Absolutheitssituation ist unmöglich — auch wenn es im Empirischen oftmals den gegenteiligen Anschein hat. Hypothetisch verfolgt Broch in dem Begriff der Sachlichkeit die Extremsituation, und nur von diesem Gesichtspunkt aus lassen sich Begriffe wie ,wertfreier Mensch' rechtfertigen.« (*Die Philosophie*, a.a.O., S. 185, Anm. 19).

[144] Wie andere sah Broch in den Bildern Grünewalds den christlich-abendländischen Geist rein inkarniert. Karl Otten etwa veröffentlichte einen Aufsatz »Abschied von Grünewald« in *Der Friede*, III/56 (14. 2. 1919), also zwei Wochen bevor Broch dort seinen Rätesystem-Aufsatz publizierte. Es ist sehr wahrscheinlich, daß Broch die Arbeit gelesen hat und davon beeindruckt war. Wie in den *Schlafwandlern* lautet bei Otten die These, daß durch die Kriegsgreuel das abendländische Christentum widerlegt worden sei: »... Hinweg aus unseren Grenzen flüchtete sich die Tiefe des Glaubens, die allen Waffen entsagt, aller Rache abschwört ... Grünewald geht. Aus seinen Bildern spricht klar, wer wir sind und was uns von ihnen trennen mußte. Hier wird offenbar, daß keine Bindung möglich zwischen unserem Treiben und seinem Ruhm ...«

[145] In seiner Solidarität mit dem Pastorenmörder liegt ferner eine Antizipation des Mordes, den Huguenau an Esch begehen wird. Esch nennt er von Anfang an den »Pfaffen«.

[146] Kreutzer vertritt die Auffassung, daß Huguenau während seiner »Kriegsodyssee« keinem Wertsystem, auch nicht dem kaufmännischen, angehöre, das dürfe nur teilweise richtig sein. Huguenau begibt sich zwar der Pflichten eines »ordentlichen Kaufmanns«, aber der Genuß seiner Ferien besteht gerade im hemmungslosen Ausleben des Prinzips des »Enrichissez-vous«. (Vgl. *Erkenntnistheorie*, a.a.O., S. 179—181.)

[147] Es ist wahrscheinlich, daß Spießerfiguren wie Diederich Hessling in Heinrich Manns *Untertan* und Theobald Maske in Sternheims *Hose* die Vorbilder zum Brochschen Huguenau-Typ abgaben. Wie die Anspielungen auf Heinrich Mann und Carl Sternheim in der »Methodologischen Novelle« von 1917/18 zeigen, kannte Broch die Werke der beiden Autoren gut. Auch Diederich Hessling lebt »nur seinen eigensten Interessen« und »ist des Altruismus konstitutionell nicht fähig«. [Ulrich Weisstein, *Heinrich Mann*, (Tübingen 1962), S. 120.] Huguenau und Hessling werden allerdings von Broch bzw. Mann negativer gezeichnet als Maske von Sternheim.

[148] In seiner *Massenpsychologie* spricht Broch vom »Mythos der leeren Technik« und der »magisch-sadistischen Spielstruktur«, die das »gesamte Wirtschaftsleben durchzieht« (9,298).

[149] Von Karl Menges wird eine politische Geistesverwandtschaft zwischen Ernst Jünger und Hermann Broch unterstellt. (Vgl. *Kritische Studien*, a.a.O., S. 175). Die völlig unterschiedliche Einstellung zum Weltkrieg bei diesen Schriftstellern wird aber deutlich, wenn man die »Jaretzki-

Erzählung« vergleicht mit dem »Langemarck-Kapitel« in Jüngers *Stahlgewittern*, wo von einer »Sinnlosigkeit des Krieges« keine Rede ist und wo man sich mit »einer angenehmen Art von Trunkenheit« über alle Kriegsgreuel hinweghilft. [Vgl. Ernst Jünger, *In Stahlgewittern*, (Stuttgart 1961), S. 188.]

150 Karl Menges, *Kritische Studien*, a.a.O., S. 30—31, S. 157—161; Heinz D. Osterle, »Revolution and Apocalypse«, a.a.O., S. 954.

151 Thomas Mann schreibt in diesem Zusammenhang in seinem Essay »Bruder Hitler« von 1939: ».... unserer Zeit gelang es, so vieles zu verhunzen: Das Nationale, den Sozialismus — den Mythos, die Lebensphilosophie, das Irrationale, den Glauben, die Jugend, die Revolution und was nicht noch alles. Nun denn, sie brachte uns auch die Verhunzung des großen Mannes.« [In: *Schriften zur Politik*, (Frankfurt am Main 1970), S. 142.]

152 Ernst Bloch, »Zur Originalgeschichte des Dritten Reiches«, in *Utopie*, hg. v. A. Neusüss, a.a.O., S. 193.

153 Obgleich die Themenstellung es verlangt, geht Renato Saviane leider nicht auf Brochs Ausführungen zum »Führer«- und »Messias«-Thema im »Epilog« der *Schlafwandler* ein. Vgl. *Apocalissi e Messianismo*, a.a.O.

154 Manfred Durzak, *HB in Selbstzeugnissen*, a.a.O., S. 127, schreibt, daß Broch der Ansicht war, Mitscherlich werde seine Massenpsychologie zu Ende führen. Zu den Kontakten zwischen Broch und Mitscherlich vgl. auch: Eugen Classen, *In Büchern denken*, (Hamburg 1970), S. 10 und S. 378.

155 Alexander und Margarete Mitscherlich, *Die Unfähigkeit zu trauern. Grundlagen kollektiven Verhaltens*, (München 1970), S. 334.

156 Das behauptet Heinz D. Osterle, »Metapher«, a.a.O., S. 226.

157 Adam Wandruszka, *Österreichs politische Struktur*, a.a.O. S. 337.

158 Auch Leo Kreutzer, *Erkenntnistheorie*, a.a.O., S. 183, Anm. 16, weist darauf hin, daß Broch mit dem Aufzeigen der »Führer«-Sehnsüchte bei Esch Faschismuskritik übe.
Als unrichtig erweist sich Heinz D. Osterles Schlußfolgerung: »Troughout the work the disoriented sleepwalkers grope for stronger men who can give them direction. It is not surprising, then, that at the very end the hope for a ‚leader‘ is repeatedly affirmed by the narrator himself...« (»Revolution and Apocalypse«, a.a.O., S. 954. Ähnlich heißt es bei Karl Menges, daß wie bei den faschistischen Autoren der dreißiger Jahre auch bei Broch »die völkische Seele nach dem ‚Führer‘ verlangt.« (*Kritische Studien*, a.a.O., S. 176.)

NACHWORT

1 Karl Menges, *Kritische Studien*, a.a.O., S. 171, glaubt, seine Arbeit mit einem »beklemmenden Zitat« zu beenden und Brochs totalitäre Gesinnung bloßzustellen, wenn er abschließend den bekannten Satz aus dem »Zerfall der Werte« anführt: »... zur Logik des politischen Menschen gehört (es), das politische Ziel zur absoluten Diktatur zu bringen«

(7,19). Das Zitat belegt aber nur die gegenteilige Auffassung Brochs, denn es ist, wie der Zusammenhang völlig klar macht, kritisch gemeint und drückt ganz und gar nicht Brochs eigene Auffassung von der Aufgabe der Politik aus.

[2] Diese politische Kritik im Roman ist u. a. gesehen worden von Theodore Ziolkowski, *Hermann Broch*, a.a.O. S. 24, und von Rudolf Hartung, »Roman vom politischen Scharlatan: Der Versucher«, *Süddeutsche Zeitung* (13. 2. 1954).

[3] *Völkerbund-Resolution*, a.a.O.

[4] Eine Studie über Broch im Exil wird vom Verf. vorbereitet.

[5] Kurt Sontheimer zitiert in seiner Studie *Antidemokratisches Denken in der Weimarer Republik*, (München 1968), S. 120 einige Stimmen der konservativen Revolutionäre, von der hier eine angeführt sein soll: »Konservative Revolution nennen wir die Wiederinachtsetzung aller jener elementaren Gesetze und Werte, ohne welche der Mensch den Zusammenhang mit der Natur und Gott verliert und keine wahre Ordnung aufbauen kann.« Broch aber wollte mit seiner über Kant hinausgehenden »Ethik an sich« nichts weniger als einen alten Gottesglauben reinthronisieren.

[6] Gerade das wird eigenartigerweise von Karl Menges, *Kritische Studien*, a.a.O., S. 177 geleugnet, was nur auf mangelnde Materialkenntnis zurückgeführt werden kann.

[7] *The City of Man. A. Declaration of World Democracy*, (New York 1940), S. 85—93.

[8] Darauf weist Wolfgang Rothe, »Einleitung«, GW9, S. 30, hin.

[9] *Literatur und Kritik*, 54/55 (Mai 1971), S. 193—197.

[10] Ibid, S. 193—194.

[11] Ibid, S. 193.

[12] In einem Brief an Friedrich Torberg begründete Broch seine Hinwendung zur politischen Theorie mit den Worten: »Ich habe das Geschichtel-Erzählen aufgegeben, weil mir davor graust. Sie wissen, daß ich seit Hitler in zunehmendem Maße gegen diese Tätigkeit gewesen bin.« (Friedrich Torberg, »Aus unveröffentlichten Briefen von Hermann Broch« *Forum*, [Mai 1961], Heft 89, S. 185, Brief Brochs vom 12. 1. 1942.)

[13] Vgl. Dazu den Artikel des Verf. »Hermann Brochs politische Pamphlete«, a.a.O., S. 203—205.

BIBLIOGRAPHIE

I. Das Werk Hermann Brochs
 1. Gesammelte Werke, Rheinverlag, Zürich (jetzt Suhrkamp)
 GW 2: Die Schlafwandler. Eine Romantrilogie. 1953.
 GW 5: Die Schuldlosen. Roman in elf Erzählungen. 1954.
 GW 6: Dichten und Erkennen. Essay Band I. Herausgegeben und eingeleitet von Hannah Arendt. 1955.
 GW 7: Erkennen und Handeln. Essays Band II. Herausgegeben und eingeleitet von Hannah Arendt. 1955.
 GW 8: Briefe. Von 1929 bis 1951. Herausgegeben und eingeleitet von Robert Pick. 1957.
 GW 9: Massenpsychologie. Schriften aus dem Nachlaß. Herausgegeben und eingeleitet von Wolfgang Rothe. 1959.
 GW 10: Die unbekannte Größe. Und frühe Schriften. Mit den Briefen an Willa Muir. Herausgegeben und eingeleitet von Ernst Schönwiese. Die Briefe an Willa Muir mit einem Vorwort herausgegeben von Eric W. Herd. 1961.

 2. Nicht in die Gesammelten Werke aufgenommene Arbeiten
  — »Antwort auf eine ‚Rundfrage über Karl Kraus‘«, Brenner, III/18 (15. 6. 1913), S. 849—850.
  — »Mathematisches Mysterium«, Brenner, IV/3, (1.2.1913), S.136.
  — »Ethik«, Brenner, IV/14/15, (1. 5. 1914), S. 684—690.
  — »Zolas Vorurteil«, Summa, I/1. Viertel (1917), S. 155—158.
  — »Heinrich von Stein«, Summa, II/3. Viertel (1918), S. 166—169.
  — »Konstruktion der historischen Wirklichkeit«, Summa, II/4. Viertel (1918), S. I—XVI.
  — »Die Straße«, Die Rettung, I/3, (30. 12. 1918), S. 25—28.
  — »Eine methodologische Novelle«, Summa, II/3. Viertel (1918), S. 151—159.
  — Rezension über Willi Handl, Die Flamme (Berlin 1920) in: Moderne Welt, Heft 8, (1920), S. 22.
  — Rezension über Egon Erwin Kisch, Abenteuer in Prag (Wien 1920), in Moderne Welt, Heft 8, (1920), S. 22.
  — Rezension über Alfons Petzold, Das rauhe Leben, (Berlin 1920) in: Moderne Welt, Heft 1 (1921—1922), S. 38.
  — »Der Theaterkritiker Polgar«, Die Neue Rundschau, 31/I, (Mai 1920), S. 655—656.
  — »Der Kunstkritiker«, Die Rettung, II/6, (1920), S. 78—80.
  — »Der Schriftsteller Franz Blei. Zum fünfzigsten Geburtstag«, Prager Presse (20. 4. 1921).
  — »Die erkenntnistheoretische Bedeutung des Begriffs ‚Revolution‘ und die Wiederbelebung der Hegelschen Dialektik. Zu den Büchern Arthur Lieberts«, Prager Presse, (30. 7. 1922), S. III—IV. (Beilage ‚Dichtung und Welt‘).
  — Rezension zu zwei Büchern von Max Adler: Marx als Denker, (Wien 1921²), Engels als Denker, (Berlin 1921), in: Kantstudien, XXVII, (1922), S. 184—186.

- Rezension zu Albert Spaier, La pensée et la quantité. Essai sur la signification et la realité des Grandeurs (Paris 1927), 408 S., in: Annalen der Philosophie, Bd. 27 (1928), S. 112 (Literaturberichte).
- »Berthold Viertel«, Aufbau. Reconstruction, VII/5 u. 6 (30. 1. 1942 u. 6. 2. 1942), S. 11 u. S. 25.
- »Rede über Viertel«, Plan, II/5 (1947), S. 297–301.
- »Trotzdem: Humane Politik. Verwirklichung einer Utopie«, Die Neue Rundschau, LXI/I (1950), S. 1–31.
- »Aus unveröffentlichten Briefen von Hermann Broch«, hg. v. Friedrich Torberg, Forum, 8/89, (Mai 1961), S. 185–186.
- »Cantos 1913« hg. v. Manfred Durzak, Neue Deutsche Hefte, 110/XII, (Juni 1966), S. 3–10.
- Briefe Hermann Brochs an Kurt Wolff«, in: Briefwechsel eines Verlegers. 1911–1963, hg. v. Bernhard Zeller und Ellen Otten, (Frankfurt am Main 1966), S. 445–469.
  Briefe Hermann Brochs an Eugen Claassen, in: In Büchern denken, hg. v. Hilde Claassen, (Hamburg 1970), S. 104–110.
- Bergroman, II. Fassung, hg. v. Hans Albert Maier und Frank Kress, (Frankfurt am Main 1969).
- Zur Universitätsreform, hg. von Götz Wienold, (Frankfurt am Main 1969).
- Gedanken zur Politik, hg. v. Dieter Hildebrandt, (Frankfurt am Main 1970).
- »Die Intellektuellen und der Kampf um die Menschenrechte«, hg. v. Paul Michael Lützeler, Literatur und Kritik, 54/55, (Mai 1971), S. 193–197.
- Hermann Broch, Daniel Brody: Briefwechsel 1930–1951, hg. v. Bertold Hack und Marietta Kleiß, (Frankfurt am Main 1971)
- Völkerbund-Resolution, hg. v. Paul Michael Lützeler (Salzburg 1973) = Brenner-Studien II.
- »Esperance« in: Hermann Broch, Barbara und andere Novellen, hg. v. Paul Michael Lützeler (Frankfurt am Main 1973).

3. Unveröffentlichte Arbeiten
- Kultur 1908–1909, YUL.
- »Zur Erkenntnis dieser Zeit« (1916–1918?), YUL.
- »Vaihinger« (1916–1918?), YUL.
- »Phamphlet gegen die Hochschätzung des Menschen«, zwei Versionen (1918 und 1930?), YUL.
- »Kommentar zu Hamlet« (1918/1919), YUL.
- Tagebuch für Eva von Allesch, DÖL, (4.7. 1920–9. 1. 1921).
- Rezensionen zu:
- Willi Handl, Die Flamme, (Berlin 1920), 2. Fassung, YUL.
- Lorenz von Stein, Geschichte der sozialen Bewegung in Frankreich, (München 1921), YUL.
- Wilhelm Schäfer, Drei Briefe. Mit einem Nachwort an die Quäker, (München 1921), YUL.

— »Über die Grundlagen des Romans«, (Februar 1931), YUL.
— Die Entsühnung. Bearbeitete Bühnenfassung, (München 1933) hektographiert, YUL.

II. Sekundärliteratur zum Werk Hermann Brochs

Anstett, Jean Jacques, »Le romantisme de Hermann Broch«, Etudes Germaniques, XI (1956), S. 224—239.

Boyer, Jean, Hermann Broch et le problème de la solitude, (Paris 1954).

Brinkmann, Richard, »Romanform und Werttheorie bei Hermann Broch. Strukturprobleme moderner Dichtung«, DVjs, 31/2, (1957), S. 169—197.

Canetti, Elias, »Hermann Broch. Rede zum 50. Geburtstag«, in: Hermann Broch. Perspektiven der Forschung, hg. v. Manfred Durzak, (München 1971), S. 11—23.

Cassirer, Sidonie, The Short Stories of ‚Die Schuldlosen‘, An Introduction to Hermann Broch, (Dissertation: Yale University, 1957).

—, »Hermann Broch's Early Writings«, PMLA, 75/4, (Sept. 1960), S. 453—462.

Cohn, Dorrit Claire, The Sleepwalkers. Elucidations in Hermann Broch's Trilogy, (The Hague 1966).

Collins, Peter, Hermann Broch's Trilogy ‚Die Schlafwandler‘. A Study of the Concept of Sleep-Walking, (Dissertation: The University of Sydney, 1967).

Durzak, Manfred, Hermann Broch in Selbstzeugnissen und Bilddokumenten, (Reinbek bei Hamburg 1966).

—, »Ein Frühwerk Hermann Brochs«, NDH, 110/XII, (Juni 1966), S. 10—18.

—, Hermann Broch, (Stuttgart 1967).

—, »Hermann Brochs Auffassung des Lyrischen«, PMLA, 82,3, (1967), S. 206—216.

—, »Der Kitsch. Seine verschiedenen Aspekte«, Deutschunterricht, 19/1 (1967), S. 93—120.

—, Hermann Broch. Der Dichter und seine Zeit, (Stuttgart 1968).

—, »Hermann Brochs Symboltheorie«, Neophilologus, 52/2, (April 1968), S. 156—169.

—, »Apokalypse oder Utopie? Bemerkungen zu Hermann Brochs ‚Schlafwandlern‘«, EG, 23/I, (1969), S. 16—35.

—, »Hermann Brochs ‚Tierkreis‘-Erzählungen. Zu einer unbekannten Erzählung«, Orbis Litterarum, 24/2, (1969), S. 138—157.

—, »Plädoyer für eine Rezeptionsästhetik. Anmerkungen zur deutschen und amerikanischen Literaturkritik am Beispiel von Günter Grass ‚örtlich betäubt‘«, Akzente, 6/71 (Dez. 1971), S. 487—504.

Freese, Wolfgang, »Statt eines Forschungsberichts: Über das Vergleichen Robert Musils mit Hermann Broch in der Literaturwissenschaft«, Literatur und Kritik, 54/55 (Mai 1971), S. 218—241.

Geissler, Rolf, »Hermann Broch: ‚Die Schlafwandler‘«, in: Möglichkeiten des modernen deutschen Romans, (Frankfurt am Main 1962), S. 102—160.

Grenzmann, Wilhelm, »Hermann Broch: Zwischen Tod und Leben«, in: Dichtung und Glaube, (Bonn 1960), S. 123—140.

Hartung, Rudolf, »Roman des politischen Scharlatan: ‚Der Versucher'«, Süddeutsche Zeitung, (13. 2. 1954).

Horst, Karl August, »Hermann Broch. Ethos und Wertidee«, in: Kritischer Führer durch die deutsche Literatur der Gegenwart, (München 1962), S. 381—397.

Jens, Walter, »Mathematik des Traums«, in: Statt einer Literaturgeschichte, (Pfullingen 1957), S. 181—201.

Jonas, Klaus W., »Broch-Bibliographie«, in: Hermann Broch — Daniel Brody: Briefwechsel 1930—1951, hg. v. Bertold Hack und Marietta Kleiß, (Frankfurt am Main 1971), S. 1081—1169.

Koebner, Thomas, Hermann Broch: Leben und Werk (Bern 1965).

Kurz, Paul Konrad, »Hermann Brochs ‚Schlafwandler'-Trilogie als zeitkritischer Erlösungsroman«, in: Über moderne Literatur. Standorte und Deutungen, (Frankfurt am Main 1967), S. 129—157.

Krapoth, Hermann, Dichtung und Philosophie bei Hermann Broch, (Bonn 1971).

Kreutzer, Leo, Erkenntnistheorie und Prophetie. Hermann Brochs Romantrilogie ‚Die Schlafwandler', (Tübingen 1966).

Lange, Manfred, Die Liebe in Hermann Brochs Romanen. Untersuchungen zum epischen Werk des Dichters, (Diss. Tübingen, 1965).

Lützeler, Paul Michael, »Die Kulturkritik des jungen Broch. Zur Entwicklung von Hermann Brochs Wert- und Geschichtstheorie«, DVjs, 44/2, (1970), S. 208—228.

—, »Hermann Brochs politische Pamphlete«, Literatur und Kritik, 54/55, (Mai/Juni 1971), S. 198—206.

—, »Hermann Brochs Novellen« in: Barbara und andere Novellen, (Frankfurt am Main 1973), S. 319—375.

Mandelkow, Karl Robert, Hermann Brochs Romantrilogie ‚Die Schlafwandler'. Gestaltung und Reflexion im modernen deutschen Roman, (Heidelberg 1962).

Menges, Karl, Kritische Studien zur Wertphilosophie Hermann Brochs, (Tübingen 1970).

Mitchell, Breon, The Place of James Joyce's »Ulysses« in German Fiction 1922—1933: Translation, Critical Reception, and Impact on Three Representative Novels, (Dissertation: Oxford University, 1968).

Osterle, Heinz D., »Hermann Broch: ‚Die Schlafwandler'. Kritik der zentralen Metapher«, DVjs, 44/2, (1970), S. 220—268.

—, »Hermann Broch. ‚Die Schlafwandler': Revolution and Apocalypse«, PMLA, 86/5 (Oct. 1971), S. 946—958.

Rothe, Wolfgang, »Hermann Broch als politischer Denker«, Zeitschrift für Politik, 5/4, N. F. (April 1959), S. 329—341.

—, »Welt ohne Transzendenz. Der letzte Metaphysiker: Hermann Broch«, in: Schriftsteller und totalitäre Welt, (Bern und München 1966), S. 160—204.

—, »Der junge Broch«, NDH, 77 (Dez. 1966), S. 780—797,

Saviane, Renato, Apocalissi e Messianismo nei Romanzi di Hermann

Broch, (Università di Padova: Pubblicazioni dell Istituto di Anglistica e Germanistica, 1971).

Schlant, Ernestine, Die Philosophie Hermann Brochs, (Bern und München 1971).

Sera, Manfred, »Utopie und Parodie in Hermann Brochs ‚Die Schlafwandler‘«, in: Utopie und Parodie bei Musil, Broch und Thomas Mann. Der Mann ohne Eigenschaften. Die Schlafwandler. Der Zauberberg, (Bonn 1969), S. 73—138.

Steinecke, Hartmut, Hermann Broch und der polyhistorische Roman. Studien zur Theorie und Technik eines Romantyps der Moderne, (Bonn 1968).

—, »Zu drei unbekannten Texten Hermann Brochs«, ZfdPh, 88/2, (1969), S. 241—252.

—, »Hermann Broch als politischer Dichter«, Beiträge zur geistigen Überlieferung, VI (1970), S. 140—183.

Störi, Fritz, »Hermann Brochs letztes Werk«, Neue Schweizer Rundschau, 19, (Juli 1951), S. 175—179.

Trommler, Frank, »Hermann Broch«, in: Roman und Wirklichkeit. Eine Ortsbestimmung am Beispiel von Musil, Broch, Doderer und Gütersloh, (Stuttgart 1966), S. 101—132.

Uhlig, Helmut, »Die Schuld der Schuldlosen«, Der Monat, 32/III (1951), S. 205—206.

Vietta, Egon, »Hermann Broch«, Die Neue Rundschau, 45/I/5, (Mai 1934), S. 575—585).

Ziolkowski, Theodore, Hermann Broch, (New York/London 1964).

—, »Zur Entstehung und Struktur von Hermann Brochs ‚Schlafwandlern‘«, DVjs, 38/1 (1964), S. 40—69.

—, »Hermann Broch and Relativity in Fiction«, Wisconsin Studies in Contemporary Literature, 8/3, (Sommer 1967), S. 365—376.

—, »Hermann Broch: ‚The Sleepwalkers‘«, in: Dimensions of the Modern Novel. German Texts and European Contexts, (Princeton 1969), S. 138—180.

III. Die übrige herangezogene Literatur

Adler, Max, »Kausalität und Teleologie im Streite um die Wissenschaft«, Marx-Studien, I/1, (1904), S. 39—67.

—, Demokratie und Rätesystem, (Wien 1919).

—, Das Rätsel der Gesellschaft. Zur erkenntniskritischen Grundlegung der Sozialwissenschaft, (Wien 1936).

—, »Kant und der Sozialismus«, in: Marxismus und Ethik. Texte zum neukantianischen Sozialismus, hg. v. Rafael de la Vega u. Hans-Jörg Sandkühler, (Frankfurt am Main 1970), S. 178—183.

Adler, Friedrich, »Eine ernste Warnung«, Arbeiterzeitung, XXXI/119, (1. 5 1919).

Bakunin, Michail, Gott und der Staat und andere Schriften, hg. v. Susanne Hillmann, (Reinbek bei Hamburg 1970).

Barnett, Lincoln, Einstein und das Universum. Mit einem Vorwort von Albert Einstein, (Frankfurt am Main 1956).

Bauer, Otto, Der Weg zum Sozialismus, (Wien 1919).

Berger, Peter L. (und Pullberger, Stanley), »Reification and the Sociological Critique of Consciousness«, History and Theory. Studies in the Philosophy of History, IV, (1965), S. 195—211.

—, The Precarious Vision, (Garden City, N. Y. 1961).

Bloch, Ernst, Geist der Utopie, Gesamtausgabe Band 3, bearbeitete Neuauflage der zweiten Fassung von 1923, (Frankfurt am Main 1964).

—, Tübinger Einleitung in die Philosophie I, (Frankfurt am Main 1964²).

—, Das Prinzip Hoffnung I, (Frankfurt am Main 1967).

—, »Zur Originalgeschichte des Dritten Reiches«, in: Utopie, hg. v. A. Neusüss, a.a.O., S. 193—218.

Bold, »Karl Kraus«, Zeit im Bild, 11/15, (1913), S. 776.

Buber, Martin, Pfade in Utopia, (Heidelberg 1950).

Chamberlain, Houston Stewart, Heinrich von Stein und seine Weltanschauung, (Leipzig und Berlin 1903).

—, Immanuel Kant. Die Persönlichkeit als Einführung in sein Werk, (München 1905).

Dahrendorf, Ralf, Homo sociologicus. Ein Versuch zur Geschichte, Bedeutung und Kritik der Kategorie der sozialen Rolle, (Köln 1967⁷).

Dallago, Carl, »Karl Kraus der Mensch«, in: Studien über Karl Kraus, (Innsbruck 1917), S. 7—42.

Dehmel, Richard, Schöne wilde Welt. Neue Gedichte und Sprüche, (Berlin 1913).

Erdmann, Karl Dietrich, »Immanuel Kant über den Weg der Geschichte«, in: Geschichte und Gegenwartsbewußtsein. Historische Betrachtungen und Untersuchungen. Festschrift für Hans Rothfels, (Göttingen 1963), S. 230—248.

Friedell, Egon, »Aufklärung und Revolution«, in: Kulturgeschichte der Neuzeit, (München 1961).

Freund, Michael, Deutsche Geschichte, (Gütersloh 1960).

Fügen, Herbert, »Einleitung«, in: Wege der Literatursoziologie, (Neuwied und Berlin 1968), S. 11—35.

Giraudoux, Jean, Kein Krieg in Troja. Schauspiel in zwei Akten, autorisierte Übersetzung von Annette Kolb, (Wien 1936).

Gisevius, Hans Bernd, Der Anfang vom Ende. Wie es mit Wilhelm II. begann, (München 1971).

Goldinger, Walter, Geschichte der Republik Österreich, (Wien 1962).

Grimm, Reinhold und Hermand, Jost, »Vorwort«, in: Die sogenannten Zwanziger Jahre, (Bad Homburg v. d. H. 1970), S. 5—11.

Habermas, Jürgen, Strukturwandel der Öffentlichkeit. Untersuchungen zu einer Kategorie der bürgerlichen Gesellschaft, (Neuwied und Berlin 1962).

Hautmann, Hans, Die verlorene Räterepublik. Am Beispiel der kommunistischen Partei Deutschösterreichs (Wien 1971).

Hegel, Georg Wilhelm Friedrich, Vorlesungen über die Philosophie der Geschichte, (Stuttgart 1961).

Heinrich, Karl Borromäus, »Karl Kraus als Erzieher«, Brenner, III/9, (1. 2. 1913), S. 373—385.

Hermand, Jost, Synthetisches Interpretieren. Zur Methodik der Literaturwissenschaft, (München 1968).

Heym, Georg, Tagebücher, hg. v. K. L. Schneider, (Hamburg 1960).

Hofmannsthal, Hugo von, »An Henri Barbusse, Alfred Mercereau und ihre Freunde«, Der Friede, 56 (14. 2. 1919).

—, Gedichte und lyrische Dramen, Bd. 1 Werkausgabe, hg. v. Herbert Steiner, (Frankfurt am Main 1963).

Hondrich, Karl Otto, Mitbestimmung in Europa, (Köln 1971).

Husserl, Edmund, Logische Untersuchungen, (Halle 1913²).

Jauss, Hans Robert, Literaturgeschichte als Provokation (Frankfurt am Main 1970).

Jedlicka, Ludwig, Ende und Anfang. Österreich 1918/1919. Wien und die Bundesländer, (Salzburg 1969).

Johann, Ernst, (Herausgeber), Reden des Kaisers. Ansprachen, Predigten und Trinksprüche Wilhelm II. (München 1966).

Jünger, Ernst, In Stahlgewittern, (Stuttgart 1961).

Kafka, Franz, Sämtliche Erzählungen, hg. v. Paul Raabe, (Frankfurt am Main 1970).

Kant, Immanuel, Kritik der reinen Vernunft, hg. v. Ingeborg Heidemann, (Stuttgart 1966).

—, Kritik der praktischen Vernunft, hg. v. Joachim Kopper, (Stuttgart 1966).

—, Grundlegung zur Metaphysik der Sitten, hg. v. Theodor Valentiner, (Stuttgart 1967).

—, Schriften zur Anthropologie, Geschichtsphilosophie, Politik und Pädagogik, Bd. IV der Werke in sechs Bänden, hg. v. Wilhelm Weischedel, (Frankfurt am Main 1964).

Kautsky, Karl, Terrorismus und Kommunismus. Ein Beitrag zur Naturgeschichte der Revolution, (Berlin 1919).

Kayser, Wolfgang, Die Vortragsreise. Studien zur Literatur, (Bern und München 1958).

Kelsen, Hans, Sozialismus und Staat. Eine Untersuchung der politischen Theorie des Marxismus, (Leipzig 1923²).

Kierkegaard, Sören, Der Begriff Angst, (Düsseldorf 1952).

Kohn, Caroline, Karl Kraus, (Stuttgart 1966).

Kraus, Karl, Die Fackel, 1, 2, 5, 261—262, 347—348, 357—359, 360—362, 363—365, 374—375, 404, 474—483, 568—571, 588—593.

—, Die letzten Tage der Menschheit. Tragödie in fünf Akten. Mit Vorspiel und Epilog, (Wien/Leipzig 1922).

—, Weltgericht, 13. Bd. der Werkausgabe, hg. v. Heinrich Fischer, (München-Wien o. J.).

Kreuzer, Helmut, Die Boheme, (Stuttgart 1968).

Leser, Norbert, Zwischen Reformismus und Bolschewismus. Der Austromarxismus in Theorie und Praxis, (Wien 1968).

Liebmann, Otto, Kant und die Epigonen. Eine kritische Abhandlung, (Stuttgart 1865).

Lubac, Henri de, Le drame de l'humanisme athée, (Paris 1945).

Lukács, Georg, Beiträge zur Geschichte der Ästhetik, (Berlin 1954).
—, Von Nietzsche zu Hitler. Oder der Irrationalismus und die deutsche Politik (Frankfurt am Main 1966).
Mann, Thomas, Schriften zur Politik, (Frankfurt am Main 1970).
Marx, Karl, Zur Kritik der politischen Ökonomie, (Berlin 1963).
—, Die Frühschriften, hg. v. Siegfried Landshut, (Stuttgart 1968).
Masaryk, Thomas G., Die wisenschaftliche und philosophische Krise innerhalb des gegenwärtigen Marxismus, (Wien 1898).
—, Die philosophischen und sociologischen Grundlagen des Marxismus. Studien zur socialen Frage, (Wien 1899).
Mayenburg, Ruth von, Blaues Blut und rote Fahnen. Ein Leben unter vielen Namen, (Wien 1969).
Mead, George H., Mind, Self and Society, (Chicago 1965).
Mitscherlich, Alexander und Margarete, Die Unfähigkeit zu trauern. Grundlagen kollektiven Verhaltens, (München 1970).
Musil, Robert, »Buridans Österreicher«, Der Friede, 56 (14. 2. 1919).
Neck, Rudolf, Die Entstehung der Republik Österreich im Jahre 1918. Berichte und Dokumente, hg. v. R. Neck, (Wien 1968).
Neumann, Robert, Ein leichtes Leben. Bericht über mich selbst und Zeitgenossen, (Wien-München-Basel 1963).
—, Vielleicht das Heitere. Tagebuch aus einem anderen Jahr, (München-Wien-Basel 1968).
Neusüß, Arnhelm, »Schwierigkeiten einer Soziologie des utopischen Denkens«, in: Utopie. Begriff und Phänomen des Utopischen, hg. v. A. Neusüß, (Neuwied und Berlin 1968), S. 13—112.
Nietzsche, Friedrich, Der Wille zur Macht. Versuch einer Umwertung aller Werte, (Leipzig 1930).
Nolte, Ernst, (Herausgeber), Theorien über den Faschismus, (Köln 1967).
Otten, Karl, »Abschied von Grünewald«, Der Friede, III/56, (14. 2. 1919), S. 92—94.
Otto, Bernd, »Zur Geschichte der überbetrieblichen Mitbestimmung«, Gewerkschaftliche Monatshefte, 22/10, (Okt. 1971), S. 602—624.
Polgar, Alfred, Kleine Zeit, (Berlin 1919).
Sontheimer, Kurt, Antidemokratisches Denken in der Weimarer Republik. Die politischen Ideen des deutschen Nationalismus zwischen 1918 und 1933 (München 1962).
Rolland, Romain, Zwischen den Völkern. Aufzeichnungen aus den Jahren 1914—1919, Bd. I, (Stuttgart 1954).
Scheler, Max, Der Genius des Krieges und der Deutsche Krieg, (Leipzig 1915).
Schrecker, Paul, Für ein Ständehaus. Ein Vorschlag zu friedlicher Aufhebung der Klassengegensätze, (Wien 1919).
Seitz, Bruno, 600 Jahre Teesdorf, (Wien 1966).
Spann, Othmar, Der wahre Staat. Vorlesungen über Abbruch und Neubau der Gesellschaft, (Jena 1938⁴).
Stanzel, Franz, Die typischen Erzählsituationen im Roman, dargestellt an Tom Jones, Moby-Dick, The Ambassadors, Ulysses u. a., (Wien 1955).

Stojanović, Svetozar, Kritik und Zukunft des Sozialismus, (München 1970).

Thirring, Hans, Die Idee der Relativitätstheorie, (Berlin 1922²).

Torberg, Friedrich, »Als die ersten ‚Fackel'-Hefte erschienen«, Literatur und Kritik, 49 (Okt. 1970), S. 531—545.

—, Pamphlete, Parodien, Postscripta, (München und Wien 1964).

Vaihinger, Hans, Die Philosophie des Als ob. System der theoretischen, praktischen und religiösen Fiktionen der Menschheit auf Grund eines idealistischen Positivismus. Mit einem Anhang über Kant und Nietzsche, (Berlin 1913²).

Voigtländer, Karl, »Kant und Marx«, in: Marxismus und Ethik, hg. v. R. de la Vega u. H. J. Sandkühler, a.a.O., S 262—350.

Wandruszka, Adam, Österreichs politische Struktur. Die Entwicklung der Parteien und politischen Bewegungen, (Wien o. J.).

Weber, Max, Methodologische Schriften, (Frankfurt am Main 1968).

Weigel, Hans, Karl Kraus. Oder die Macht der Ohnmacht. Versuch eines Motivenberichts zur Erhellung eines vielfachen Lebenswerks, (Wien 1968).

Weisstein, Ulrich, Heinrich Mann. Eine historisch-kritische Einführung in sein dichterisches Werk, (Tübingen 1962).

—, Einführung in die Vergleichende Literaturwissenschaft, (Stuttgart 1968).

Wellek, René und Warren, Austin, Theorie der Literatur, übersetzt von Edgar und Marlene Lohner, (Berlin 1963).

Werfel, Franz, »Revolutionsaufruf«, in: Ludwig Rubiner (Herausgeber), Kameraden der Menschheit, (Potsdam 1919), S. 111.

Zöllner, Erich, Geschichte Österreichs, (Wien 1970⁴).

Zweig, Stefan, Die Welt von gestern. Erinnerungen eines Europäers, (Frankfurt am Main 1970).

VERZEICHNIS DER ABKÜRZUNGEN

1. *Zeitschriften und Bücher*
   - BBB: Broch-Brody-Briefwechsel
   - DVjs: Deutsche Vierteljahrsschrift für Literaturwissenschaft und Geistesgeschichte
   - EG: Etudes Germanique
   - GW: Hermann Broch. Gesammelte Werke
   - NDH: Neue Deutsche Hefte
   - NR: Die Neue Rundschau
   - PMLA: Publications of the Modern Language Association of America
   - ZfdPh: Zeitschrift für deutsche Philologie

2. *Sonstige Abkürzungen*
   - DÖL: Dokumentationsstelle für neuere österreichische Literatur, Wien
   - hg.: herausgegeben
   - o. J.: ohne Jahresangabe
   - uv.: unveröffentlicht
   - YUL: Yale University Library, New Haven

NAMENREGISTER

NACHBEMERKUNG

Vielfachen Dank gilt es auszusprechen: den Broch-Forschern Manfred Durzak, Dorrit Cohn, Breon Mitchell, Heinz D. Osterle und Ernestine Schlant für wichtige Anregungen, Ulrich Weisstein für die kritische Lektüre der Studie, Ludwig Jedlicka und Adam Wandruszka für die Hilfe bei der Klärung geschichtlicher Details, den Broch-Erben Annemarie MG Broch und HF Broch de Rothermann für die Genehmigung zur Benutzung unveröffentlichten Materials, Christa Sammons, Bruno Seitz, Victor Suchy und Werner Volke für ihre Hilfe während meiner Arbeit in den Broch-Archiven, schließlich der *Woodrow Wilson Foundation*, Princeton, N. J., *der Stiftung Mitbestimmung*, Düsseldorf, sowie dem *Ministerium für Bildung und Wissenschaft*, Bonn, für die Finanzierung der Forschungsarbeiten.

München, im Mai 1972   Paul Michael Lützeler